Representación de lo femenino
en el teatro chileno
Rearticulaciones

Alejandra Morales

**Representación de lo femenino
en el teatro chileno**
Rearticulaciones

Argus-*a*
Artes & Humanidades
Arts & Humanities

*Buenos Aires, Argentina - Los Ángeles, USA
2023*

Representación de lo femenino en el teatro chileno
Rearticulaciones

ISBN 978-1-944508-54-8

Ilustración de tapa: Escena de *Matria*, fotografía gentileza de Camila Rebolledo Vidal.
Diseño de tapa: Argus-*a*.

© 2023 Alejandra Morales

All rights reserved. This book or any portion thereof may not be reproduced or used in any manner whatsoever without the express written permission of the publisher except for the use of brief quotations in a book review or scholarly journal.

Editorial Argus-*a*
1414 Countrywood Ave. # 90
Hacienda Heights, California 91745
U.S.A.
argus.a.org@gmail.com

ÍNDICE

Prólogo   1

I
**PRIMERA PARTE: Un enfoque que se cuestiona
la definición tradicional de lo femenino**   21

1. La performatividad del género vista   21
   a través de la performance teatral
2. Lo femenino   30
3. La representación social de lo femenino   34
4. Lenguaje y representación   41
5. Cuerpo y género   50
6. Cuerpo y feminidad   56
7. Lo abyecto   61
8. La máscara y el travestismo   69

II
SEGUNDA PARTE: Principales conclusiones   79

1. Una mirada estética de la representación social
   de lo femenino   79
2. Estrategias escénicas   113
3. Temáticas relevantes y las nuevas figuras de lo femenino   144
4. Imágenes predominantes y las contrafiguras de lo femenino   178
5. La máscara como posibilidad de desenmascarar
   el sentido de lo femenino   206
6. Lo femenino como lo irrepresentable   237

A modo de conclusión   269

Bibliografía   289

Prólogo

Durante la última década hemos vivido procesos de cambio sociocultural bastante profundos, tanto en Chile como en el resto del mundo, entre los cuales el influjo del movimiento feminista se presenta como uno de los puntos medulares, lo que, entre otras cosas, ha intervenido de manera decisiva en la creación artística contemporánea. Durante el año 2018, el interés por los planteamientos desarrollados por los distintos feminismos llevó a que las y los estudiantes de la Escuela de Teatro de la Universidad Mayor me plantearan la intención de crear un espacio de diálogo en relación a algunas temáticas relativas a la identidad de género, a partir de lo cual se gestó el Núcleo de investigación y creación en torno a lo femenino. La intención inicial de esta instancia era identificar algunas de las problemáticas abiertas por el feminismo, tomando como referencia a la representación teatral, lo que rápidamente dio paso a la idea de desarrollar una investigación que permitiera analizar las figuras de lo femenino que se estaban poniendo en escena dentro del teatro chileno. Esto, considerando que este es un ámbito de análisis que abre la oportunidad de construir un diálogo entre la producción artística y otros ámbitos del conocimiento, como las ciencias sociales y la filosofía, que son las áreas en las que me formé, después de mi paso por la Escuela de Teatro de la Universidad de Chile.

La primera etapa de trabajo consistió en desplazarnos por distintas salas de teatro de Santiago, para comenzar a presenciar -y comentar- obras que se relacionaran con nuestro tema, asumiendo como principal objetivo definir un corpus de obras en que se pudiese identificar un sello feminista y activista. Pero, justo en este momento arremetió el estallido social que vivió nuestro país en octubre del año 2019, lo que dificultó el ingreso a las salas de teatro, limitando la posibilidad de definir los materiales que serían seleccionados para nuestra investigación. Acto seguido, nos vimos absorbidas por el influjo de una pandemia mundial que, aunque afectó todos los planos de nuestra vida, terminó convirtiendo al Núcleo en un espacio de contención, que nos motivó a aprovechar el encierro para recopilar materiales que se pudiesen revisar vía web, llegando a establecer un conjunto de nombres de obras teatrales relevantes para nuestra investigación.

En este particular contexto, me decidí a buscar el modo de comunicarme con las y los directores de estos montajes, con el fin de acceder a los materiales, momento en el cual aproveché de consultarles, a cada uno de estos creadores y creadoras, por obras del teatro contemporáneo que, desde su perspectiva, estuvieran desarrollando una crítica en torno a la representación social de lo femenino. Paralelamente, las y los integrantes del equipo proponían nombres de montajes desarrollados por compañías emergentes, intentando incluir propuestas más cercanas a su generación. De esta forma, se definió un corpus de 10 obras, cuyo criterio de selección, además de abordar un planteamiento crítico respecto de las figuras tradicionales de lo femenino, consistía en encontrarse en cartelera durante los últimos 5 años (desde el año 2015 hasta el 2020), tiempo en que el influjo de la cuarta ola feminista comenzó a sentirse con fuerza en nuestro país, particularmente dentro de los espacios universitarios.

Absorbiendo materiales desde distintas direcciones, y después de un proceso centrado en confirmar y descartar algunos títulos, la selección derivó en las siguientes obras:

Sentimientos (obra estrenada el año 2013, pero reestrenada posteriormente durante el año 2014, 2016 y 2017)
Otras (obra estrenada en diciembre del 2014, pero remontada en diferentes ocasiones, a partir del año 2015)
Xuárez (2015)
Dark (2016)
Matria (2017)
Cuerpos que hablan (2018)
Paisajes para (no) colorear (2018)
Puta madre (2018)
Yo también quiero ser un hombre blanco heterosexual (2018)
Al Pacino (2019 y 2020)

El corpus de obras

Sentimientos es la primera obra de la compañía teatral La Niña Horrible, colectivo artístico que, desde sus inicios, manifestó la intención de abordar temáticas relativas al género. Por ello, el análisis se centrará en este montaje, pero también nos permitirá dialogar con otras obras de la compañía, considerando que todas ellas están cruzadas por una perspectiva de género, atractiva para nuestra investigación. *Sentimientos* está dirigido por Javier Casanga y escrito por la connotada dramaturga chilena Carla Zúñiga. Y, a diferencia de la gran mayoría de sus obras, cuenta con un elenco íntegramente femenino, compuesto por las actrices Carla Gaete, Viviana Basoalto, Coca Miranda, Loreto Araya, Carla González, Fernanda Pozo y Elisa Vallejos. La obra está inspirada en un caso real, ocurrido en el año 2007, conocido mediáticamente como "Wena Naty", el cual se convirtió en un hito para la cultura chilena de la época. Y, valiéndose de este referente, se construye una ficción que permite tocar temáticas como la libertad individual, el deseo sexual y la autonomía sobre el cuerpo propio.

Antofagasta, el personaje protagónico de *Sentimientos*, es una adolescente que ha sido grabada teniendo sexo con nueve compañeros, grabación que ha sido expuesta y viralizada a través de internet. Mientras la joven trata de evitar que su sobreprotectora madre se entere de lo sucedido, la profesora Francisca, quien conoce el hecho, se entrometerá en la casa que ambas comparten, para imponer una sanción moral sobre la joven. A esto se sumarán distintos personajes femeninos, que compondrán un coro de visiones y opiniones relativas a la sexualidad, lo que permite visibilizar las normas, valores, creencias e ideales, que han definido el modo en que una mujer debe vivir su vida y, en específico, su deseo sexual, lo que será tratado con un enfoque paródico y crítico.

Con una perspectiva de género, este montaje pone en cuestionamiento los mitos que giran en torno a la sexualidad femenina dentro de nuestra cultura y, particularmente, el modo en que una adolescente debe experimentar su vida sexual, lo que pondrá en crisis nuestra noción del "deber ser" y cuestionará el vínculo que se ha creado entre el amor y el deseo. Con este marco, Antofagasta se nos presenta como el símbolo de una mujer deseante, que pasa a llevar varios de los ideales que giran en torno a lo femenino, razón por la cual será fuertemente reprimida y sancionada, al momento de enfrentarse a los lineamientos definidos por instituciones normalizadoras, como la Familia, la Escuela, el grupo de pares y los medios masivos de comunicación.

Otras es uno de los primeros montajes en exponer explícitamente algunas de las principales premisas de la teoría feminista contemporánea en nuestro país, lo que resultó sumamente relevante para nuestra selección, si consideramos que esta obra se gestó en los años previos a la efervescencia de la cuarta ola feminista. La obra está dirigida y editada dramatúgicamente por Patricia Artés, junto a un elenco completamente femenino, compuesto por Javiera Zeme, Florencia Fuentes y Belén Alfaro. A ellas se suma el diseñador Daniel Bagnara, quien participó en la creación de la escenografía y el vestuario, y Diana No, quien también participó en la creación de la escenografía y la música; apoyados por Andrea Vera (producción), Alexandra Vera (técnica audiovisual), Tesi Huaiquián (técnica de iluminación) y Macarena Rodríguez (fotografía), junto a la colaboración de Jano Ubilla, David Gonzales y Alejandro Miranda. Este montaje mezcla distintos temas, problemáticas e íconos, relativos al feminismo, haciendo referencia a su historia y su visión de la sociedad. A través de este montaje también se abordarán algunos elementos de la obra *Irán #3037*, estrenada en octubre del año 2019, que se enfoca en la violencia político-sexual que fue ejercida en Chile durante la dictadura militar, asumiendo que ésta fue dirigida fundamentalmente en contra las mujeres.

Otras, nace de la intención de develar y cuestionar las ideologías dominantes, enfocándose en los grandes ejes temáticos abordados por los feminismos contemporáneos, poniendo un especial énfasis en la premisa: "lo íntimo es político". Con este fin, esta puesta en escena está organizada en un formato collage-montaje, que les permitió dar saltos a nivel temporal y espacial, para introducirse en distintas situaciones en que las mujeres se ven enfrentadas cotidianamente, inscribiéndose dentro de un Teatro político, relacionado con el método brechtiano, y su inclusión del modelo dialéctico. Con esta lógica, el montaje se conforma por siete cuadros, relativamente autónomos, en que se plantean instituciones y situaciones específicas, pero fusionadas en relación a la problemática central de la obra: 0. antecedentes 1. La obrera, 2. El voto, 3. La madre, 4. La familia, 5. El amor, 6. El cuerpo y 7. Otras palabras.

Xuárez (con X, como estaba escrito en los manuscritos de la época), surgió de la intención de revisitar el relato que nuestra sociedad ha construido y transmitido respecto a Inés de Suárez, intentando resignificar el rol que este personaje asumió en el curso de nuestra historia. La puesta en escena está en manos de la reconocida directora Manuela Infante, con la dramaturgia de Luis Barrales y la actuación de Claudia Celedón y Patricia Rivadeneira (quien interpreta a Inés de Suárez). A ellos se sumó posteriormente Claudia Yolín en el diseño integral y el alemán Atom en la composición musical, lo que también le da un papel relevante a la escenografía, la iluminación y la música. El montaje se ambienta en 1541, cuando Michimalonco trata de liberar a los caciques que se mantenían como rehenes de los españoles y resuelve incendiar la ciudad de Santiago. Ante ello, Inés -en ausencia de Pedro de Valdivia, su amante- deberá decidir si libera a los caciques y se rinde, o bien, si opta por resistirse, asumiendo el horror de ver cómo Santiago es arrasado por el fuego.

Aunque la obra se nutre de personajes y contenidos históricos, la representación se plantea como una ficción que responde al vacío que gira en torno a Inés de Suárez, partiendo de la base que se sabe muy poco sobre las razones que la llevaron a decapitar a los siete caciques mapuche, hecho que se plantea como el momento inicial y central de la obra. Dado su carácter deconstructivo, la puesta en escena asume un formato *collage*, que permitirá redefinir la imagen de Inés en función de algunas de las problemáticas que son propias del contexto sociocultural contemporáneo. Por esta razón, la Inés de la representación no responde a la imagen que teníamos del personaje histórico, como tampoco se corresponde con la imagen que se suele tener de una mujer, lo que permite abordar una dimensión del género que resulta sumamente interesante de analizar dentro de nuestra investigación.

Dark, obra ganadora del Fondart Nacional 2016, es el cuarto montaje de Colectivo Zoológico. La obra está dirigida por Nicolás Espinoza y Laurène Lemaitre, e interpretada por José Manuel Aguirre, José Miguel Neira, Germán Pinilla, Juan Pablo Troncoso y Viviana Nass (quien interpreta a Juana Dark); a ellos se suma Pablo Mois, diseñador multimedia, quien estuvo encargado de la investigación audiovisual que sustentó la creación. Esta puesta en escena está inspirada en el último acto de la obra *Santa Juana de los mataderos*, de Bertolt Brecht -particularmente en la figura de su protagonista-, lo que, a su vez, produce un cruce con la figura histórica de Juana de Arco, proponiéndonos una especie de intertexto. Paralelamente, el relato central será abordado desde cuatro puntos de vista diferentes (el de cada uno de los personajes masculinos), conformando un texto descentrado, impreciso y heterogéneo que, en base a una estrategia *collage*, nos pone de frente a una mujer que se (re)construye a través de diversos relatos. A partir de *Dark*, se construirá un diálogo con la obra *Casa de muñecas*, montaje de este colectivo que fue estrenado en pleno estallido social, el cual se basa en el reconocido texto de Henrik Ibsen, para abordar los límites que, aun en la actualidad, se les impone a las mujeres, en función de su relación con el espacio doméstico.

Poniendo un especial énfasis en la relación que se produce entre el ojo y la cámara, *Dark* se centra en la historia de una misteriosa mujer, quien desea hacer un documental sobre los designios que le han sido revelados a partir de sus sueños, para lo cual solicitará la ayudada de cuatro hombres desconocidos. Este hecho se hará patente para los espectadores a través de cuatro escenas centradas en el relato de estos hombres, donde cada uno de ellos explicará el modo en que fueron convocados al proyecto, paralelamente a que se explicita la relación que han mantenido con Juana durante este lapsus de tiempo. Estas escenas traen consigo la descripción de actos cada vez más violentos, cada una de las cuales pone en evidencia los deseos de posesión que movieron a estos cuatro hombres, culminando, todas ellas, en la muerte de la protagonista. De esta forma, el montaje aborda temas como el femicidio y los ideales que la cultura heteropatriarcal proyecta sobre las mujeres, resultando sumamente interesante para nuestro análisis.

Matria es una obra que se presentó el año 2017 en el Festival de Teatro de la Universidad Mayor, por la Compañía Teatro Ecos, donde obtuvo el premio a mejor montaje. La puesta en escena cuenta con la participación de Camila Rebolledo en el diseño integral, la dirección de Natalia Ramírez y las actuaciones de Samira Abumohor, Daniela Bozo, Jocelyn Tapia, Natalia Ramírez e Ignacio Peña. Desde la primera escena la obra nos remite al cuerpo femenino y el útero materno, a partir de lo cual la maternidad se irá convirtiendo en el tema central del montaje. Las diversas temáticas que se desarrollan a lo largo de la representación serán articuladas en base a una estrategia *collage*, organizada en 12 cuadros, los cuales se verán atravesados por el personaje histórico de Javiera Carrera, a partir del cual se abordará el lugar que se le ha designado históricamente a la Mujer dentro de la sociedad heteropatriarcal. Mirando la relación entre la Mujer y la Madre desde una perspectiva crítica, esta puesta en escena abre la posibilidad de desplegar diversas problemáticas asociadas a lo femenino, a partir de las cuales se cuestionan los límites y las posibilidades que nuestra cultura abre para una mujer. Y, apoyándose en diversas estrategias escénicas, nos permite reconocer lo estrictas que han sido las posiciones dentro de la estructura de roles que nuestra sociedad ha organizado históricamente, y lo excluyente que resulta el sistema de valores que le sirve de base.

Cuerpos que Hablan es un montaje creado por la compañía SANKA TEATRO, con Juan Pablo Rosales en la dirección y Paola Arroyo en la dramaturgia, el cual cobra cuerpo a través de un elenco exclusivamente femenino, conformado por Leonora Hidalgo, Belén Muñoz, Madeleine Flühmann y la voz en off de Marcela Paz Moreno. El diseño integral está a cargo de Daniela Saavedra, el vestuario y las gráficas son de Isabel Ortega y el universo sonoro fue creado por Rodrigo Gallardo. El fundamento de este proyecto surgió de un mónologo extraído de una puesta en escena anterior, denominada *M* (este montaje se adentra en algunos pasajes de la vida cotidiana de mujeres, comunes y corrientes, a partir de los cuales se devela la fuerte presencia de la dominación masculina dentro de nuestra cultura, por lo que este monólo contiene una marcada inspiración feminista), lo que se complementó con un trabajo de investigación que consideró varias presentaciones y conversatorios en espacios sociales con diferentes públicos. Este proceso les permitió configurar una propuesta que opera en un formato *collage*, compuesta por 6 cuadros relativamente independientes, en que se exponen las condiciones a partir de las cuales se han estructurado los roles que la sociedad ha definido como "femeninos", lo que también abre un espacio para abordar la invisibilización de las mujeres dentro del relato histórico.

El primer cuadro, denominado "El patriarcado", presenta el rol de dueña de casa a través de una madre madura, que permanece en el encierro de su hogar, soñando con mundos ideales, todo lo cual señala el modo en que las mujeres han debido adaptarse a los roles definidos socialmente para ellas. El segundo cuadro busca reforzar la tesis que se instala anteriormente, sobre la desigualdad entre hombres y mujeres, presentando a dos jóvenes que discuten sobre el deseo de transformarse en *dominatrix*, lo que permite abordar temas como el poder, la belleza y la fama. El tercer cuadro también gira en torno al tema del Poder, pero visto desde la perspectiva de una empresaria, quien discurre sobre las posibilidades que tiene una mujer para desenvolverse dentro de la sociedad. El cuarto cuadro se centra en una profesora de historia, que desarrolla un reconocimiento del carácter patriarcal y machista que ha tenido la educación en Chile, lo que, dentro de la lógica propia del modelo dialéctico -heredado de Bertol Brecht-, se presenta a modo de Antítesis. En esta misma línea, el quinto cuadro se plantea como un llamado de las nuevas generaciones para una insurrección feminista, mientras el sexto, denominado "El futuro", se proyecta hacia un tiempo indeterminado, donde las mujeres han asumido un nuevo lugar dentro de la sociedad.

Paisajes para (no) colorear es una obra que, después de su estreno en Chile, ha circulado con éxito por diversos países, como Brasil, Alemania, Holanda o España. El proyecto está a cargo del connotado director nacional Marco Layera, con la asistencia de Carolina de la Maza y un elenco fundamentalmente femenino, conformado por Ignacia Atenas, Almendra Menichetti, Paula Castro, Daniela López, Angelina Miglietta, Liam Morgado (Matilde), Constanza Poloni, Rafaela Ramírez y Fredderick Vásquez (Arwen); el cual surgió de una amplia audición, que incluyó alrededor de 140 participantes. El diseño escénico estuvo en manos de Pablo de la Fuente y el diseño de vestuario se encargó a Daniel Bagnara; la dramaturgia, por su parte, es una creación colectiva, basada en más de 100 testimonios de adolescentes chilenas, los que se obtuvieron de una serie de talleres desarrollados en distintas comunas de Santiago.

Sin duda, una de las principales particularidades de este montaje es que el elenco está compuesto por nueve chicas, entre 13 y 17 años, quienes se instalan en escena para abordar las diversas situaciones a las que se enfrenta este segmento de la población chilena, generalmente invisibilizado, las cuales se representan en función de los relatos que surgieron al escudriñar en la visión que ellas tienen sobre Chile, su historia y su presente. Los principales temas de la obra son la vulnerabilidad, la estigmatización y la violencia, considerando que esta violencia tiene varios matices, pasando por las diversas presiones a las que las adolescentes se enfrentan cotidianamente, hasta tocar temas como el suicidio y la muerte. Consistentemente, la forma de narrar se basa en una estrategia *collage*, que nos pasea por diferentes cuadros, relativamente autónomos, que ponen en obra variadas situaciones relativas a la temática central del montaje, las cuales se presentan con desenfado, ironía, humor y crudeza, tiñendo de diversos colores el mundo representado en escena.

Puta Madre es un proyecto dirigido por Ernesto Orellana, como parte de la tanda de egresos 2018 de la Escuela de Teatro UAHC, con un elenco compuesto por Leyla Ponce, Esperanza Vega, Paulina Valdenegro y Cristofer Caro, y la asistencia de dirección de Macarena Guzmán. Este montaje nos adentra en una atmósfera de erotismo y rebeldía, características de la propuesta estética de su director, inscribiéndose dentro del denominado Teatro político, heredado de Bertol Brecht. A través del sarcasmo y la ironía, la obra aborda una serie de temas relativos a la prostitución y a las libertades individuales de las mujeres, lo que se expone a partir de los deseos y temores de cuatro personajes dedicadas al comercio sexual. La base de este proyecto se encuentra en la intención de construir un texto colectivo que permitiera cruzar perspectivas feministas y activistas, entrelazando el tema de la marginalidad con variables de clase, raza y género. Desde esta perspectiva, la obra cuestiona los regímenes sexuales imperantes, reivindicando la subjetividad representada por una prostituta, a partir de la cual se problematiza nuestra percepción del trabajo sexual y las idealizaciones que giran en torno a las mujeres, lo que permite confrontar las representaciones de lo femenino que se despliegan dentro de nuestra cultura, entre las cuales también se abre una potente crítica al feminismo abolicionista.

La trama se centra en el modo en que las integrantes de un hogar marginal de nuestro país se enfrentan a las decisiones de la matriarca de la familia, quien les ha ofrecido un sistema de valores alternativos a la moral imperante, pretendiendo protegerlos de la violencia presente en el mundo que les rodea. Frente a esto, la hija se cuestiona los valores de su madre, anhelando alcanzar los ideales que le impone la cultura dominante, mientras que el hijo rechaza las restricciones maternas, guiado por su fuerte deseo de convertirse en una mujer. Con este particular enfoque, la puesta en escena le da un especial énfasis a la presencia de aquellos cuerpos invisibilizados dentro de la cultura patriarcal, como lo son los cuerpos de las disidencias y el trabajo sexual, desdibujando los marcos que define -e impone- el orden social imperante.

Yo también quiero ser un hombre blanco heterosexual es un montaje de la compañía Teatro del Antagonista, bajo la dirección de Manuel Morgado (quien también realizó el diseño escénico de la obra) y la dramaturgia de Carla Zúñiga (integrante de La Niña Horrible). El equipo de intérpretes estuvo conformado por Julieth Micolta, Juan Pablo Fuentes, Renata Casale, Tamara Ferreira, Coca Miranda, Ariel Hermosilla y Nicolás Venegas. La obra es una comedia negra, que narra la historia de una joven que ha sido marginada durante toda su vida, a causa de cuatro hechos determinantes: ser mujer, pobre, negra y lesbiana. El desarrollo de la acción gira en torno a las distintas situaciones que debe atravesar este personaje, en su afán por convertirse en un hombre blanco y heterosexual, intentando escapar de la marginalidad y la violencia que su condición le ha impuesto. Desde esta perspectiva, este montaje plantea la posibilidad de transgredir el orden social imperante, abordando los prejuicios relativos a la raza, la etnia, la clase y el género, en cuyo marco se interpelan los ideales culturales que giran en torno a lo femenino. La ironía de esta propuesta consiste en cuestionar el modo en que se ejerce el Poder dentro del orden heteropatriarcal, a través de la particular forma en que la protagonista trata de insertarse dentro de la sociedad, considerando que ella decide someterse a las mismas reglas y valores en función de los cuales el sistema la excluye, lo que gatillará un proceso de autoconciencia que será central dentro del relato.

Al pacino es un proyecto ganador de Fondart 2019, que se ejecutó a través de tres residencias artísticas (en E.E.U.U. y Chile), bajo la dirección de Ana Luz Ormazábal, como parte de la práctica escénica de Antimétodo. Aunque este montaje apenas logró ponerse en escena, a raíz de la irrupción del estallido social que vivió nuestro país en octubre del año 2019, y del despliegue de la pandemia de covid 19 durante el año 2020, la constante alusión de las y los directores entrevistados nos llevó a conseguir la grabación de este material y comentarlo grupalmente, confirmando su pertinencia dentro de nuestra investigación. El elenco está conformado por Diana Carvajal, Macarena Rozic, Camila González, Nicole Sazo y José Ignacio de Vries; el diseño escénico y de vestuario estuvo a cargo de César Erazo, mientras que el diseño sonoro fue compuesto por José Manuel Gatica, con la participación de todo el equipo.

El proyecto surgió de la intención de dar curso a un análisis del cine como formato artístico y social, partiendo de los preceptos del precine (el desarrollo cinematográfico previo al siglo XX y principios de éste), lo que les motivó a poner en escena un ejercicio cinematográfico que funcionara en base a elementos análogos -como el sonido, la luz, el movimiento, el cuerpo y un conjunto de espejos-. Partiendo de estos elementos, el proceso de experimentación instaló una serie de interrogantes relativas al cuerpo, las cuales resultaron centrales para el montaje, y también para nuestro análisis -como el problema de la materialidad, el tabú, lo bestial y lo monstruoso-. A su vez, este proceso permitió desprender una serie de preguntas que funcionan en total sintonía con el enfoque de esta investigación como, por ejemplo, aquellas que vinculan a los distintos cuerpos con distintos tipos de discursos, impuestos culturalmente, lo que revalida su lugar dentro de esta lista.

Metodología y enfoque

El proceso de selección de estas 10 obras permitió reconocer que toda representación teatral, incluso aquellas que solo presentan personajes masculinos, instalan o dejan entrever alguna figura de lo femenino. Por lo tanto, surgió la decisión de que el corpus de obras seleccionadas no se centraría en la mera presencia de alguna figura femenina, sino en abordar críticamente la o las figura/s de lo femenino que se despliegan en nuestro imaginario cultural. Por otro lado, se asumió que la particularidad del enfoque consistiría en proponer una investigación basada fundamentalmente en lo escénico, es decir, en el cuerpo, el espacio y la temporalidad; lo que le da un especial énfasis al relato visual que se propone a través de la representación. Desde esta posición, se desprendió la siguiente pregunta de investigación: ¿Cuáles son las principales estrategias escénicas y las principales imágenes a partir de las cuales las figuras de lo femenino que se están desplegando en la representación teatral chilena tensionan las nociones tradicionales que giran en torno al género?

Dada mi larga experiencia en el análisis de la puesta en escena he podido reconocer que ésta se constituye como la dimensión más propia de la representación teatral, aunque, aun así, es un ámbito que no ha sido suficientemente explorado en el contexto chileno, considerando que la investigación teatral se ha concentrado fundamentalmente en el texto dramático. El análisis de lo escénico -que, como ya hemos establecido, se centra en la dimensión espacial, temporal y corporal de la representación teatral- permite abordar -y subrayar- la relevancia que han asumido las imágenes y los cuerpos dentro del arte contemporáneo, lo que, a su vez, resulta especialmente determinante al momento de cuestionar las nociones tradicionales que giran en torno al género. Esto, asumiendo que en el contexto de la cultura visual contemporánea los cuerpos han alcanzado una dimensión política.

Con esta mirada, los materiales que procesé en el desarrollo de mi tesis doctoral -donde se aborda el modo en que las artes corporales, que hacen del cuerpo su principal medio de comunicación, están transgrediendo las formas de representación tradicionales- se cruzaron con elementos que podían extraerse desde la teoría feminista contemporánea, todo lo cual estaba produciendo un cruce conceptual sumamente sugerente. Principalmente, porque en este momento me di cuenta que la teoría de la performatividad del género se articula perfectamente con algunos elementos que son propios de la performance teatral, como el concepto de teatralidad, actuación, imitación, máscara, disfraz, etc. Fue en esta enriquecedora etapa que me concentré en proponer un enfoque que permitiera vincular la dimensión representacional que está a la base de la noción cultural de lo femenino con la dimensión representacional implícita en la puesta en escena teatral, es decir, un enfoque que lograra vincular la teatralidad del género con la selección de ciertos signos, imágenes y cuerpos, que se ponen en escena dentro de la representación teatral.

La noción de teatralidad del género está íntimamente vinculada con la teoría de la performatividad desarrollada por Judith Butler en la década de los '90, y se puede identificar en el libro *Cuerpos que importan*, cuando señala la idea de una teatralidad relacionada con la autopresentación *queer*. En este contexto, la pensadora norteamericana establece que es necesario entender la teatralidad del género en relación al carácter obligatorio de la cita, la que se relaciona directamente con el carácter imitativo del género, y que resulta evidente a través de la perfomance *queer*. Y, en este sentido, nos hace reparar en que la cita de las conductas establecidas culturalmente como "femeninas" se manifiestan como algo teatral, y no natural, en la medida que el performer hace hiperbólica la convención cultural que cobra cuerpo a partir de la discursividad asociada al género, lo que, como podremos abordar posteriormente, también se puede apreciar en la representación teatral, a partir de la cual se plasma claramente la dimensión imitativa de los roles sociales.

Con su teoría de la performatividad, Judith Butler puso en evidencia el poder de aquellos actos que sustentan la definición social de lo femenino -y lo masculino-, llegando a establecer que el género es performativo, dado que es el mismo sujeto -a partir de la repetición- el que conforma la identidad que se supone que es; siendo el género el que constituye al sujeto, y no al revés. Por lo tanto, la performatividad del género no debe entenderse como un acto singular, sino como la reiteración de una norma, o un conjunto de normas, donde resulta crucial que la conducta imitada oculte o disimule las convenciones en que la norma se sustenta. Esta premisa nos permite entender que la teatralidad del género se produce en la medida en que los procesos de socialización nos inducen a actuar de una forma determinada previamente, en función de nuestro sexo, lo que ocurre paralelamente a que las instituciones sociales logran ocultar el carácter ideológico y obligatorio de estas conductas. Y, dado que estos elementos se pueden apreciar claramente en las obras analizadas, la teoría de Butler asumió un lugar determinante para la conformación de este enfoque.

En *El género en disputa*, Butler nos ofreció una noción del género que también resultó crucial para articular el enfoque que les propondré a continuación, pues pone en evidencia la capacidad de actuación que debe poseer un sujeto para ejecutar los papeles mediante los cuales adquiere visibilidad social, es decir, mediante los cuales logra acomodarse al significado culturalmente definido para él/ella. Con esta mirada, la identidad de género se nos presenta como una historia personal, pero conformada a partir de una serie de significados culturales, sujetos a un conjunto de prácticas imitativas, en función de las cuales un sujeto -femenino o masculino- puede insertarse adecuadamente dentro de la estructura social. Y, como se puede apreciar, la noción del género como actuación resulta clave dentro de este enfoque, pues nos permite abordar a lo femenino como una actuación y, desde esta perspectiva, nos da la posibilidad de vincular los roles asociados culturalmente al género femenino con el modo en que estos roles se personifican en escena, es decir, con la forma en que lo femenino se configura a partir de la performance teatral. Esto, sin perder de vista que la noción de performatividad elaborada por Judith Butler no nos remite directamente a nuestra definición convencional de la performance teatral.

Con la noción de actuación, Butler da cuenta que los elementos relativos a la definición cultural del género se han naturalizado a lo largo del tiempo, hasta producir una idea unitaria, coherente y estable, en relación a lo femenino. Pero, esta noción subraya que esta unidad no es más que una ficción reguladora, producida por la cultura dominante, para cimentar el ideal de coherencia heterosexual que se nos impone al nacer, todo lo cual nos permite abordar críticamente las creencias, los valores y los roles, relativos a las distinciones de género dominantes, considerando que

> Dichos actos, gestos y realizaciones -por lo general interpretados- son *performativos* en el sentido de que la esencia o la identidad que pretenden afirmar son *invenciones* fabricadas y preservadas mediante signos corpóreos y otros medios discursivos. (Butler, 2007, 266)

A partir de estas reflexiones, surgió la intención de elaborar un concepto que permitiera exponer el modo en que la representación artística absorbe y hace visibles los elementos que configuran a los modelos culturales asociados al género, lo que se puede identificar claramente en la forma en que lo femenino se articula -y despliega- en escena a partir de la performance teatral. Esta noción, que resultaría medular para este enfoque, se define como *dramaturgia de lo femenino*, la cual nos remite a las formas y comportamientos que se encuentran asociados culturalmente a lo femenino, como es la vestimenta, el peinado, la gestualidad o el realce de algunas partes del cuerpo. En este sentido, hace referencia a las posturas, los movimientos, los gestos, el tono de la voz e, incluso, aquellas prescripciones que las mujeres han debido inscribir sobre su cuerpo, como los colores de su vestimenta o de su maquillaje. De tal forma, este concepto nos permitirá exponer el modo en que el Teatro feminista chileno se vale de los signos que se despliegan al interior de la cultura para reproducir y/o pervertir las representaciones asociadas a lo femenino, siendo clave para analizar la forma en que la puesta en escena teatral se posiciona frente a las distinciones de género dominantes.

Teniendo en la mira el carácter de este enfoque, y los objetivos de esta investigación, vamos a entender al Teatro feminista como aquel que construye una propuesta que se enfrenta al orden simbólico patriarcal, formulando una crítica a las representaciones que giran en torno a lo femenino, la que se articula y/o refuerza a partir de la puesta en escena teatral. Y, aunque esta definición se plantea independientemente a que las o los creadores declaren una postura definida en torno a su relación con los postulados del movimiento feminista, se asume que sus propuestas incluyen alguna de las premisas derivadas de los distintos feminismos contemporáneos, las cuales se presentan como un elemento medular del montaje. Con este marco, nos adentraremos en descubrir el modo en que los 10 montajes seleccionados abordan la figura de lo femenino, valiéndonos de otro de los elementos que Judith Butler instala en *El género en disputa*, cuando señala que eso que se supone original y sustancial a nivel del género ya involucra una *figura*, lo que permite subrayar la idea de que la actuación del género nos remite a una imitación, cuyo origen es netamente cultural, por lo que solo se perpetúa a partir de la reiteración de ciertas pautas, impuestas socialmente. Frente a esto, la intención de observar el modo en que la representación teatral reproduce y/o pervierte las actuaciones relativas al género, se centrará en los diversos signos que logran darle cuerpo a la figura de lo femenino transmitida culturalmente, asumiendo al cuerpo de la/el performer como una superficie de inscripción, que hace evidente el poder que ejercen las ideologías dominantes a nivel identitario, entendiendo a la identidad como el efecto de un discurso que nos induce a querer ser idénticos a otras cosa.

Antes de terminar esta breve exposición -acerca del surgimiento, la estructuración y el desarrollo de esta investigación- debo comentar que, como uds ya habrán podido reconocer, mientras se analizaban las distintas obras pude descubrir que una de las operaciones, común a todas las representaciones seleccionadas, se relaciona directamente con el objeto de estudio que analicé previamente en mis tesis de magíster y pregrado: el *collage*. Esto no resulta azaroso, si consideramos que el Teatro feminista chileno se inscribe dentro del denominado Teatro político, heredado de Bertol Brecht, quien desarrolló una serie de estrategias escénicas que renovaron ampliamente el lenguaje teatral. Y fue en este momento que se me hizo fundamental complementar el análisis semiótico de las obras con una investigación de carácter exploratorio, basada en una serie de entrevistas en profundidad, que se aplicarían a cada uno de los/las directores de los montajes seleccionados, intentando indagar en los motivos y premisas a partir de las cuales se organizó la propuesta escénica de sus obras. Este proceso se desarrolló vía on line, desde mayo del año 2020 hasta marzo del año 2021, y la única entrevista que no se pudo llevar a cabo fue la de Manuela Infante, quien se encontraba montando una de sus obras en Alemania, por lo que se optó por revisar el informe de prensa del año de estreno de su montaje, seleccionando elementos desde distintas entrevistas ofrecidas a los medios nacionales.

A partir de las dos metodologías utilizadas para el análisis de las obras, se pudieron derivar algunas hipótesis de trabajo que me permitieron definir una serie de figuras de lo femenino que ponen en crisis las definiciones de género tradicionales, como también, identificar un conjunto de imágenes comunes a todas ellas, las cuales tienen la capacidad de poner en evidencia algunos de los procesos de cambio cultural que resultan decisivos para nuestra sociedad. Y, en función de los relevantes hallazgos obtenidos, surgió la decisión de publicar los resultados de esta investigación, intentando difundirlos de la manera más amplia posible.

La intención de este libro es proponer un enfoque a partir del cual se logre difundir y analizar un interesante corpus de obras extraídas del Teatro feminista chileno, las que, paralelamente, permiten darles cuerpo a algunas de las problemáticas abiertas por la teoría feminista contemporánea, visibilizando elementos sustanciales de la transformación que experimenta nuestra sociedad a nivel identitario. En este sentido, la intención de visibilizar el mundo articulado por las y los creadores escénicos chilenos nos da la posibilidad de instalar cuestiones que resultan relevantes para el Chile de hoy, lo que, a su vez, nos permite subrayar el carácter sumamente teatral que implica la ejecución de los roles asociados al género, valiéndonos de esta premisa para abordar un fenómeno fundamental para nuestra cultura: la discusión en torno a los modelos tradicionales de lo femenino y la emergencia de nuevas propuestas identitarias.

Desde mi perspectiva, le relevancia de esta investigación radica en que, a pesar de que algunas de estas posiciones no se han perfilado de manera suficientemente clara a nivel del discurso, sí lo están haciendo a nivel de las imágenes y las corporalidades, lo que, además, resulta central entre las nuevas generaciones. Consistentemente, el valor que asume el carácter interdisciplinario de este enfoque responde a una clara conciencia de la gran distancia que hasta ahora se mantiene entre las artes y las humanidades en nuestro país, y de lo prolífico y necesario que resulta estimular este diálogo, considerando que la representación teatral nos aporta una mirada profunda y reveladora del mundo que nos rodea, incluso antes de que ese mundo se haya asimilado de forma masiva. En relación a este punto, quiero agradecer, a través de este libro, a todas y todos los creadores que aportaron en el desarrollo de esta investigación, exponiendo información e ideas sumamente relevantes y estimulantes para el análisis. Y, al mismo tiempo, destacar la labor de cada una de las y los estudiantes que participaron en este proceso, junto a mi querido colega Alexander Pszczolkowski, esperando que esta experiencia haya sido tan enriquecedora para ellas/ellos como para mí.

PRIMERA PARTE
Un enfoque que se cuestiona la definición tradicional de lo femenino

1. La performatividad del género vista a través de la performance teatral

Hasta hace poco tiempo el género era algo que, aunque se vigilaba con bastante atención, solía darse por sentado, pues se presuponía que era una expresión natural del sexo. Pero hoy, dadas las constantes discusiones en torno al tema, podemos asumir que el género es un término del lenguaje que sirve para definir y caracterizar las diferencias entre hombres y mujeres, el que surge de una forma de sexualización que se sustenta en una racionalidad reductora, propia de un pensamiento binario. Por lo tanto, tenemos muy claro que las diferencias atribuidas a los géneros operan en base a una noción ideológica, que supone una forma de complementariedad entre el Hombre y la Mujer, la cual se sustenta en la oposición y desigualdad entre los sexos, lo que ha impulsado a varias generaciones de investigadoras -e investigadores- a analizar la relación de subordinación implícita en el orden heterosexual.

Con este impulso, en la primera parte de este libro discutiremos la violencia que conllevan las morfologías ideales asociadas al género, cuestionándonos acerca de la legitimidad de los valores y las creencias que giran en torno a la representación social de lo femenino, asumiendo que esta noción -al igual que la imagen de la Mujer-, no es más -ni menos- que una definición cultural, es decir, un concepto que posee una fuerte carga ideológica. Y, por lo tanto, asumiremos que la representación social de lo femenino responde a una construcción imaginaria, por lo que puede -y debe- variar en función del contexto histórico y sociocultural que estemos viviendo, lo que se expresa claramente en las figuras que la representación artística nos propone en la actualidad.

Partiendo de la base que nuestra identidad se construye y preserva mediante las representaciones impuestas culturalmente, podemos considerar que, a medida que el sujeto integra las definiciones asociadas al género en el plano de la personalidad, son estos criterios los que terminarán condicionando las diferentes expresiones de eso que concebimos como nuestro *yo* individual. Y si pensamos que estas condiciones solo se perpetúan por el miedo del sujeto femenino -y también el masculino- a perder el lugar que lo define socialmente, el temor se presenta como un dispositivo de control que termina perpetuando culturalmente los valores, creencias y conductas, asociados al género. Por lo tanto, el hecho de remecer las bases que sostienen las distinciones de género dominantes implica resquebrajar la solidez del piso en que estamos sostenidas y sostenidos, lo que convierte a la discusión en torno a la identidad -entendiendo a la identidad como la condición de asimilarnos a quienes están designados/as bajo el mismo género y, paralelamente, de ser idénticos/as a sí mismos/as, como coherencia interna del sujeto- en un debate central para pensar en una transformación social a la escala que plantean las nuevas generaciones.

Por otro lado, si asumimos que la identidad solo se produce a nivel de la representación, el lenguaje se nos presenta como un medio de presión social sumamente poderoso, pues logra insertarnos en el mundo que la sociedad ha creado, lo que acontece en el momento mismo en que aprendemos a representarnos el mundo -y comunicarnos con otros/as-. Pero, paralelamente, el lenguaje se nos revela como una posibilidad fundamental para repensar nuestra condición de sujetos con género, teniendo conciencia de que, si abordamos críticamente la noción de sujeto construida por el falogocentrismo, nuestra condición de sujetos se relaciona fundamentalmente con el hecho de estar sujetas a algo contenido en el lenguaje. Y, dado que el género es una construcción imaginaria, el lenguaje artístico -que ha guiado el desarrollo de nuestro mundo imaginario- se nos ofrece como una oportunidad para ampliar el terreno de lo posible, redefiniendo la forma en que los géneros adquieren sentido.

Teniendo esto presente, esta investigación se propone abordar las figuras de lo femenino que se despliegan en la representación teatral chilena contemporánea, lo que nos dará la posibilidad de explorar las opciones de identificación -y desidentificación- que se están produciendo al interior de nuestra cultura, al mismo tiempo en que podremos revisar los límites del discurso de género dominante. Esto, pensando que durante los últimos años la representación teatral chilena ha desarrollado una mirada crítica en torno a la definición tradicional de lo femenino, lo que ha avanzado en consistencia a las profundas transformaciones que ha experimentado nuestra sociedad en las últimas décadas. Y, sin perder de vista que el foco es el Teatro feminista chileno, el desarrollo de este análisis exige una revisión de la teoría feminista contemporánea, buscando entre sus principales premisas elementos para construir un enfoque que nos permita leer a la representación teatral desde una perspectiva crítica.

Intentando dar cuenta de las nociones que giran en torno a lo femenino, comenzaremos esta exposición con las palabras de la escritora y cineasta francesa Virginie Despentes, a partir de las cuales se delineará un marco para comprender el sentido de aquello que se define como femenino.

> Después de varios años de buena, leal y sincera investigación, llegué a la conclusión de que la feminidad, es la trolez. El arte de la servilidad. Se le puede decir seducción y transformarlo en algo glamoroso. Sólo es un deporte de alto nivel en muy pocos casos. Masivamente, tan sólo es acostumbrarse a portarse como una inferior. Entrar a un lugar, mirar si hay hombres, querer gustarles. No hablar demasiado fuerte. No expresarse en un tono categórico. No sentarse con las piernas abiertas, para estar bien sentada. No expresarse en un tono autoritario. No hablar de dinero. No querer tomar el poder. No querer ocupar un puesto de autoridad. No buscar el prestigio. No reír demasiado fuerte. No ser, una misma, dema-

siado divertida. Gustarles a los hombres es un arte complicado, que requiere que borremos todo lo que compete al dominio de la potencia. (Despentes, 54)

A pesar de la fuerza de estas palabras, la ironía implícita en ellas nos habla de una mirada crítica en torno a la definición social de lo femenino, la que se puede identificar claramente ya a mediados del siglo XX, cuando Simone de Beauvoir reconocía que las mujeres de su época estaban asumiendo roles y valores asociados a lo masculino, lo que había producido una serie de tensiones al interior de las determinaciones de género vigentes, señalando:

> hay un cierto «encanto femenino» que amenaza con caer igualmente convertido en polvo. (…) Si esos tesoros hay que pagarlos con sangre o con la desdicha, preciso será saber sacrificarlos. (De Beauvoir, 722-723)

De este modo, la pensadora francesa nos daba el impulso para revisar y discutir el sentido que asumen los ideales relativos a lo femenino, desmitificando toda esa construcción gestada al amparo de una cultura fundamentalmente machista, y vaticinando profundos cambios en relación a las experiencias asociadas al género. Pero, sin desconocer que aquellas mujeres que no se adaptaban a la idea de feminidad impuesta culturalmente se devalúaban, tanto sexual como socialmente.

Partiendo por establecer que las diferencias entre los géneros son superficiales, y que tal vez estén destinadas a desaparecer, la autora de *El segundo sexo* se cuestionaba el orden construido en base a la subordinación y la uniformidad de las mujeres, sentenciando:

> No es cosa de negar que la dependencia, la inferioridad y el infortunio femeninos les da su carácter singular; seguramente la autonomía de la mujer, aunque ahorre a los varones

multitud de molestias, los privará también de muchas facilidades; con toda seguridad, ciertas maneras de vivir la aventura sexual se perderán en el mundo de mañana (...); entre los sexos nacerán nuevas relaciones carnales y afectivas, respecto a las cuales no tenemos la menor idea: ya han aparecido entre hombres y mujeres amistades, rivalidades, complicidades, camaraderías castas o sexuales, que los pasados siglos no habrían podido inventar. Entre otras cosas, nada me parece más discutible que el *slogan* que condena al nuevo mundo a la uniformidad. (De Beauvoir, 723-724)

En un contexto más contemporáneo, Judith Butler también nos ha planteado la posibilidad de una construcción variable de la identidad de género, estableciendo que al insistir en la unidad y coherencia de la categoría "Mujeres" se sigue negando la multitud de intersecciones culturales, sociales y políticas, en que se construye lo femenino. Su idea es no dar por sentado el contenido de esta categoría, sino más bien, producir una genealogía de su definición, de modo de desarrollar una aplicación problemática del término. Este tipo de planteamientos nos ha impulsado a discutir cómo actúan las suposiciones relativas al género para restringir la descripción y la percepción que nos hemos hecho respecto de lo femenino -lo femenino en particular y lo humano en general-. Por ejemplo, si pensamos que la distinción que nos remite solo a dos posibilidades de encarnar el género se basa en la interpretación reductora propia del pensamiento dualista, podemos poner en cuestionamiento la relación de oposición y subordinación que existe entre los géneros, como también, la supuesta unidad y permanencia del sujeto femenino -y masculino-, todo lo cual, desde la segunda mitad del siglo XX, ha remecido las bases de nuestra cultura.

La década de los '60 y '70 fueron determinantes para rearticular nuestra relación con la cultura dominante, fenómeno que incluyó un replanteamiento crítico respecto de las definiciones relativas al género, todo lo cual asumiría importantes consecuencias dentro del pensamiento filosófico. Por ejemplo, en *Historia de la sexualidad* Michel Foucault nos impulsaba a concebir la sexualidad como una organización concretizada históricamente, entendiendo que esta construcción cultural se ha encargado de conjugar el Poder y los discursos sociales con los afectos y los cuerpos individuales. Según Foucault (2007), aunque nuestra cultura se haya planteado al sexo -entendido como la marca que remite a la heterosexualidad institucionalizada- como causa de la experiencia, la conducta y el deseo sexual, esta supuesta *causa* se presenta como el *efecto* del régimen de sexualidad que ha sido impuesto socialmente. De este modo, nos permitió entender que la identidad de género -definida como la relación entre sexo, género, práctica sexual y deseo- nos remite directamente a las leyes culturales que reglamentan la forma y el significado de la sexualidad. Como establece Mónica De Martino (2008), Foucault nos ayudó a entender que, aunque el género aparece en primera instancia como una categoría social, finalmente éste se impondrá sobre un cuerpo sexuado, lo que presupone todo un sistema de relaciones, que incluyen al sexo, pero no están directamente determinadas por éste.

Al asumir que el género no es un hecho, estamos reconociendo que las construcciones asociadas culturalmente a cada género -valores, creencias, comportamientos y expectativas- son las que producen aquellas realidades definidas por el género. Teniendo esto en consideración, podemos llegar a pensar que sin estas determinaciones no existiría ningún género o, por lo menos, no de la manera en que los hemos entendido tradicionalmente. Esto puede explicar por qué actualmente estamos presenciando la proliferación de nuevas y diversas identidades de género, lo que no solo ha fortalecido el debate acerca de los propósitos reguladores del régimen de sexualidad imperante, sino también acerca de las limitaciones del campo de representación e inteligibilidad que éste establece, permitiéndonos imaginar otras matrices de género.

Por un lado, ha surgido cierto acuerdo en que la normatividad heterosexual es demasiado limitada como para definir y ordenar el género de cada sujeto e, incluso, que habría que oponerse a tal ordenamiento. Por otro lado, estamos empezando a aceptar que el género puede volverse ambiguo, incluso sin cambiar ni reorientar en absoluto la sexualidad. Esto, porque la condición de "ser hombre" o "ser mujer" se produce fundamentalmente a nivel del lenguaje. Y, por lo tanto, que estos son conceptos internamente inestables, que siempre están acosados por la ambivalencia y la contradicción. Como sostiene Judith Butler:

> no existe una identidad de género detrás de las expresiones de género; esa identidad se construye performativamente por las mismas «expresiones» que, al parecer, son resultado de ésta. (Butler, 2007, 85)

Con su teoría de la performatividad del género, Butler puso en evidencia el poder de aquellos actos que sustentan la definición social del género, permitiéndonos entender, entre otras cosas, que es esta definición la que termina por producir la estilización del cuerpo propio, lo que solíamos asociar a una supuesta naturaleza del género, todo lo cual encuentra su base en los planteamientos de Michel Foucault. Recordemos que la escritora norteamericana establece que el género es performativo dado que es el mismo sujeto, a partir de la repetición de ciertas pautas de comportamiento, el que conforma la identidad que se supone que se es. Por lo tanto, su teoría nos hace pensar que es el género el que nos convierte en una entidad estable, es decir, que nos proporciona esa aparente consistencia que nos permite participar de la vida social, pudiendo ser identificadas/dos de una forma determinada, lo que, entre otras cosas, nos permite replantearnos la supuesta "verdad" que sustentan las determinaciones impuestas por el género.

Para los fines de esta investigación, nos basaremos en Judith Butler para concebir al género como una performance, con importantes consecuencias disciplinarias y correctivas, a partir de la cual podemos darle una renovada mirada a la dimensión teatral del género. Butler (2002) establece que la performatividad del género debe entenderse en relación a un proceso de iteración, es decir, a un proceso de repetición regularizada y obligada de las normas impuestas a partir del género, entendiendo que ésta no es una repetición realizada *por* un sujeto, sino que es la repetición misma la que habilita al sujeto *para* integrase a la cultura. Como podemos apreciar, la performatividad se entiende en función de la forma en que la cultura anticipa una supuesta esencia del género, lo que significa que los contenidos atribuidos a cada género sólo se concretan a través de su repetición normativa. Por lo tanto, es el ritual de repetición el que permite que la cultura consiga el efecto esperado socialmente, lo que le da un papel determinante a la dimensión imitativa del género.

Desde esta perspectiva, la *realización del género* implica una producción ritualizada, que se impone culturalmente mediante la fuerza de la prohibición y el tabú, lo que convierte a la repetición en un elemento fundamental para que la cultura nos considere como un sujeto viable, y podamos conservar la posición que la sociedad nos designa como propia. Sin perder de vista algunas diferencias sustanciales, creemos que esta noción se puede asociar al modo en que los roles asociados al género se ponen en escena en la performance teatral y, dentro de ella, a la forma en que se articula una determinada figura de lo femenino. Esto, aunque sabemos que la performatividad del género señalada por Judith Butler no se reduce a un sujeto, ni a sus actos, sino que se refiere al proceso de reiteración mediante el cual llegan a emerger tanto los sujetos como los actos. Y, a su vez, que su noción de la performatividad no nos remite directamente a la definición de performance que se aplica usualmente en el análisis de la representación teatral.

Aun así, en *El género en disputa* se establecen tres dimensiones de la corporalidad significativa -el sexo anatómico, la identidad de género y la actuación de género- que resultan centrales para nuestro enfoque, pues a partir de ellas analizaremos la forma en que el género cobra cuerpo dentro de la puesta en escena teatral, en la medida que ésta pone en evidencia la teatralidad implícita en las actuaciones relativas al género. Como hemos señalado previamente, en este texto Butler nos ofreció una noción del género como *actuación*, a partir de la cual la identidad de género se nos presenta como una historia personal/cultural, conformada a partir de una serie de significados, sujetos a un conjunto de prácticas imitativas. Y, aunque para Butler la teatralidad del género no tiene un carácter completamente intencional -como sí lo tiene en la puesta en escena teatral-, su noción del género como actuación resulta adecuada para nuestro análisis, en la medida que podamos vincular su concepto de actuación con el modo en que el/la performer interpreta su papel en escena. De este modo, podemos valernos de la performatividad propia de la puesta en escena teatral para señalar el modo en que se reproducen las determinaciones sociales asociadas al género, como también, la forma en que el Teatro feminista parodia el mecanismo de esta construcción, lo que permitirá construir una crítica en torno a la definición tradicional de lo femenino.

En *Cuerpos que importan,* Butler incorporó algunos planteamientos expuestos por Jacques Derrida dentro de su noción de la performatividad del género, desarrollada previamente. En este nuevo marco, ella establece que en la formación del *yo corporal* la ley sólo se puede constituir como tal en la medida en que se imponen las citas y aproximaciones que nosotros llamamos "femeninas" o "masculinas". Este punto se planteó como una base para el desarrollo de esta investigación, considerando que Butler ha permitido repensar una de las más relevantes afirmaciones que Simone de Beauvoir inscribió en las páginas de *El segundo sexo*: no se nace mujer, sino que se llega a serlo. Desde esta posición, estamos asumiendo que el término Mujer no nos remite a una esencia, sino que a un procedimiento, es decir, a un construirse como una mujer. Con este enfoque, nos adentraremos en la representación teatral contemporánea, para abordar el modo en que se materializa en escena la representación social de lo femenino y, paralelamente, analizaremos el modo en que el Teatro feminista chileno se vale de su propia performance para instalar una crítica a esta figura, proponiéndonos una subversión de los significados asociados al género.

2. Lo femenino

Simone de Beauvoir inició su reconocido libro con una pregunta sumamente sugerente: ¿Qué es una mujer? De esta forma, dejó instalada la interrogante acerca de la existencia misma de esta categoría social, estableciendo una relación que resulta fundamental para sustentar este enfoque.

> todo ser humano hembra no es necesariamente una mujer; tiene que participar de esa realidad misteriosa y amenazada que es la feminidad. (De Beauvoir, 15)

A partir de esta afirmación, la pensadora francesa nos impulsó a reflexionar sobre el constructo de la feminidad elaborado por la cultura heteropatriarcal, preguntándose irónicamente:

> ¿la secretan los ovarios? ¿O está fijada en el fondo de un cielo platónico? ¿Basta el frou-frou de una falda para hacer que descienda a la Tierra? (De Beauvoir, 15)

Y, desde esta posición, señaló un punto que será clave para nuestro análisis.

> Aunque ciertas mujeres se esfuerzan celosamente por encarnarla, jamás se ha encontrado el modelo. Se la describe de buen grado en términos vagos y espejeantes. (De Beauvoir, 15)

Como podemos apreciar, son varias las pistas que nos entregó *El segundo sexo* para abordar el problema de "Lo femenino". Entre ellas, la consideración de que

> precisamente porque la idea de feminidad es artificialmente definida por las costumbres y las modas, se impone desde fuera a cada mujer. (De Beauvoir, 678)

Tomándonos de esta premisa, podemos releer algunos de sus planteamientos a partir de la teoría de la performatividad del género, expuesta por Judith Butler, quien nos permitió pensar al género como un *hacer* que lleva aparejado un *parecer*. Este elemento será crucial para abordar este análisis, centrado fundamentalmente en las imágenes de lo femenino que la puesta en escena teatral nos ofrece en la actualidad. Al respecto, podemos dejar planteado uno de los argumentos de Natalia Vélez (2018), cuando señala que la semántica biologizante basa sus leyes en la materia -en el cuerpo-, por lo que el proceso de asignación y corrección del género -que delineará el marco de las relaciones sociales- se expresará fundamentalmente en el plano de las apariencias.

En 1949, *El segundo sexo* nos entregó un elemento fundamental en relación al problema de conceptualizar lo femenino, cuando se establece que

> el conceptualismo ha perdido terreno: las ciencias biológicas y sociales ya no creen en la existencia de entidades inmutablemente fijas que definirían caracteres determinados, tales como los de la mujer (...). Si ya no hay hoy feminidad, es que no la ha habido nunca. ¿Significa esto que la palabra «mujer» carece de todo contenido? (De Beauvoir, 16)

En los años '90, Judith Butler reabrió esta interrogante, preguntándose si el término «mujer» indica una identidad común para quienes se ubican en el territorio circunscrito por este concepto, confirmando el hecho de que la palabra Mujer se ha convertido en un término problemático. Al respecto, la pensadora norteamericana sostiene taxativamente que

> Si una «es» una mujer, es evidente que eso no es todo lo que una es; el concepto no es exhaustivo. (Butler, 2007, 49)

Según Butler, el uso de este término tiende a descontextualizar al sujeto femenino de la constitución de clase, raza y etnia, que también nos determina. A su vez, la uniformidad que este concepto supone, invisibiliza la acción de otros ejes culturales a partir de los cuales las relaciones de poder se encargan de conformar nuestra/s identidad/es, lo que, desde nuestra perspectiva, también exige cuestionarnos acerca de nuestra noción de identidad, entendida como algo idéntico a otra cosa.

Si estamos de acuerdo en que nuestra identidad -al igual que nuestro género- solo se construye en base a una ficción, estamos asumiendo que la estructura dominante del género es la que nos asigna un lugar y una función social, estableciendo qué identidad debe asumir cada sujeto y cuáles son los límites para nuestro comportamiento. En base a estas premisas, queremos dejar planteadas dos cuestiones que serán fundamentales para el enfoque que asumirá esta investigación. Primero, el carácter meramente cultural que supone la definición de los conceptos Mujer y Femenino. Y, por otro lado, que solo nos constituimos como mujeres -u hombres- en la medida que funcionamos como tal/es en la estructura heterosexual que opone lo femenino respecto de lo masculino, todo lo cual se encuentra profundamente relacionado entre sí.

La teoría feminista contemporánea nos ha permitido entender que el contenido de la categoría Mujeres no es más -ni menos- que un producto de la reificación de las relaciones entre los géneros. Gracias a esto, hemos podido comprender que el proceso de socialización, que es propio de cada cultura, se encarga de definir y conformar a cada individuo en función de su determinación sexual, lo que establece una serie diferencial de demandas para quienes sean definidos como mujeres o como hombres, todo lo cual condicionará de manera profunda la identidad de cada sujeto. Como señala Natalia Vélez (2018), si reconocemos que el proceso de socialización lleva a que la mujer se someta al deseo de Otro, podemos pensar a la identidad como el reflejo de un ideal imposible, a partir del cual el género femenino deberá convertirse en todo lo que no es masculino. De esta forma, la diferencia biológica entre machos y hembras se convertirá en el pilar más importante de la diferencia, entendiendo que la diferencia entre ambos los distancia, pero también los vincula.

Simone de Beauvoir ya había dejado planteada esta cuestión, señalando que nuestra cultura ha pensado a la Mujer como una realidad eminentemente poética, a partir de la cual los hombres han proyectado en ella todo cuanto deciden no ser, lo que, entre otras cosas, ha evitado pensar a una mujer como un ser autónomo, que se define en sí misma. De hecho, en las primeras páginas de *El segundo sexo* la escritora francesa se pregunta irónicamente si las mujeres no son más que esa porción de los seres humanos a los que arbitrariamente se les designa con la palabra «mujer», en función de lo cual históricamente se les ha definido como «lo Otro», respecto del hombre. Y, desde esta posición, nos ofrece un argumento que será fundamental para concebir el sentido que asume lo femenino.

> La mujer se determina y se diferencia con relación al hombre, y no éste con relación a ella; la mujer es lo inesencial frente a lo esencial. Él es el Sujeto, él es lo Absoluto; ella es lo Otro. (De Beauvoir, 18)

Monique Wittig también nos entregó una clave fundamental, cuando establece la arbitrariedad que está contenida en la configuración del término *heterosexualidad*, al tiempo en que declaró su aplastante poder.

> Me encuentro ante un objeto no existente, un fetiche, una forma ideológica que no se puede asir en su realidad, salvo en sus efectos, y cuya existencia reside en el espíritu de las gentes de un modo que afecta su vida por completo, el modo en que actúan, su manera de moverse, su modo de pensar. Por tanto, he de vérmelas con un objeto a la vez real e imaginario. (...) Los antropólogos, los etnólogos, los sociólogos la perciben quizás como una institución, pero una institución de la que no se habla, de la que no se escribe. Porque hay un presupuesto, un «estar ya-ahí» —debido a algo exterior al orden social— de dos grupos: hombres y mujeres. Para ellos, los hombres son seres sociales y las mujeres son seres naturales. (Wittig, 67)

Como podemos apreciar, Wittig no concibe la heterosexualidad como una institución social, sino como un régimen político, que se basa en la subordinación, sumisión y apropiación, de las mujeres. Desde esta posición, exhorta a que las mujeres a elegir entre escapar de su clase (como lo hacen las lesbianas) o renegociar diariamente el contrato social. Y, de esta forma, nos impulsó a destruir aquello que ella concibe como una clase social, hecho que solo se podría conseguir por medio de la destrucción de la heterosexualidad, y de un cuestionamiento profundo acerca de la categoría Mujeres. Partiendo de la base de que durante siglos se ha presentado a la heterosexualidad como algo incuestionable, Wittig nos incita a entender al «sexo» como una categoría política, en cuyo marco la palabra «género» debe asumirse como una noción imprecisa, en función de la cual el término «mujer» también se nos presenta como un concepto esencialista. Al respecto, señala:

> Lo que constituye a una mujer es una relación social específica con un hombre, una relación que hemos llamado servidumbre, una relación que implica obligaciones personales y físicas y también económicas. (Wittig, 43)

De este modo, Wittig -junto a otras teóricas feministas- puso en evidencia las limitaciones del discurso de representación que históricamente ha definido al sujeto femenino, socavando la supuesta unidad, coherencia, estabilidad y universalidad, construida por el lenguaje -y sus definiciones-. Y, desde esta posición, nos estimuló a cuestionarnos el sentido que asume para nosotras el concepto Mujeres, lo que se encuentra en total sintonía con la mirada crítica que estamos proponiendo en relación al constructo sociocultural de *lo femenino*.

3. La representación social de lo femenino

A lo largo de todo el tejido propuesto en *El segundo sexo*, De Beauvoir desarrolló un listado de rasgos que nos permiten aproximarnos a algunos de los contenidos a partir de los cuales podríamos concebir aquello que la cultura patriarcal ha entendido históricamente como "femenino".

Esto se plantea paralelamente a establecer que la humanidad está dividida en dos categorías de individuos, cuyos vestidos, rostros, sonrisas, cuerpos, posturas, intereses y ocupaciones, son manifiestamente diferentes; todo lo cual resulta central para nuestro enfoque. Remontándonos hasta las bases de la cultura occidental, la pensadora feminista indica que tradicionalmente la Mujer ha sido asociada a lo sin razón e, incluso, a la debilidad intelectual, lo que funciona de la mano a la relación que nuestra cultura ha establecido entre la Mujer y la sexualidad -la hembra es una bestia-, la carne -la mujer es un cuerpo- y la materia -incluyendo todas las secreciones que el cuerpo exuda-. Y, en función de todo esto, subraya el vínculo que históricamente se ha construido entre lo femenino y la carnalidad, la lujuria, la sensualidad, la coquetería, la pasividad, la fragilidad y la inestabilidad.

Consistentemente, advierte que nuestra cultura se ha sustentado en la idea de que la Mujer mantiene una relación mucho más directa que el Hombre con lo orgánico, a partir de lo cual se ha aseverado que las mujeres estarían sujetas a constantes manifestaciones convulsivas -como las lágrimas, las risas locas y las crisis nerviosas-. En este sentido, se cuestionó sobre la relación que nuestra cultura ha construido entre la feminidad y el capricho, explicándonos el carácter del vínculo entre lo femenino, el sentimentalismo y la emocionalidad. A su vez, la pensadora francesa reconoce que la función que por antonomasia se les atribuye a las mujeres es la maternidad, subrayando que lo femenino está fuertemente asociado a la fertilidad, la reproducción, el amor y el cuidado, como también, a la dulzura y la caridad -en su capacidad de curar y fortificar-. Al respecto, señala que los rasgos positivos que la maternidad le ha atribuido a lo femenino incluyen la belleza, la lealtad y el altruismo; la abnegación, la paciencia y el sacrificio; la bondad, el calor de hogar y la intimidad; el amor, la devoción y la abnegación. En cuanto a lo negativo, la autora de *El segundo sexo* retoma el tono irónico que expresa de manera constante en su texto, planteando que, hasta la ignorancia, el capricho o la frivolidad, se vuelven virtudes encantadoras en tanto florezcan más allá del mundo en que el hombre ha elegido vivir.

Retomando un punto que De Beauvoir también había dejado establecido, Helene Cixous nos remitió hasta el génesis bíblico para cuestionar el relato sobre lo femenino que nuestra cultura ha construido, presentándonos al "gran libro" como un referente fundamental para pensar eso que ella reconoce como una *economía femenina*.

> ¿por qué «femenina»? (...) porque, a pesar de todo, desde la Biblia y desde las biblias, quedamos repartidos entre descendientes de Eva y descendientes de Adán. (Cixous, 173).

Desde esta lógica, Cixous sugiere una interesante relación entre lo femenino y la representación, en cuanto relato, señalando:

> La relación con el goce, con la ley, con las respuestas del individuo a esa relación antagónica y extraña perfilan, ya seamos hombre o mujer, diferentes caminos de vida. No es el sexo anatómico ni la esencia lo que los determina a lo que sea; por el contrario, es la fábula de la que nunca se sale, la historia individual y colectiva, el esquema cultural y cómo el individuo negocia con esos esquemas. (Cixous, 177)

Desde un lugar más radical, Virginie Despentes -en su conocido texto, *Teoría King Kong*- nos comenta que cuando se preguntó por el significado de la feminidad no pudo obtener una respuesta clara. Aun así, en la última página del texto nos ofrece una mirada sobre el tema, que también sugiere una interesante relación entre lo femenino y su representación, en cuanto escenificación. Despentes nos presentó a lo femenino como la puesta en escena de una serie de signos, los que se pueden relacionar con una vestimenta especifica o con todo un entramado de valores, entre los que se cuentan la coquetería, el encanto y la docilidad. Al respecto, señala irónicamente:

> Tener complejos, eso sí que es femenino. Borrada. Escuchar bien. No brillar demasiado intelectualmente. Ser culta, lo

justo para entender lo que un presumido tiene para decir. Charlar es femenino. Todo lo que no deja huella. Lo doméstico, que se vuelve a hacer todos los días, que no lleva nombre. No los grandes discursos, no los grandes libros, no las grandes cosas. Las pequeñas cosas. Lindas. Femeninas. (Despentes, 54)

Sin dejar pasar la relevancia que asumirá en nuestro enfoque la relación entre lo femenino y su escenificación, la relación entre lo femenino y lo doméstico indicada por Despentes resulta sugerente para introducir la oposición que el pensamiento heterosexual ha construido entre lo público y lo privado. Esta distinción tiende a reproducir la oposición binaria entre lo masculino y lo femenino, a la vez que hace presente el profundo vínculo que nuestra cultura ha construido entre lo femenino y lo íntimo. En una investigación como esta, no podemos perder de vista que la identidad femenina se ha definido en total vinculación con la esfera de lo privado, ya que, como acabamos de señalar, lo femenino está fuertemente asociado a la maternidad, la familia, la crianza y los cuidados, lo que ha traído grandes consecuencias para las mujeres a lo largo de la historia. Como señala Mónica De Martino (2008), este tipo de circunstancias sociales e históricas derivaron en el establecimiento de cierta homogeneidad entre las mujeres, generando una visión universalista de lo femenino, la cual suele girar en torno a lo íntimo y lo privado. Y, en la medida que la definición de lo femenino ha sido permeada por esta lógica de indiferenciación, la cultura ha tendido a aplanar las diferencias que se expresan al interior de las distintas entidades sociales.

Teresita de Barbieri especifica que los conceptos público y privado son centrales dentro de los estudios de las mujeres y los géneros, siendo fundamentales para conformar nuestra representación de la sociedad -lo que opera de un modo particular en los países latinoamericanos-. Al respecto, señala que

> desde esa óptica la distinción ha tenido un carácter instrumental, ordenador del análisis de la información. Permitió dar cuenta de dos espacios físicos, sociales y de significación distintos, con racionalidades y normatividades diferentes. (…) Identificamos el espacio público como el lugar del trabajo que genera ingresos, la acción colectiva, el poder, es decir, el lugar donde se produce y transcurre la Historia, y el mundo privado como el de lo doméstico, del trabajo no remunerado ni reconocido como tal, las relaciones familiares y parentales, los afectos, la vida cotidiana. El primero, masculino; el segundo, femenino. (De Barbieri, 203)

Como indica De Barbieri, el ámbito de lo privado se ha definido como un lugar de subordinación, que niega las potencialidades de las mujeres que buscan alguna expresión de trascendencia, tanto individual como colectiva. En directa sintonía, Helene Cixous vincula la designación de lo privado-femenino con la exclusión de la mujer del mundo social y de las narrativas históricas.

> Como si, separada del exterior donde se realizan los intercambios culturales, al margen de la escena social donde se libra la historia, estuviera destinada a ser, en el reparto instituido por los hombres, la mitad no-social, no-política, no-humana, de la estructura viviente, siempre la facción naturaleza por supuesto, a la escucha incansable de lo que ocurre en el interior, de su vientre, de su «casa». (Cixous, 18)

Al mismo tiempo, Cixous vincula la construcción cultural de lo femenino con una noción ideal de la Mujer, destacando el modo en que los imperativos que trazan la línea definida por el género canalizan nuestros deseos y creencias, a partir de lo cual pone énfasis en la forma en que la economía política de lo masculino y lo femenino se ha organizado. Desde su perspectiva, esta economía se organiza en base a exigencias y obligaciones diferenciadas, lo que produciría relaciones de fuerza, de producción y de reproducción, en función de las cuales se constituye y se hace legible ese inmenso sistema de inscripción cultural que construye a lo femenino -y lo masculino-. En relación a este análisis, se desprende un punto que resulta fundamental para nuestro enfoque, que se explicita cuando la pensadora francesa establece que, al socializarse y metaforizarse, esta economía política produce diversos signos, por lo que no se puede seguir hablando de "la mujer" ni de "el hombre" sin quedar atrapados en la tramoya de un escenario ideológico, en el que la multiplicación de representaciones, imágenes e identificaciones, determinan -y alteran- nuestro imaginario.

Los planteamientos de Despentes y Cixous resultan medulares para re-pensar la definición de lo femenino en relación a la puesta en escena -teatral y cultural- de los signos a partir de los cuales la figura de la Mujer ha asumido una forma dentro del escenario social, es decir, en relación a las formas que la cultura define como femeninas. E, intentando plasmar la idea de una economía asociada a lo femenino en relación a los signos que se despliegan al interior de puesta en escena teatral, propondremos un término que será central dentro de este análisis: *la dramaturgia de lo femenino*. Como se ha señalado previamente, este concepto nos permitirá descubrir el modo en que la puesta en escena teatral se vale de los signos que se despliegan al interior de la cultura para reproducir y/o pervertir las representaciones asociadas a lo femenino, analizando el modo en que el Teatro feminista chileno está modificando nuestra concepción de las mujeres, lo que, desde nuestra perspectiva, se presenta como el reflejo de un proceso fundamental dentro de la cultura contemporánea. Como estableció Ana Martínez-Collado, en la conferencia que desarrolló en el ciclo *Genealogías del arte contemporáneo: 1968-2000* (titulada *Perspectivas feministas en el arte actual*), el esfuerzo de una generación por describirse a sí misma, por mostrar las diferencias respecto a otra anterior, es un indicativo de que una época siente que se han producido importantes modificaciones en la conciencia del "estar" mujer en el mundo.

Un elemento que se puede apreciar dentro de la teoría feminista contemporánea, pero también en cualquier conversación cotidiana, es el malestar que se produce entre algunas mujeres -y también en algunos hombres- por el hecho de que ser/estar Mujer se plantee como algo relativamente fijo e inamovible, lo que, desde nuestra perspectiva, se refleja en la vacilación que actualmente están experimentando las categorías relativas al género. Por ejemplo, Teresa de Lauretis (1992) denuncia que nuestros sistemas representacionales se han encargado de divulgar la idea de que la Mujer es poseedora de una esencia femenina eterna, es decir, ahistórica y asocial, lo que ha permitido mantener a las mujeres en "su" lugar, es decir, en el lugar que los hombres les han designado. Todo esto nos obliga a poner atención en la forma en que el lenguaje produce los significados que se establecen a partir de los signos que actáun como códigos de representación.

Gricelda Pollock (2013), por su parte, nos recuerda que el lenguaje es una práctica ideológica de representación, en la que se incluyen diversas ideologías sobre la feminidad, donde se cuentan nociones asociadas a lo virginal o a lo demoniaco, las cuales han sido decisivas al momento de inducir el rol social y la condición psíquica que la sociedad denomina feminidad. Pollock se apoya en el trabajo de Laura Mulvey para plantear que

> la imagen de la mujer permanece en la cultura patriarcal como un significante del otro masculino, ligada a lo simbólico, en el cual el hombre puede vivir sus fantasías y obsesiones a través del dominio lingüístico, al imponerlas sobre la imagen muda de la mujer aún atada a su lugar como portadora y no creadora de significados. (Pollock, 261)

Al respecto, establece que la deconstrucción feminista de las representaciones asociadas a lo femenino posee gran relevancia política, considerando que estas representaciones son las que han permitido garantizar la hegemonía de la cultura masculina.

Luce Irigaray (1992) también ha discutido que las formas de representación imperantes se hayan adecuado a la subjetividad de los hombres, conformando sistemas genealógicos exclusivamente masculinos, que censuran la palabra de las mujeres, llegando a hacerla inaudible. Frente a este hecho, nos convoca a crear un orden social en el que podamos desplegar nuestra subjetividad a través de nuestros propios símbolos, considerando que estas imágenes nos permitirán re-interpretar las bases de la cultura en todos los sistemas de intercambio, incluyendo al arte. Y, con esta mirada, sostiene que debemos re-crear las representaciones sensibles de nuestro mundo y de nuestras relaciones sociales y personales.

Según Helene Cixous, en la medida que nos cuestionemos la solidaridad entre el logocentrismo y el falocentrismo se abrirá la posibilidad de amenazar la estabilidad del edificio masculino, que hasta ahora se ha hecho pasar por natural y eterno, permitiéndonos imaginar un nuevo universo simbólico, ante lo cual considera que todas las historias podrían contarse de otro modo, lo que resulta crucial en este análisis. Y, advirtiéndonos que las transformaciones de nuestro imaginario volverán caduca toda conceptualización vigente, señala:

> Entonces, todas las historias se contarían de otro modo, el futuro sería impredecible, las fuerzas históricas cambiarían, cambiarán, de manos, de cuerpos, otro pensamiento aun no pensable, transformará el funcionamiento de toda sociedad. (Cixous, 16)

4. Lenguaje y representación

Monique Wittig también nos advirtió sobre las fuertes presiones que impone el lenguaje al momento de asumir las condiciones que prescriben nuestra posición como mujeres, proponiéndonos

> una transformación política de los conceptos clave, es decir, de los conceptos que son estratégicos para nosotras. Porque

hay otro orden de materialidad que es el del lenguaje, un orden que está trabajado de arriba abajo por estos conceptos estratégicos. Este orden, a su vez, está directamente conectado con el campo político, en el que todo cuanto atañe al lenguaje, a la ciencia y al pensamiento, remite a la persona en cuanto subjetividad y a su relación con la sociedad. (Wittig, 54).

Como parte fundamental de este enfoque, estamos entendiendo al género como una posición social, pero también como una posición simbólica, es decir, como una posición que opera al interior de la estructura del lenguaje. A su vez, estamos relacionando la identidad de género con la exigencia que nos impone la sociedad para efectuar repetitivamente las demandas que surgen a partir de las representaciones que la cultura patriarcal ha construido respecto de la Mujer. Desde esta óptica, la identidad de género nos remite a un proceso que se sustenta en la identificación de aquellas determinaciones, presentes en las representaciones creadas socialmente, que son consideradas necesarias para el funcionamiento de la sociedad, en cuyo marco las mujeres llegarán a creer en el significado de estas representaciones, actuando en función de dicha creencia. En este sentido, estamos asumiendo a la representación social de lo femenino como uno de los mecanismos de control más poderosos de nuestra sociedad, lo que se enmascara por efecto del poder que posee el lenguaje para ocultar su carácter coercitivo.

Mónica De Martino (2008) se apoya en los planteamientos de Johan Scott para sostener que el género es un primer modo de dar significado a las relaciones de poder que se extienden al interior de una sociedad, lo que opera en función de la elaboración eminentemente cultural que asumen las diferencias entre los sexos. Esta elaboración atravesaría diferentes esferas de lo social: 1. Los universos simbólicos asociados a tales diferencias; 2. Los dispositivos que regulan tales universos -y que reprimen otras formas de objetivación de dichas representaciones-; 3. La vida política -que asigna diferentes roles y posiciones a cada uno de los sexos- y 4. Las elaboraciones subjetivas de las situaciones y representaciones sociales. Por lo tanto, para que nuestra noción del género nos haga creer que las diferencias son constitutivas de cada posición, la cultura debe encargarse de que los sujetos identifiquen, internalicen y justifiquen, el modo en que la sociedad organiza las relaciones entre los sexos. En relación a este punto, resultó fundamental en esta investigación no perder de vista el modo en que el orden heterosexual se objetiva a partir de nuestro universo simbólico, es decir, el conjunto de metáforas que orientan el modo de pensar y actuar lo femenino, asumiendo que todas ellas involucran una forma de representación social, cuyo sello también se inscribe dentro del marco de la representación artística, la que se se despliega fundamentalmente dentro de un plano simbólico.

Relacionando al orden simbólico con la dimensión normativa que constituye al sujeto sexuado dentro del lenguaje, Judith Butler (2002) considera que lo simbólico también se puede entender como el inicio, la motivación y la legislación, de los diversos esfuerzos individuales por corporizar o ejemplificar los contenidos asociados a la posición de género designada por los términos del lenguaje. Frente a esto, debemos reconocer que si cada experiencia individual produce la ficción de una existencia previa -o natural- de las posiciones sexuadas, es gracias al poder que posee el lenguaje para naturalizar su carácter cultural. Desde esta perspectiva, Butler sostiene que el poder del lenguaje dependerá de la *cita* de las demandas que se organizan en el ámbito de la representación, lo que convierte a la cita en el mecanismo que permite la producción y articulación de aquello que entendemos como "femenino". Al respecto, la escritora norteamericana nos entrega una pista sumamente significativa cuando señala que el carácter mimético atribuido al lenguaje no es en modo alguno mimético. Por el contrario, ella sostiene que el lenguaje posee un carácter productivo, constitutivo y *performativo*, porque delimita y circunscribe aquello que se concibe como anterior a la significación. En este caso, el significado que nuestra cultura le atribuye a lo femenino.

Según Teresa de Lauretis (2000), las concepciones culturales acerca de lo masculino y lo femenino constituyen un sistema simbólico, a partir del cual el sexo se asocia con ciertos contenidos, valores y jerarquías, lo que convierte al sistema sexo-género en un sistema de representación. De tal modo, el sexo se encuentra íntimamente unido a los factores sociales y políticos a partir de los cuales la cultura le confiere significado -identidad, valor, prestigio y estatus- a los miembros de la sociedad. Por lo tanto, el lenguaje y sus metáforas no solo involucran un ejercicio retórico, sino que están profundamente instalados en la vida real, donde reside su significado. Desde esta posición, De Lauretis nos advierte que el género se constituye como el *producto*, pero también como el *proceso* de su representación, lo que significa que las relaciones que se construyen en el significado producirán tanto la representación de la Mujer -en general- como su auto-representación individual, lo que será fundamental para que estas representaciones adquieran significación. Al respecto, señala:

> Se podría empezar a pensar el género tomando como punto de partida a Michel Foucault y su teoría de la sexualidad como «tecnología del sexo», para proponer que también el género, ya sea como representación o como autorrepresentación, sea considerado como el producto de varias tecnologías sociales, como el cine, y de discursos institucionales, epistemologías y prácticas críticas, además de prácticas de la vida cotidiana. Podríamos así decir que el género, como la sexualidad, no es una propiedad de los cuerpos o algo que existe originariamente en los seres humanos, sino que es «el conjunto de los efectos producidos en cuerpos, comportamientos y relaciones sociales» como dice Foucault, debido al despliegue de «una compleja tecnología política». (De Lauretis, 2000, 35)

Durante la década de los '70, Michel Foucault (1979) argumentó que las instituciones sociales tienen la capacidad de construir a los sujetos en la medida en que los nombran, por lo que las formas de representación se deben pensar como el reflejo de los esfuerzos a partir de las cuales las fuerzas sociales luchan por configurar un determinado orden de sentido, lo que, finalmente, convierte a los cuerpos en una superficie de inscripción de los ideales declarados socialmente. De Lauretis se basó en los planteamientos de Foucault para elaborar el término "tecnología del género", a partir del cual se establece que, dado que la sexualidad no es una manifestación coherente y causal del sexo -en tanto expresión de características intrínsecas y comunes a todos los cuerpos-, la sexualidad se constituye como una superficie sobre la cual la sociedad inscribe el conjunto de los efectos que se producirán culturalmente sobre los cuerpos. Posteriormente, Purificación Mayobre (2002) rescató el término elaborado por De Lauretis, para reconocer el poder de aquellos procedimientos que tienen la facultad de controlar el campo del significado social, señalando que es esta tecnología política la que produce y promueve la representación de cada género. Y, dado que el género se vale de las formas culturales hegemónicas para nombrar -caracterizar, describir y definir- la feminidad, considera que las tecnologías del género son las que efectivamente se encargan de crear *lo femenino*.

Teresa de Lauretis (1992) concibe a la Mujer como una construcción ficticia, que actúa como el punto de fuga de todas las ficciones que nuestra cultura se ha contado sobre sí misma. En este sentido, sostiene que lo femenino es el producto de los discursos que dominan en las culturas occidentales, los que, siendo sumamente diversos, no pierden su coherencia ni su funcionalidad. Y, desde esta posición, nos propuso la figura de Alicia -del país de las maravillas- como metáfora para abordar la situación del feminismo crítico de los años '70, y su interrogación respecto del lenguaje y sus representaciones, reconociendo la capacidad que tuvo este personaje para comprender que el lenguaje siempre ha estado poblado de las intenciones de Otros. Luce Irigaray (1992), por su parte, también había señalado que las mujeres constantemente estamos sometidas a soportar las afirmaciones de Otros -tanto a nivel de los discursos como de las imágenes-, lo que ha terminado por dividir a la humanidad en dos identidades subjetivas completamente diferentes, con derechos repartidos desigualmente, todo lo cual supone inevitablemente la devaluación de una de estas identidades.

Monique Wittig se interesó en demostrar que la oposición establecida por el género implica una evaluación y un juicio respecto de la Mujer, lo que, desde su perspectiva, se ha nutrido de la división, variación, comparación y diferenciación, que se produce entre ambos términos. Ante ello, establece categóricamente que «la mujer» no existe, que solo es una formación imaginaria, a partir de la cual históricamente se ha logrado negar a «las mujeres». Sobre esta base, señaló que el uso que se le da a los términos macho y hembra dentro de nuestra cultura busca instalar una diferencia metafísica y moral a nivel del *Ser*, lo que se puede apreciar claramente en la forma en que el pensamiento metafísico ha administrado la relación de oposición que construye el pensamiento binario. Al respecto, establece:

> Los términos evaluativos y éticos (recto, macho, luminoso, bueno) de la tabla de los contrarios —tal y como han sido utilizados en la interpretación metafísica que hacen de ellos Aristóteles y Platón— han modificado la significación de términos técnicos como «Uno», por ejemplo. Todo aquello que es «bueno» pertenece a la serie del Uno (en tanto que Ser). Todo aquello que supone «varios» (diferente) pertenece a la serie de lo «malo», asimilado a un no-ser, al trastorno, a todo aquello que pone en cuestión lo que es bueno. De este modo hemos abandonado el terreno de la deducción para entrar en el campo de la interpretación. (Wittig, 77)

Judith Butler (2007) puso atención en el argumento de la pensadora francesa, cuando establece que lo masculino no sería un género, dado que siempre se nos ha presentado como una realidad general, abstracta y unívoca, y nunca como algo particular y concreto, ante lo cual al género femenino se convertiría en el único género. Desde esta perspectiva, destacó que Wittig haya rechazado la diferenciación entre un concepto abstracto de lo masculino y una realidad material asociada a lo femenino, alegando que ambos conceptos se crean -y se mueven- en la materialidad del lenguaje. Y, en relación a este punto, también destacó el modo en que Simone de Beauvoir había denunciado la desencarnación del sujeto masculino, sugiriendo que el Hombre sólo pudo asumir la condición de lo abstracto en la medida que dirigió esa encarnación -no asumida y despreciada- a la esfera de lo femenino.

Simone de Beauvoir (2020) se remonta a la base de la cultura occidental, para señalar que ya en la filosofía griega la Mujer simbolizaba un descenso al orden de la materialidad, intentando demostrar el desprecio que la cultura patriarcal ha manifestado históricamente ante lo femenino. Al respecto, la teórica francesa señaló cómo la filosofía de Aristóteles se las arregló para presentar a lo femenino como una materia excesiva, que no puede contener la distinción materia/forma, ante lo cual la Mujer se nos presenta, despectivamente, como la materia, mientras que el Hombre se nos presenta como la forma. Con esta mirada, De Beauvoir puso en discusión la construcción simbólica a partir de la cual una cultura idealista construyó una noción de lo masculino que lo presenta como una realidad abstracta -y racional-, en oposición a una representación de lo femenino que asume a la Mujer como una realidad puramente carnal, desacreditando, hasta el día de hoy, el sentido que asume la imagen de lo femenino.

En *Cuerpos que importan*, Judith Butler sostiene que la representación de la razón masculina como un cuerpo descorporizado permitió que el Hombre se ubicara en lo más alto de la jerarquía ontológica, al mismo tiempo en que se representaba a la Mujer como una copia pobre y degradada del Hombre, totalmente atada al ámbito de lo carnal. Según Butler, esta morfología imaginaria se sustenta en la exclusión de todos los cuerpos que no puedan representar adecuadamente a la razón masculina, lo que exigió que las mujeres -junto a los esclavos, los niños y los animales- *sean* el cuerpo; ante lo cual se asumió que son las mujeres quienes deben realizar aquellas funciones degradadas que concebimos como "corporales".

En este sentido, resulta significativo que Ana Martínez Collado (2012) establezca que es el ámbito de la representación el que logra persuadirnos de que el lugar previsto culturalmente para las mujeres es el más adecuado para nosotras, lo que, entre otras cosas, explica por qué las prácticas significantes adquieren una enorme relevancia cultural y política.

Luce Irigaray (1992) nos advirtió que algunas dimensiones consideradas como propias del género femenino -como la virginidad o la maternidad- han sido colonizadas por la cultura masculina, declarando la importancia de crear un orden social que se despliegue a partir de un sistema representacional que sea propio de las mujeres. Y, con esto en la mira, sugirió que la apropiación del cuerpo femenino, tanto a nivel representacional como concreto, se constituye como un problema central para la práctica feminista. Valeria Flores (2014), por su parte, reconoce la urgencia de interrogar los términos que delimitan y modulan la manera de pensar -sentir y actuar- nuestros cuerpos, convirtiendo al propio cuerpo en un escenario escritural. Y, destacando los fuertes efectos que produce el trazado de las palabras en los cuerpos, nos plantea la necesidad de perforar el habitus de la legibilidad corporal de nuestra época, ante lo cual nos propuso atentar contra la "hiperluminosidad" de los protocolos culturales del nombrar. Su propuesta consiste en interpelar las narrativas de la identidad (sexuales, genéricas y disciplinarias) que han asfixiado y clausurado las posibilidades de las mujeres para articular el lenguaje, presentando a la *erótica de la traición* como una operación que implica

> (re/des)conocerse en ciertas posiciones enunciativas, sabiéndose, al mismo tiempo, allí y no-allí. (Flores, 17)

Partiendo de la base de que lo que entendemos por "femenino" no puede concebirse como algo natural, sino como una representación, esta investigación se centró en la forma en que el Teatro feminista chileno está atentando contra los protocolos patriarcales del nombrar, asumiendo que su lenguaje se ubica, al mismo tiempo, entre las formas de representación dominantes y las formas de representación que buscan desarticular los contenidos tradicionales. Ante ello, tenemos en consideración las fuertes presiones que ejercen los sistemas representacionales en la concepción de lo femenino, lo que puede explicar, entre otras cosas, por qué las mujeres creadoras aún se apoyan en algunas metáforas que se le "piden prestadas" a la tradición representacional masculina.

Sin perder de vista la profunda dificultad de abandonar el marco representacional en que se ha cimentado nuestra cultura, pondremos especial atención en aquellos gestos que buscan re-inscribir lo femenino al interior del lenguaje, lo que, desde nuestra perspectiva, le da al cuerpo -y las corporalidades- un papel determinante a nivel escénico. Su relevancia radica fundamentalmente en que el lenguaje ha sido un ámbito en el cual las mujeres tradicionalmente se han presentado como un objeto de representación, y no como las creadoras de sus propias representaciones. Y, por otro lado, por la profunda relación que nuestra cultura ha construido entre la Mujer y la carne, lo que ha ubicado al cuerpo en un lugar central del arte feminista, gestado a partir de la segunda mitad del siglo XX.

Cuando Gricelda Pollock (2013) analiza al arte como una forma de producción de definiciones y significados, nos señala que éstos pueden ser vistos en su particularidad, pero también en sus relaciones con otras prácticas discursivas, las que se refuerzan mutuamente, lo que, como ya se ha podido apreciar, resulta central en este enfoque. En este sentido, esta investigación se centra en la forma en que la representación teatral se nutre de la teoría feminista y, en relación a ésta, en el modo en que el arte feminista abre la posibilidad de repensar la representación social de lo femenino. Esto, considerando que todas las prácticas discursivas e institucionales que operan dentro de la cultura

> producen, renegocian y fijan en jerarquías relativas las categorías mujer/feminidad y hombre/masculinidad.(Pollock, 174).

En este sentido, resulta muy relevante tener presentes los planteamientos de Ana Martínez Collado, cuando establece que las ideologías que se esconden en los procesos de la representación describen los mecanismos mediante los cuales se produce y reproduce el significado, señalando que

> En este contexto, el papel de las prácticas significantes, expresivas y de producción simbólica, adquieren una enorme relevancia, una crucial responsabilidad y un inevitable cariz político. Es en su territorio, en el espacio de la representación, donde se dirimen los modelos de construcción de identidad individual y la posibilidad de establecer nuevos lazos de cohesión social. (Martínez Collado, 2012, 73)

5. Cuerpo y género

Los diversos discursos -éticos y estéticos- que giran en relación al cuerpo se concentran en sus usos, prácticas y representaciones. La impresionante proliferación de estos discursos resulta especialmente relevante para este enfoque, si pensamos que las identidades de género dependen, en gran medida, de lo que ha podido decirse respecto del cuerpo y la sexualidad humana. Al respecto, debemos tener presente que las diversas representaciones que giran en torno al cuerpo se producen como una posibilidad de conocerlo, descubrirlo y hacerlo aprehensible, lo que significa que todos estos relatos también tienen la función de vigilar, controlar y predecir, las actuaciones relativas al género. Desde esta perspectiva, entenderemos al orden simbólico en relación a la serie de mandatos -demandas, tabúes, sanciones, prohibiciones, idealizaciones y amenazas- que han pesado históricamente sobre los cuerpos, lo que, como se ha subrayado previamente, ha permitido que el lenguaje concrete su poder de producir el campo de los sujetos culturalmente viables.

En el apartado anterior se establece que el género no es una figura presocial ni presimbólica, considerando que las representaciones culturales que giran en torno a este constructo son las que efectivamente determinarán las posibilidades y limitaciones para cada una de las posiciones definidas al interior de la matriz heterosexual. Consistentemente, hemos insinuado que son los valores, las normas y los sistemas de creencias, los que producen la naturalización de ciertos gestos, conductas y disposiciones corporales, las cuales son consideradas culturalmente como "propias" de cada género. En este apartado, profundizaremos en el modo en que la cultura heteropatriarcal ha producido los estilos corporales que se presentan como la configuración natural de los cuerpos con género, subrayando la capacidad de las representaciones sociales para convertir al cuerpo en el lugar de inscripción de la diferencia genérico-sexual. Esto, señalando que la puesta en crisis de las representaciones imperantes abre la posibilidad de ver emerger expresiones del cuerpo que se liberan de las lógicas culturales dominantes, es decir, de cuerpos que no se organizan en base a una relación binaria, de oposición y subordinación, de un género respecto del otro.

En relación a los elementos instalados previamente, debemos recordar que el género nace de esquemas que poseen un carácter cultural e histórico, lo que significa que este constructo no implica una realidad universal ni eterna, dado que son estos esquemas los que organizan las expresiones que configuran la representación y las prácticas asociadas a cada género. Por lo tanto, el hecho de que estos esquemas lleguen a institucionalizarse significa que los cuerpos solo se harán visibles/viables en base a su reconocimiento dentro de los marcos culturales aceptados socialmente. Y, dado que nuestro marco está definido por la cultura patriarcal, debemos tener presente que el cuerpo femenino solo se constituye como tal en la medida que éste resulte identificable, reconocible y valorable, en función del sistema de creencias organizado por el orden heterosexual.

Asumiendo que el género no puede reducirse a la apariencia superficial de un cuerpo, pues involucra todo un proceso de producción y valoración de los rasgos corporales asociados a cada posición, debemos reconocer que no es solo el género el que debe abordarse como algo que depende sustancialmente de lo social, sino también el cuerpo. Esto, porque la configuración del cuerpo propio también deriva de la reiteración de las normas establecidas socialmente y de la internalización de los valores impuestos culturalmente, es decir, de las representaciones a partir de las cuales se configura nuestro mundo. Por lo tanto, un elemento central de este enfoque exige distinguir entre esa materialidad contorneada que concebimos como un cuerpo femenino y el cuerpo como objeto de representación, lo que nos exige reflexionar sobre el modo en que la cultura organiza la representación y el significado que asumirán los cuerpos al interior de la sociedad.

Las órdenes que la sociedad le impone a los cuerpos se hacen legibles en todas nuestras prácticas colectivas, las que, entre otras cosas, ponen de manifiesto las fuertes presiones que la cultura le impone a la sexualidad humana a nivel de la significación. Como señala Judith Butler (2002), la sexualidad es un elemento que marca al cuerpo individual, constituyéndose como una condición simbólica necesaria para que el cuerpo pueda significar, lo que nos exige considerar que la categoría sexual es una marca que se inscribe en el cuerpo en la medida que éste se somete al poder de la ley simbólica. Y, aunque el sexo es una marca que fija a un cuerpo con antelación a la posición simbólica que lo marcará, no podemos olvidar que es esta última marca -y la posición que ésta nos asigna- la que le atribuirá al cuerpo su posición sexual y, por lo tanto, su significación.

Desde esta perspectiva, debemos entender a la performatividad del género como aquella práctica social que logra materializar la diferencia sexual en cada cuerpo individual, asumiendo que son las expectativas asociadas culturalmente a cada sexo las que se materializan en un cuerpo. Y, en este sentido, debemos subrayar otro elemento que resulta fundamental para nuestro análisis: que el significado de lo femenino también se define en relación a un cuerpo. Como plantea Meri Torras,

> No podemos llegar a definir nuestra propia categoría identitaria (sobre la que relacionamos toda una práctica polí-

tica), no obstante ser o estar mujer remitiría, en última instancia, a poseer –o vivir en– un cuerpo sexuado en femenino. (Torras, 11)

Dentro de este enfoque, el cuerpo femenino se presenta como el resultado de los procesos de modelización establecidos por las formas de representación vigentes, a partir de las cuales las ideas y valores imperantes le dan forma a nuestro género. En relación a este punto, debemos destacar el papel que cumplen las distintas prácticas identificatorias en el modo en que se materializará cada cuerpo, entendiendo que éste solo se producirá como el cuerpo esperado socialmente en la medida que el sujeto logre internalizar las identificaciones consideradas como "correctas" para cada género. Esto nos devuelve al punto inicial de nuestro análisis: las prácticas discursivas que han organizado las definiciones culturales del género son las que han condicionado la conformación y la experiencia de los cuerpos, confirmando o negando su valor, lo que resulta central al momento de abordar los significados culturales asociados a lo femenino.

Judith Butler (2007) presentó al proceso de nominación -las formas de representación propias de nuestra cultura- como una actividad antimetafórica, que debe entenderse en relación al procedimiento mediante el cual el cuerpo llega a portar al sexo, ante lo cual se preguntó si las reglas definidas socialmente se encuentran literalmente *dentro* del cuerpo. Frente a esta pregunta, Butler propuso la posibilidad de que las normas estén *sobre* el cuerpo, presentándose como el significado de su superficie, a partir de lo cual la pensadora norteamericana planteó la posibilidad de vincular la performatividad del género con la cuestión de la materialidad del cuerpo, ofreciéndonos varias reflexiones que nos ayudan a pefilar este enfoque. Por ejemplo: la forma en que se naturalizan ciertos rasgos -gestos, conductas, posturas y modos de intercambio- que son considerados como "propios" del género femenino.

Los rasgos asociados al cuerpo femenino -sus formas y sus ciclos- se han utilizado como justificación para restringir el acceso de las mujeres a ciertas posiciones y derechos, entre ellos, aquellos que son altamente valorados dentro de la cultura patriarcal. Esto ha generado la necesidad de discutir por qué los cuerpos de las mujeres han sido considerados históricamente como un límite, y por qué la cultura se ha justificado en la diferencia de los cuerpos para sostener la sujeción de la mujer en el ámbito del mundo privado -y, desde ahí, su dependencia respecto de la maternidad, la familia y el ámbito de los cuidados-. Teniendo esto en consideración, podemos señalar que la percepción que se tiene del cuerpo femenino puede ser interpretada en función de la forma en que las representaciones impuestas culturalmente predisponen nuestra mirada respecto de los cuerpos. Y, desde esta posición, podemos asumir que la morfogénesis que surge a partir de los ideales sociales puede pensarse como la proyección *especular* de los lineamientos culturales de la heterosexualidad normativa, lo que le da un lugar central a la forma y la apariencia de los cuerpos, en función de lo cual este enfoque se centra en el modo en que la/s figura/s de lo femenino cobra/n cuerpo en escena.

Como señala Meri Torras, aunque existen muchos cuerpos distintos, nuestra cultura se resiste a que alguno escape a ser (de) hombre o (de) mujer, las cuales se constituyen como las únicas posibilidades para concebir una enorme cantidad y diversidad de materializaciones corporales. Al respecto, establece:

> O se es mujer o se es hombre, se pertenece a una de las dos categorías y se participa irremisiblemente de una mayoría substancial de sus atributos más definitorios (en tanto que el otro se define por la falta de ellos). (Torras,12)

Judith Butler (2002) nos dirige hasta la primera infancia, para señalar cómo la posición de "niña" ya nos exige encausar la formación de una femineidad que tendrá que ser interpretada corporalmente, lo que implica realizar ciertas identificaciones que se consideran "correctas" culturalmente. Estas identificaciones suponen una operación -más o menos inconsciente- de integración y exclusión, la que se expresará tanto a nivel de la definición que haremos de nosotras mismas, como en el estilo corporal que asumiremos como propio. Por lo tanto, el estilo corporal se presenta como una fuerza de alineamiento que desestabiliza al yo en pos del nosotros, es decir, que nos permitirá ingresar en el mundo construido por el lenguaje -y sus representaciones-.

Como se ha indicado previamente, Michel Foucault (1979) nos presentó al cuerpo como un objeto privilegiado para una voluntad de dominio, estableciendo que, a pesar del carácter abstracto que es propio de los discursos y las representaciones sociales, éstos producen efectos concretos en las vivencias individuales, dado que logran penetrar el espesor mismo de los cuerpos. Desde esta perspectiva, el filósofo francés argumentó que el sexo es la dimensión desde la cual surge la orden para que el cuerpo se transforme en un determinado signo cultural, y que lo haga como un proyecto corporal unívoco, permanente y repetitivo. Posteriormente, Judith Butler desarrolló una interesante lectura de los planteamientos de Foucault, basándose en la idea de que el cuerpo es el medio sobre el cual se inscriben los significados culturales para pensar a los géneros como materializaciones político-culturales, las cuales no tienen una existencia previa al lenguaje. Con este marco, la pensadora norteamericana nos propuso re-concebir la materialidad del cuerpo -sus contornos y sus movimientos-, considerándola como el efecto productivo de un Poder. Y, al respecto, declaró:

> El «cuerpo» es en sí una construcción, como lo son los múltiples «cuerpos» que conforman el campo de los sujetos con género. (Butler, 2007, 58)

Monique Wittig también se basó en los planteamientos de Michel Foucault, abordando las presiones con que la cultura les da forma a los cuerpos, frente a lo cual señaló su capacidad para inducir tanto sus gestos y movimientos, como su motricidad e, incluso, sus músculos. Y, reiterando la idea de que las ideologías no tienen nada de abstracto, hizo hincapié en que el lenguaje proyecta haces de realidad sobre el cuerpo social marcándolo y dándole forma violentamente. (Esto), dado que hay una plasticidad de lo real frente al lenguaje. (Wittig, 70)

Pero, Wittig también reflexionó sobre un punto que el pensador francés no había abordado sustancialmente: la marca que el régimen heterosexual deja en los cuerpos de las mujeres. Y, con este foco, estableció un punto que resulta central para este enfoque:

> Ellas son vistas como *mujeres*, por eso *son* mujeres. No obstante, antes de que sean *vistas* de esa manera, ellas tuvieron que ser *hechas* de esa manera. (Wittig, 34)

Meri Torras (2007), por su parte, también ha reconocido el modo en que Foucault nos permitió entender los procesos que actualizan a los cuerpos dentro de la sociedad, concentrándose en los parámetros socializadores y disciplinarios con que la cultura logra producir un cuerpo considerado ideal. A partir de ello, analizó la forma en que los controles sociales son incorporados internamente, naturalizando el poder de la norma, hasta resultar completamente invisible. Desde esta perspectiva, destacó el concepto de *panoptismo* propuesto por Foucault, para señalar la capacidad que poseen los engranajes del sistema para absorber los elementos resistentes, valiéndose del castigo y la punición para silenciarlos, neutralizarlos, apartarlos o recluirlos. Paralelamente, destacó el modo en que Teresa de Lauretis retomó el análisis foucaultiano, para concebir al género como un conjunto de efectos producidos en los cuerpos, a partir de lo cual ella desarrolló el concepto de "tecnologías del género", que resulta clave para la teoría feminista contemporánea.

6. *Cuerpo y feminidad*

A partir de todos estos argumentos podemos entender con mayor profundidad el modo en que la cultura patriarcal ha naturalizado la matriz que le da sentido a la implantación de los contenidos y las formas asociadas al género, como también, podemos identificar el modo en que nuestro sistema normativo nos impone la incorporación de los ideales de femineidad y masculinidad construidos por orden heterosexual. De esta forma, estamos reconociendo que la mirada disciplinadora de la cultura es la que establece la legitimidad o ilegitimidad de ciertos actos y ciertos rasgos, lo que resulta decisivo para imponer una determinada figura de lo femenino. Estos elementos resultan significativos dentro de este análisis, si consideramos que los condicionamientos sociales se hacen visibles en la representación teatral a partir de la forma en que los cuerpos incorporan los signos que componen la dramaturgia de lo femenino, en función de la cual la gramática articulada por las distinciones de género cobra cuerpo.

En relación a este punto, resulta especialmente interesante la idea que Meri Torras rescata de los planteamientos de Michel Foucault y Judith Butler, para establecer que las redes conceptuales binarias se materializan en los cuerpos como textualización, sosteniendo que

> El cuerpo es un texto; el cuerpo es la representación del cuerpo. (Torras, 15)

Esta premisa resulta sumamente sugerente si pensamos que los cuerpos que se ponen en escena en un teatro (como también dentro del escenario social) están representando la forma en que el cuerpo se transforma en un texto. Esto resulta central para darle sentido al concepto que hemos definido como *dramaturgia de lo femenino*, como también, para articular un enfoque centrado en la forma en que la representación teatral nos propone una resignificación de las nociones de género dominantes, rearticulando críticamente nuestra concepción de lo femenino.

Torras señala la existencia de una jerarquización naturalizada, que prescribe a los cuerpos para que sean legibles y reconocibles en función de una gramática que regirá las apariencias y los atributos del cuerpo. Según la investigadora francesa, esta gramática conduce los comportamientos, movimientos y desplazamientos y, a su vez, determina que algunas partes del cuerpo posean un poder identitario mucho mayor que otras, las que, en el caso de la mujer, serán asumidas como *marcas* de feminidad. En base a estos elementos, podemos establecer que *la dramaturgia de lo femenino* está profundamente vinculada con esta gramática, considerando que, además de la vestimenta y la gestualidad, las expectativas que giran en torno al género femenino también suponen el realce de ciertas partes del cuerpo, como el rostro, el cabello, la piel, las manos, los senos o las caderas. Cada uno de estos elementos se relaciona con la función modelizadora que históricamente han cumplido las figuras ideales, asociadas a un cuerpo ideal, lo que, desde la perspectiva del feminismo, es uno de los tantos mitos en que se ha sostenido el poder patriarcal.

Monique Wittig (2006) es clara en establecer que el "mito de la mujer" opera tanto en las conciencias como en los cuerpos de las mujeres, planteándonos la necesidad de distinguir cuidadosamente entre las mujeres -como clase social- y la mujer -como mito-. Con esta perspectiva, nos plantea al género como una suerte de acción cultural-corporal, que exige de un nuevo vocabulario; un vocabulario que nos ofrezca categorías múltiples y resignificables, que nos permitan expandir las limitaciones gramaticales establecidas por el pensamiento binario.

> Habrá, por lo tanto, que articular un imaginario femenino a partir de aquello que ha sido reprimido y negado, que permita que las mujeres se (re)apropien de su corporalidad de una forma no codificada por el patriarcado. (…) Situar como punto de partida ese cuerpo que ha sido censurado a lo largo de los siglos pretende ser una forma no de tener una definición inamovible para lo que es una mujer, sino posibilitar ese ser varias, ese decir varias cosas a la vez que nos ha sido negado (Cardenal, 357)

Como ejemplo de la propuesta de Monique Wittig, *El cuerpo lesbiano* y *Les Guerilleres* se presentan como estrategias narrativas de reformulación y transvaloración de los términos relativos al género, intentando despojar a los conceptos que resultan opresores de su función legitimadora, para desestabilizar y reactivar a estos signos. A partir de este tipo de fórmulas, literarias y artísticas, podemos imaginar el modo en que la representación teatral consigue desbaratar la gramática en la que se instaura el género, considerando que, como señala Wittig, esta gramática implica, ante todo, una interpretación cultural del cuerpo, la que se ha naturalizado gracias al poder que posee el lenguaje para marcar a las mujeres.

Según Wittig (2006), el lenguaje puede -y debe- utilizarse para deconstruir y reconstruir los cuerpos, utilizándolo como un medio de representación y producción, lo que, desde nuestra perspectiva, nos permitiría pensar una nueva relación entre el cuerpo y el lenguaje. En una línea muy similar, Judith Butler (2002) sostiene que cualquier apelación al cuerpo debe darse dentro del plano de lo simbólico, pues no parece existir ningún cuerpo antes de su marcación en el lenguaje. Teniendo esto presente, la teórica norteamericana sostiene que la posibilidad de desestabilizar la operación de los nombres operaría en conjunto a una deconstrucción de los cuerpos, los que, como hemos señalado previamente, se nos presentan como sitios de identificación y prohibición, que están marcados por la cultura. En *Cuerpos que importan,* Butler abre la posibilidad de que las superficies corporales puedan convertirse en proyecciones variables, es decir, en sitios de transferencia, que no permitan la correspondencia entre ciertas propiedades y una anatomía determinada. Y, en este sentido, se apoyó de los planteamientos de Monique Wittig, para aclarar que el término "Mujer" no supone necesariamente a un cuerpo femenino, pues no debemos olvidar que los términos masculino y femenino -hombre y mujer- son solo construcciones imaginarias, que solo existen dentro de la matriz heterosexual.

A partir de estas premisas podemos pensar que, cuando el lenguaje artístico rompe su compromiso con la forma en que los cuerpos con género se han representado tradicionalmente, se abre la posibilidad de desdibujarlos, multiplicarlos e, incluso, restarlos del orden simbólico. Esto, gracias a la capacidad que posee la representación artística para esquivar la tendencia a reducir la materialidad del cuerpo a una materialidad meramente lingüística. En este sentido, debemos destacar que el Arte feminista, gestado en la segunda mitad del siglo XX, ha transformado al cuerpo en el centro de experimentación de las mujeres creadoras, lo que opera tanto a nivel del contenido como de la forma, convirtiéndolo en su principal medio de expresión y/o formulación. A partir del cuerpo, las artistas contemporáneas han hecho uso de las diversas representaciones de lo femenino que se difunden dentro de la cultura, expresando su profundo deseo de subvertir los códigos sociales tradicionales, ante lo cual el cuerpo se aborda como un espacio de conflicto y confrontación. De este modo, el arte feminista se plantea como una práctica de resistencia, en cuyo marco la representación se ha convertido en un entramado simbólico de carácter político, a partir del cual se están desmitificando los valores establecidos para los cuerpos y para los géneros.

Valeria Flores plantea la necesidad de desorganizar todo el modelo de pensamiento y representación dominante, explorando y desarticulando las operaciones de administración del conocimiento/desconocimiento que existe sobre los sujetos y los cuerpos. Su idea es desnaturalizar, fragmentar y dispersar, la representación unitaria de las identidades, desafiando la estabilidad del sistema binario del género, lo que se produce al visibilizar cuerpos que, entre fragilidades y abyecciones, son cuerpos dañados por la norma. Al respecto, establece:

> Para el pensamiento heterosexual las lógicas de asimilación son previas al derecho a voz. Nos hace hablar bajo sus parámetros de normalidad, por lo tanto, tomar la palabra es un acto revolucionario. (Flores, 26)

A través de *lo abyecto,* el arte contemporáneo nos ha introducido en aquello que podríamos denominar una "estética del dis-gusto", la cual atenta contra las oposiciones binarias, incluyendo la oposición cuerpo-alma y femenino-masculino. De esta forma, el arte abyecto ha intentado pervertir todos los ideales a partir de los cuales nuestra cultura se ha permitido tildar de malo todo lo que es físico, corporal y femenino. En este nuevo marco, el cuerpo carnavalesco re-emerge, para transgredir los ideales éticos y estéticos -lo bueno y lo bello- a partir de los cuales nuestra cultura ha pretendido sublimar al cuerpo, principalmente al cuerpo femenino. Este gesto ha resultado crucial para el arte feminista, el que le ha dado forma a un sujeto que transgrede los modelos imperantes, y ya no aspira a alcanzar los ideales que giran en torno a la identidad femenina.

7. Lo abyecto

Como se ha establecido en el apartado anterior, la identidad de las mujeres se puede pensar en consonancia con la orden -la demanda- de modelar al cuerpo en base a ciertos criterios de valor, establecidos socialmente. De tal modo, la materialidad contorneada que podemos asociar a un cuerpo femenino también puede concebirse como una forma: la forma con que la cultura ha modelado nuestro cuerpo. Poniendo énfasis en la forma, eso que concebimos como el contenido interno del sujeto también se nos presenta como el reflejo -el espejo- de las normas, los valores y creencias, que se deben integrar a través del proceso de socialización, los cuales se expresan a nivel exterior en la reiteración estilizada de los actos y los gestos que la cultura ha definido como propios del género femenino.

Por lo tanto, si retomamos la idea de Meri Torras, cuando establece que la proyección de los ideales sociales en los cuerpos individuales se presenta como cualquier otro texto, podemos introducir una premisa que será central para el análisis: tanto a nivel social como a nivel escénico, los actos pueden ser "leídos" como los significantes visuales de la diferencia de género. Este argumento nos permitirá entender a lo femenino como un texto y, de este modo, le concederá un papel determinante a la forma en que la representación teatral reconoce el valor -y el sentido- que han adquirido culturalmente las apariencias, a través de las cuales se ponen en evidencia las creencias que subyacen a las distinciones de género dominantes, todo lo cual se expresa a través de los cuerpos -y los gestos- que se ponen en escena.

Para partir, debemos asumir que, si el cuerpo hace posible leer -reconocer, interpretar y significar- nuestra identidad de género, los atributos del cuerpo -sus modos, usos, gestos y comportamientos- deben corresponderse con las formas que la cultura define como "femeninas". Teniendo esto en consideración, los modos de pararse, moverse, caminar, mirar -o ser miradas-, que se consideran legítimos al interior de la cultura, resultan relevantes para abordar las problemáticas relativas al género a un nivel visual y, en nuestro caso, a nivel de la puesta en escena. Sobre esta base, los códigos de comportamiento y vestuario que son propios de nuestra cultura se nos presentan como elementos decisivos para darle sentido al concepto que hemos definido como *dramaturgia de lo femenino*, el que, como se ha señalado previamente, incluye la vestimenta, el peinado, el maquillaje, la gestualidad y/o el realce de algunas partes del cuerpo.

Pero, además de aquellos elementos que se presentan como marcas de feminidad -entre los que se cuentan los comportamientos, los gestos o los colores que cubren nuestros cuerpos-, las representaciones que giran en torno a lo femenino también suponen una serie de figuras asociadas culturalmente a una mujer ideal. Por lo tanto, la oposición entre una mujer definida como "pura", respecto de otra concebida como "impura", también se puede incluir dentro de esta dramaturgia. Esto, considerando que esta oposición nos presenta dos figuras caracterizadas por apariencias distintas: la virgen -mujer pura y virtuosa, que se presenta como la imagen ideal de lo femenino- y la puta -cuya imagen ha tenido que ser expulsada del ámbito de lo visible, pensable y vivible-. En relación a este punto, la relevancia que adquiere la figura de "la puta" en esta investigación se relaciona con un fenómeno de poder-violencia, que resulta fundamental para instalar la problemática de los cuerpos abyectos, entendiéndolos como aquellos que transgreden los límites y las definiciones establecidas por las distinciones de género dominantes.

Respecto de la exigencia de *abyectar* a las prostitutas del marco de lo visible, no podemos desconocer que una característica persistente de nuestra cultura -común a la mitología, la religión, la filosofía, la literatura y el arte- ha sido distinguir entre dos tipos de mujeres, lo que se relaciona directamente con la lógica excluyente que rige al pensamiento binario, de la cual estamos tratando de dar cuenta.

> Los historiadores de la sexualidad han señalado la construcción de «la Mujer» tanto en términos de contraste de género como en torno de la polaridad virgen/prostituta, Madonna/Magdalena. En el período victoriano, la distinción entre Madonna y Magdalena que había sido considerada presente en todas las mujeres, se reformó como una diferenciación entre mujeres. Lo cual no quiere decir que se las dividiera simplemente en dos categorías separadas, sino que se definió a las mujeres a través de la oposición entre la mujer pura, femenina, y la prostituta impura. El contraste tuvo importantes connotaciones de clase. (Pollock, 210)

Efectivamente, en base a esta oposición se generan varias otras, todas las cuales configuran un sistema de contrarios, que debe ser aprendido por las niñas desde la primera infancia, pues se presenta culturalmente como un elemento constitutivo de la identidad femenina. Esto explica, entre otras cosas, las severas restricciones a la expresividad sexual de una mujer "respetable". Como establece Nora Segura,

> entre las buenas y las malas media el poder patriarcal que las distancia socialmente y que bloquea sus acercamientos y posibilidades de acción compartida; que segrega a las unas en el hogar y a las otras en el prostíbulo; que exalta la maternidad en las unas y la denigra en las otras; que controla a las unas por la vía de la dependencia económica y a las otras por la de la prostitución; que las somete a todas con distintas formas

de violencia y que bloquea sus posibilidades de acercamiento y acción compartida. (Segura, 200)

Asumiendo a la prostitución como una forma extrema de la violencia sexista, Nora Segura nos permite entender que este fenómeno representa una forma de violencia invisible, dada la aceptación social que históricamente se ha mantenido en torno a la estigmatización y marginalización a la que se expone la población involucrada. Y es justamente la invisibilidad cultural -y la insensibilidad ética que giran en torno a este fenómeno- lo que ha reducido nuestra comprensión de la prostitución, limitándola al modo en que la prostituta transgrede los supuestos que giran en torno a la sexualidad femenina, lo que, entre otras cosas, se puede apreciar en las diversas connotaciones de descalificación moral que giran en torno a la figura de la prostituta. De hecho, la utilización descalificadora de este término ya involucra un mecanismo de control social, aplicable a todas las mujeres que están insertas en el comercio sexual, pero también a las mujeres que actúan en contra de las normas que establecen los límites de la sexualidad permitida.

Cristina Segura (2010), por su parte, sostiene que este proceso de estigmatización y marginalización es un tipo de violencia sexual, de carácter invisible, que opera como un mecanismo de control social, que descalifica y denigra a las mujeres "impuras", en pos de exaltar la maternidad, todo lo cual termina segregando a las mujeres "puras" al mundo de lo doméstico. Al respecto, Teresa Porzecanski (2008) nos ofrece una interesante reflexión respecto de la función disciplinaria de las estrategias de control social, cuando analiza el modo en que las creencias, los hábitos y los modales, debieron "refinarse" para resultar adecuados, ya sea al momento de comportarse en la mesa, como al momento de expresarse en la cama. La escritora uruguaya nos entrega un interesante abordaje de las fuertes limitaciones que han regido sobre la sexualidad femenina en el mundo moderno occidental, en cuyo contexto la sexualidad tendió a ser dirigida al terreno de *lo abyecto*.

Estos elementos resultan relevantes para esta investigación, si tenemos presente que la oposición binaria puro-impuro nos ofrece dos visiones sumamente estereotipadas de lo femenino, las que han ocupado un papel determinante en las representaciones desplegadas por el arte feminista. A su vez, porque las figuras ideales asociadas a lo femenino nos permiten entender los criterios a partir de los cuales la cultura decide abyectar a ciertos tipos de mujeres, y ciertos tipos de cuerpos, desde el marco de lo visible, lo que subraya la relevancia de su inscripción dentro de la representación artística. Y, en este sentido, se vuelve fundamental analizar la fuerza que ha asumido *lo abyecto*, a nivel estilístico, al momento en que las artes instalan una crítica a la imagen de lo femenino que ha transmitido la cultura heteropatriarcal.

Lo abyecto se ha posicionado con fuerza en el arte contemporáneo, presentándose como una economía alternativa, que busca perturbar los modos de intercambio que operan dentro de nuestra cultura y, particularmente, las oposiciones que son propias del pensamiento binario. Como categoría estética, la noción de lo abyecto fue acuñada por Julia Kristeva, en 1989, como un elemento central del libro *Poderes de la perversión*, donde se presenta como una noción ambigua, pues no queda claro si realmente puede representarse o hacerse consciente. Aun así, *lo abyecto* se vuelve central en el momento en que la representación artística intenta perturbar los principios de la identidad, pues se caracteriza por no respetar los límites, los lugares ni las reglas, desacomodándose respecto de cualquier sistema u orden, haciendo ostentación de su falta de respeto ante la ley simbólica.

Lo abyecto nos habla de la relación que se produce con los objetos a medida que las demarcaciones se vuelven inestables, lo que, entre otras cosas, impide que las imágenes puedan ser decodificadas por la conciencia. Por lo tanto, representa el reverso de ese modo de conocimiento altamente intelectualizado que se organiza a través del lenguaje -y las representaciones sociales-, lo que permite exponer

> el riesgo que corre permanentemente el orden simbólico mismo, por ser un dispositivo de discriminaciones, de diferencias. (Kristeva, 2010, 94)

En la exposición de Kristeva hay un punto clave para entender el rendimiento de *lo abyecto* dentro del arte feminista, cuando lo relaciona con el miedo que nuestra cultura manifiesta ante una potencia demoniaca, materna o natural, que se presenta como una fuerza insubordinada e insubordinable respecto de la ley. En este sentido, *lo abyecto* puede irrumpir sobre el dominio del orden simbólico y subjetivo, es decir, sobre los ordenamientos del lenguaje y la identidad, los que, como ya se ha podido reconocer, resultan centrales en este enfoque. Al respecto, podemos señalar el modo en que José Sánchez analiza la relevancia de *lo abyecto* en el teatro contemporáneo, estableciendo su relación con lo monstruoso y la deformidad y, a su vez, la relación entre lo abyecto y la materialidad, estableciendo:

> El arte asociado a la materia es también un arte femenino. (Sánchez, 2012, 158).

Según José Sánchez, el arte de *lo abyecto* expresa el afán de recuperar la capacidad de relacionarnos con lo real, lo que, en el ámbito del teatro, encuentra su base en la intensa reacción que se produjo, entre dramaturgos y directores, con el influyente ensayo publicado por Hal Foster, en 1996, bajo el título de *El retorno de lo real*. Para el investigador español, el "retorno de lo real" implica una opción por una práctica artística comprometida, tanto a nivel social como político, lo que, desde nuestra perspectiva, se puede apreciar claramente en el Teatro feminista chileno, el cual intenta descomponer, desordenar o disolver, los límites que se imponen a través de las distinciones de género dominantes.

Hal Foster (2001) se vale de los planteamientos de Julia Kristeva, para relacionar el acto de *abyectar* con la acción de expulsar o separar, presentando a *lo abyecto* como algo que resulta corrosivo, tanto para el sujeto como para la sociedad. Y aunque deja en claro que su validez político-cultural resulta ambigua, destaca el interés de los artistas contemporáneos que buscan perturbar los ordenamientos del sujeto y la sociedad. Esto, dado que *lo abyecto* tiene la capacidad de retorcer la ley paterna -incluyendo el ámbito sexual, generacional, étnico y social-, es decir, de poner a prueba los términos de la diferencia simbólica, aclarando que estas diferencias podrían ser transformadas. Según Julia Kristeva, el artista se adentra en *lo abyecto* cuando intenta pervertir el lenguaje, tanto a nivel de la forma como del contenido, señalando que cuando *lo abyecto* resulta asible como signo se presenta al modo de una alucinación visual, que irrumpe en una simbolicidad normalmente calma y neutra.

Kristeva (2010) presentó a *lo abyecto* en directa relación con lo impuro, entendiendo a la impureza como aquello que cae del sistema simbólico, y escapa a esta racionalidad, es decir, como aquello que transgrede los sistemas de clasificación en que descansa el lenguaje, dentro de lo cual se puede inscribir la distinción entre una mujer "pura" y otra "impura", de la que hemos hecho mención previamente. Pero, lo impuro también se manifestaría en el sistema simbólico del cuerpo humano, el cual incluye un orden que jerarquiza distintas partes y dimensiones de nuestra corporalidad, particularmente aquellos elementos que traspasan los límites del cuerpo (como las secreciones corporales). De esta forma, *lo abyecto* nos instala en un clivaje entre el territorio del cuerpo (en que reina una autoridad sin culpa) y el universo de las significaciones sociales (en que la culpa introduce su orden), relacionando la presencia de los cuerpos abyectos con el rechazo que muestra la sociedad ante aquellas subjetividades que no responden a las conformidades de la identidad corporal establecida culturalmente.

Analizando el modo en que las prácticas sociales han modelado culturalmente a los cuerpos, Porzecanski (2008) señala algunos factores que resultan determinantes para que las mujeres -también los hombres- vayan adquiriendo -haciendo propias y repetitivas- las regulaciones impuestas por nuestro sistema de creencias. En esta línea, analiza la función social que cumple la vergüenza en el desarrollo del autocontrol, detallando algunos procesos cotidianos que nos llevan a adquirir las conductas que se consideran adecuadas culturalmente, paralelamente a que se abyectan ciertas conductas que son consideradas "impropias". Dándole un lugar privilegiado a los cuerpos abyectos dentro de su análisis, Virginie Despentes (2012) también plantea el trato preferente que hasta ahora ha estado reservado a las mujeres que se acomodan a los ideales sociales, recalcando el papel que ha cumplido la vergüenza para poder mantener a las mujeres en el aislamiento, la pasividad y el inmovilismo, el cual está representado por el mundo de lo doméstico.

Ana Martínez-Collado (2012) nos remite a las barreras que la sociedad instala entre sus miembros, estableciendo que éstas se fortalecen en función del grado de adaptación de las mujeres al rol asignado culturalmente, cuya dinámica instala fronteras transversales entre ellas. Al respecto, Natalia Vélez (2018) señala las barreras que distancian a los miembros de una sociedad, pasando desde las distinciones de género hasta la forma en que se representan las clases sociales y las etnias, para señalar las relaciones de subordinación que están presentes en el Tercer Mundo. Con este marco, Vélez establece que *la différance* también debe pensarse en relación a la noción de barbarie con que se ha representado al mundo subdesarrollado, analizando el modo en que la/s clase/s dominante/s se respalda/n en el poder que le otorga la posesión del capital económico -militar o cultural- para contar con un "excedente visual" sobre los grupos denominados "inferiores".

Este punto resulta interesante para nuestro análisis, pues también incide en la configuración de las conductas que resultan aceptables o disonantes respecto de las clasificaciones de género dominantes, ya que, como establece Natalia Vélez, la jerarquía superioridad/inferioridad propicia y refuerza la dominación de un orden masculinizado, a partir del cual se produce una violencia de la representación, que es correlativa a la dialéctica del *ser* y el *tener*. De este modo, argumenta que una cultura machista, clasista y racista, habría causado la emergencia de una serie de "sujetos imprevistos", lo que significa que sus cuerpos y discursos no se logran acoplar al marco establecido por la norma, todo lo cual resulta consistente con nuestra comprensión del lugar que la cultura le designa a los cuerpos abyectos.

Según Velez, este fenómeno habría incentivado que algunas subculturas hayan necesitado manifestarse a través de "identidades aberrantes", que rechazan violentamente los lineamientos establecidos por los discursos y las representaciones dominantes, lo que se produciría porque ellos/ellas no encuentran las condiciones para levantar la voz, por lo que se ven impulsados/das a configurar su diferencia a un nivel visual, todo lo cual resulta sumamente sugerente para este enfoque. Al respecto, resulta pertinente señalar que, a medida que los cuerpos se asumen como una superficie de inscripción para producir nuevas imágenes y nuevos sentidos, el arte feminista ha abierto un espacio para un sujeto que carece de esencia, ante lo cual se ha centrado en torno al tema de la identidad y la figura de *la mascarada*, que también desencaja la noción de sujeto producida por el pensamiento falogocéntrico. Su carácter subversivo consiste en romper el sistema de significación dominante, proponiéndonos la posibilidad de que toda mujer pueda llegar a ser otra, lo que, entre otras cosas, ha permitido desplazar la noción de lo femenino desde el plano del *ser* al plano del *parecer*, elemento que también se constituye como una dimensión central de este enfoque.

8. *La máscara y el travestismo*

Natalia Vélez se vale del concepto de *mascarada*, propuesto por Luce Irigaray como una estrategia de defensa del sujeto femenino respecto de las definiciones impuestas por la cultura patriarcal, para utilizarlo en su análisis de las identidades que, en el contexto latinoamericano, rechazan las definiciones dominantes. Su mirada respecto del problema de la identidad se enfoca en el falso efecto que produce la máscara, entendiendo que el concepto de *mascarada* nos ubica en un plano en que la tentativa de *ser* deviene una mera apariencia, lo que, entre otras posibilidades, permite cuestionar el carácter esencialista de las definiciones de género -clase y raza-. Este elemento resulta sumamente atractivo dentro de este enfoque, dado el papel que históricamente ha cumplido la máscara dentro de la representación teatral y, particularmente, dentro del teatro heredado de Bertol Brecht, el cual ha sido determinante para la conformación del lenguaje del Teatro feminista chileno.

Rearticulando la definición que Jacques Lacan le dio a este concepto, Luce Irigaray nos presentó a la *mascarada* (*mascara-de*) como aquello que hacen las mujeres para tomar parte del deseo del hombre, aun a expensas de prescindir del suyo propio. Esta noción sirvió de referente para que Natalia Vélez analizara el modo en que las mujeres han debido tomar como disfraz las distintas identidades con las que los hombres las han marcado, basándose en la obra de la escritora colombiana Marvel Moreno, para mostrarnos el conflicto que se le presenta al sujeto femenino al momento de moldear su identidad -y su existencia-. Dentro de este análisis, Vélez utiliza la figura de la *mascarada* para denunciar las lógicas del orden patriarcal, centrándose en aquellos personajes femeninos que se manifiestan como una *apariencia de ser* -en tanto ser de Otro. En este mismo contexto, nos habla de una identidad aparente o enmascarada, haciendo referencia a aquella identidad que funciona fundamentalmente a nivel del *parecer*.

A través de este enfoque, el concepto de *mascarada* abre la posibilidad de analizar el modo en que los personajes hacen uso de sus "disfraces" para formular -y reformular- los criterios de identidad impuestos culturalmente, lo que se produce a través de una figura que diverge del modelo tradicional, es decir, que transgrede la forma en que el género femenino debe leerse. Como señala Luisa Posada (2015), los planteamientos de Luce Irigaray en relación a la *mascarada* permiten que la diferencia femenina logre poner en acto la fuerza subversiva de la mimesis, abriendo la posibilidad de que la imitación misma cause una parodia del discurso falogocéntrico, y lo subvierta, lo que también resultó relevante para Judith

Butler, quien se valió del concepto de *mascarada* para extraer la idea -exprimiéndola y ampliándola- de que el género no sólo juega, sino que *es* esta mascarada. Al respecto, señala:

> La puesta en acto de la diferencia sexual se convierte en Irigaray en mímesis de los discursos excluyentes, que no se limita a repetirlos reforzándolos, sino que en la propia mímesis les da la vuelta. Butler señala que en esta operación «la voz que surge actúa como un 'eco' del discurso del amo; sin embargo este eco deja claro que existe una voz», por lo que la imitación «crea un lugar para la mujer donde antes no lo había». De manera que en esa mímesis se moviliza el lugar de la ausencia y las exclusiones del discurso quedan al descubierto porque «las palabras del amo suenan diferentes cuando son pronunciadas por alguien que, mediante su habla, su recitado, está socavando los efectos supresores de su afirmación» (Posada, 2015, 75)

En relación a la relevancia de producir un lugar dentro de la representación para que emerja una voz que dé cuenta de las exclusiones a partir de las cuales se ha construido nuestra noción de lo femenino, resulta pertinente destacar las palabras de la pensadora norteamericana, cuando establece:

> Si bien ésta puede parecer la violencia necesaria y fundadora de cualquier régimen de verdad, es importante resistir a ese gesto teorético del *pathos* en el cual las exclusiones se afirman sencillamente como tristes necesidades de significación. La tarea consiste en reconfigurar este «exterior» necesario como un horizonte futuro, un horizonte en el cual siempre se estará superando la violencia de la exclusión. Pero también es igualmente importante preservar el exterior, el sitio donde el discurso encuentra sus límites, donde la opacidad de lo que no ha sido incluido en un determinado régimen de verdad

cumpla la función de un sitio desbaratador de la impropiedad o la impresentabilidad lingüística e ilumine las fronteras violentas y contingentes de ese régimen normativo, precisamente demostrando la incapacidad de ese régimen de representar aquello que podría plantear una amenaza fundamental a su continuidad. (Butler, 2002, 91)

Desde nuestra perspectiva, las posibilidades que se abren cuando se hacen visibles los límites del discurso de representación dominante puede explicar porqué la estrategia de la *mascarada* se ha instalado con tanta fuerza en el arte feminista, que ha abordado críticamente los estereotipos y los discursos que giran en torno a lo femenino. En relación a este punto, cabe destacar el trabajo de Cindy Sherman, quien ha convertido en imágenes el modo en que la mirada masculina ha construido a la Mujer, demostrando que la definición del yo es más conceptual que natural y, por lo tanto, que hace referencia a superficies y no a profundidades. De esta forma, el arte feminista ha podido enunciar que lo femenino es una realidad que se produce a partir de su representación, desnaturalizando el valor y el sentido que la cultura patriarcal le ha dado a la imagen de la Mujer.

Pedro Cruz (2004) aborda las diversas prácticas artísticas que han puesto énfasis en las imágenes y representaciones a partir de las cuales se ha definido el límite entre lo posible y lo imposible a nivel identitario, destacando la presencia de un cuerpo expandido y desjerarquizado, capaz de abarcar, en sus movedizos límites, las distintas representaciones que se han hecho del cuerpo humano, principalmente del cuerpo femenino. En esta línea, la estrategia de la *mascarada* ha abierto la posibilidad de deconstruir la creencia de que existe una identidad definida para cada género, erosionando los modelos identitarios imperantes, lo que se produce a partir de la presencia de un cuerpo que se altera y cambia, constantemente. Esta suerte de diseminación estimula un flujo constante de significados, que impide la figuración de una identidad única, convirtiendo al cuerpo, principalmente al cuerpo femenino, en el reconocimiento de la diferencia.

> En Luce Irigaray, el concepto de diferencia sigue el rastro de Gilles Deleuze: la diferencia es aquí lo-otro, lo no-idéntico, que cuestiona toda posibilidad de identidad. En línea también con Jacques Derrida, Irigaray lee la diferencia (difference) como diferancia (différance). Y, a partir de estas raíces, esta pensadora asume lo femenino como la diferencia por antonomasia, lo irreductible al orden de la razón masculina dominante, al «falogocentrismo». Lo femenino habría constituido lo que siempre ha estado excéntrico al logos, lo que ha quedado en los márgenes de la razón constituyente desde la modernidad, y que resulta ser, por ello mismo lo irrepresentable: por ello, escribe Irigaray, «La mujer, en cuanto tal, no sería. No existiría, salvo en la modalidad del todavía no (del ser)». (Posada, 2015, 66)

Judith Butler (2007) se interesó en la posición desarrollada por Luce Irigaray, valiéndose de ella para presentarnos el *ser mujer* como un disfraz. De esta forma, la noción de *mascarada* abrió la posibilidad de desarrollar una reflexión crítica sobre la ontología del género, lo que, dentro de este enfoque, permite abordar las posibilidades móviles de la diferenciación entre *ser* y *parecer*, que se pueden apreciar dentro de la representación teatral. Según Teresa Mayobre (2002), cuando Butler establece el carácter performativo del género lo está interpretando como una máscara, lo que le habría permitido utilizar este término en un sentido muy próximo a la acepción teatral de representación de un personaje. Para los fines de esta investigación, resulta medular la relación entre la teatralidad del género y la presencia de la máscara social, pues se ajusta perfectamente a la posibilidad que abre el concepto *dramaturgia de lo femenino* para abordar la forma en que los personajes del Teatro feminista chileno dejan entrever que lo femenino se constituye como una máscara o un disfraz y, de este modo, para exponer el modo en que la puesta en escena teatral se vale de sus propios recursos expresivos para mostrarnos la forma en que la máscara social se inscribe sobre los cuerpos femeninos. Esto, considerando que las operaciones de desmascaramiento (la caída de la máscara), que son propias del denominado Teatro político, instalan una reformulación crítica de las identidades de género dominantes.

En *El género en disputa*, Judith Butler señala que la cita de las definiciones dominantes permite pensar en una (de)construcción paródica de los géneros, remitiéndonos a la figura de *la travestida*, para dirigirnos hacia la forma en que el performer altera la relación entre la anatomía del actor y el género que éste actúa, lo que, entre otras posibilidades, señala la autonomía del sexo respecto del género. Y, en *Cuerpos que importan,* presentó al fenómeno del travestismo como una alegoría de la heterosexualidad normativa, explicando que la parte del género que se actúa no involucra una *verdad* del género, sino que es el *signo* del género, lo que nos permite comprender que el signo del género no es lo mismo que el cuerpo que lo *figura*, aunque sin ese cuerpo este signo no pueda leerse.

Butler destacó la capacidad del travesti para burlarse del modelo sexual que se sustenta en la idea de una identidad de género verdadera, aclarando que lo que produce el efecto de autenticidad, al momento de actuar el género, es la habilidad del performer para hacer que el personaje parezca creíble, efecto que, como se ha destacado previamente, en el marco de la vida social se presenta como el resultado de una corporización de las normas establecidas culturalmente. Como señala Judith Butler, el travestismo nos presenta la *figura* de un cuerpo, y no un cuerpo en particular, pues lo que el performer pone ante nuestra vista es el ideal morfológico de lo femenino, es decir, el modelo que regula la actuación del género. Este punto resultó central para proponer este enfoque, considerando que el objetivo principal de esta investigación es analizar las formas con que la puesta en escena feminista está rearticulando las representaciones de género dominantes, lo que, a partir del modo en que las y los performers transgreden el efecto de autenticidad de las actuaciones del género, logra develar los procesos a través de los cuales la sociedad modela los cuerpos -y las mentes- de las mujeres.

Por otro lado, si consideramos que en el travestismo se logra revelar el artificio que está implícito en la representación social del género, este tipo de operaciones también nos da una pista para poder identificar la forma en que la prepresentación teatral se vale del artificio implícito en lo escénico para poner en evidencia el carácter artificial de esta construcción, lo que permite tensionar la/s figura/s de lo femenino impuesta/s socialmente. Como señala Luisa Posada (2015), para Butler el género es una imitación sin original, lo que se pone de manifiesto en el travestismo, cuya práctica nos permite reconocer la estructura mimética del género. Por otro lado, Purificación Mayobre (2002) nos muestra que el carácter performativo de la identidad sexual queda muy claro en el fenómeno del *drag*, en el cual se basó Judith Butler para hacer patente que los géneros solo son una construcción cultural, lo que le permitió denunciar el modo en que la identidad ha quedado atrapada dentro del binarismo impuesto por el orden heterosexual, al mismo tiempo en que nos permite pensar en prácticas que subvierten la lógica de identidad sexual.

Annalisa Mirizio (2000) nos presentó al *drag* como un disfraz, cubierto con los vestidos del sexo opuesto, lo que, a diferencia del travesti y el transexual, logra crear una nueva realidad, a partir de la cual se revela que ser femenina no es lo mismo que ser Mujer. Esto, porque el fenómeno drag confunde las identidades, hasta subvertir el orden y la jerarquía de los códigos a partir de los cuales el género se hace legible. Al respecto, señala:

> Mirando un drag subido a sus plataformas de veinte centímetros, maquillado «hasta las cejas», se capta inmediatamente la distinción entre el sexo masculino (categoría biológica) y la masculinidad (categoría cultural), así como se hace evidente que ser femenina y ser mujer no es lo mismo. (…) El drag, con su cuerpo, desborda los límites del género y los supera. Trae a lo cotidiano el carácter subversivo del carnaval, juega con las categorías de ser y parecer y lo hace poniendo en relación tres factores: el sexo biológico, la identidad sexual *(gender identity)* y la imitación/parodia de la identidad sexual *(gender performance)*. La falta de correspondencia entre sexo biológico e identidad sexual en la persona del *drag* crea tensión

en el espectador. Esta tensión desnaturaliza la normal-normativa equivalencia entre sexo y género (identidad sexual) y hace que este último pueda ser visto por lo que realmente es: una *performance*, una forma de mímesis con su multiplicidad, con su exhibición hiperbólica del artificio, el *drag* excede el sistema sexo-género y demuestra que el género, como la identidad sexual, es una ilusión, una construcción, una máscara, un travestismo, cuya única consistencia está en la cantidad de repeticiones inconscientes que consigue producir. (Mirizio, 143-147)

Por un lado, debemos reconocer la capacidad de Judith Butler para darle una visibilidad teórica a aquellos seres que la cultura ha debido marginar para perpetuar la lógica excluyente que caracteriza a las distinciones de género dominantes. Por otro lado, nos apoyaremos en su noción de la abyección y del concepto de mascarada, para darle un nuevo rendimiento a conceptos basales de la práctica teatral, como la máscara, el disfraz y el artificio. Desde esta perspectiva, pondremos atención en la forma en que el artificio teatral nos demuestra el carácter mimético y performativo del género, lo que se produce en la medida que las y los performers ponen en evidencia el artificio que está a la base de las actuaciones que conforman lo femenino, hasta lograr excederlos. Esto, teniendo en consideración que

> los límites del constructivismo quedan expuestos en aquellas fronteras de la vida corporal donde los cuerpos abyectos o deslegitimados no llegan a ser considerados «cuerpos». (Butler, 2002, 38)

Recordemos que Butler se aproxima al fenómeno de la abyección en relación a la exigencia cultural de expulsar aquellas dimensiones que no pueden ser pensadas en función de nuestras estructuras de identidad y representación, lo que, entre otras cosas, pudo demostrar que el género se sustenta fundamentalmente en una serie de exclusiones. De este modo, la pensadora norteamericana introdujo una nueva comprensión del concepto de abyección, presentándolo como una realidad que es constitutiva del sujeto. Este punto resultará relavante para el análisis, si consideramos que este enfoque se apoya en la idea de que la limitada noción de lo femenino que impuso la cultura heteropatriarcal se construye a partir de la exclusión de una serie de dimensiones constitutivas del ser/estar mujer en el mundo, lo que las mujeres contemporáneas están tratando de resaltar y contrarrestar a través de diveros procesos sociales.

En este sentido, se debe subrayar que la reformulación de la noción de abyección elaborada por Judith Butler deja latente la posibilidad de que las exclusiones que son constitutivas del sujeto femenino puedan retornar, perturbando las afirmaciones de identidad que hasta ahora se han definido como legítimas, lo que, entre otras cosas, abre un espacio para la generación nuevas propuestas identitarias. Con esto en la mira, se analizará el modo en que las figuras propuestas por el Teatro feminista chileno están desafiando y rearticulando la representación tradicional de lo femenino, bajo la consideración de que este ejercicio también nos permitirá observar la presencia de nuevas propuestas identitarias, la cuales no se han articulado de manera concluyente a nivel discursivo, pero sí están ocupando un lugar decisivo dentro de la escena teatral. Como señala Valeria Flores, actualmente las narrativas de la identidad desbordan nuestras categorías, por lo que estos constructos están siendo (re)apropiados y ocupados de manera irreverente. Esto ha abierto la posibilidad de reinventar el significado de la categoría de lo femenino y lo masculino.

> Creemos que la reinvención del significado de las categorías se logra habitándolas, diluyendo sus fronteras, tallando sinuosidades que esfuman los caminos mesurados, promoviéndolas como lugares de problematización permanente. (Flores, 48)

Según Flores, el desafío consiste en pensar formas de activación de las identidades que no cabalguen sobre agendas neoliberales ni falogocéntricas, sino que se presenten como localizaciones situacionales, desde las cuales (d)enunciar el modo en que nuestros cuerpos y deseos batallan contra el imperio binario. La teórica y activista argentina ha sido enfática en denunciar que la matriz heterosexual delimita la visibilidad y decibilidad de los seres, ante lo cual sostiene que resulta urgente generar una proliferación de múltiples narrativas en relación al género. Ella se ha concentrado en el caso de las niñas y los niños, interesada en la conformación de alianzas entre agentes que operan dentro y fuera de la institución educativa, pensando en la necesidad de evitar la producción de seres despreciados e inferiorizados y, por lo tanto, descartables. Por ejemplo, en *Chonguitas* presenta a la infancia como un espacio político que involucra una intensa pugna de poder, lo que convierte al cuerpo de las y los niños en un escenario de ansiedades culturales y pánicos morales, derivados de un violento proyecto familiar y pedagógico de (re)feminización.

A partir de esta premisa, podemos concluir la exposición de los principales elementos que estructuran este enfoque, teniendo presente que las formas de exclusión social operan a partir de cinco escenarios complementarios: el género, la clase, la raza, la etnia y la edad. Con esto en consideración, no podemos perder de vista que esta propuesta se materializa en la forma en que el Teatro feminista chileno logra darle cuerpo a las actuaciones del género, considerando que actuar no es un hacer que se restringe al espacio escénico, sino que involucra una dimensión ineludible y cotidiana de la vida social. Por todo esto, volvemos a subrayar que la rearticulación de los códigos a partir de los cuales se ha cimentado la significación social de lo femenino bosqueja un cambio social de profundas consecuencias para nuestra cultura, lo que, desde nuestra perspectiva, señala la relevancia y el carácter distintivo de un enfoque como éste.

SEGUNDA PARTE
PRINCIPALES CONCLUSIONES

1. Una mirada estética y política de la representación social de lo femenino

a. La dimensión política de la mirada

Guiada por la intención de abordar las trasformaciones que está experimentando nuestra percepción acerca de las problemáticas relativas al género, esta investigación se ha centrado en identificar la/s figura/s de lo femenino que se está/n desplegando en la puesta en escena feminista chilena, considerando que el modo en que la representación teatral está re/configurando esta imagen también nos permitirá explorar en la forma en que se está reconfigurando el imaginario colectivo de nuestra sociedad. En este sentido, consideramos que la crítica del Teatro feminista chileno a la representación tradicional de lo femenino nos permitá discutir sobre la forma en que se están delineando nuevas propuestas identitarias dentro del escenario social, todo lo cual se expresa a través de las formas, procedimientos y metáforas, que nos ofrecen las obras seleccionadas.

Por un lado, el proceso de selección y análisis de las obras permite confirmar que el teatro chileno está manifestando la intención -y la necesidad- de cuestionar las nociones tradicionales del género, desarticulando los principales estereotipos y prejuicios que giran en torno a lo femenino, lo que se produce a partir de una serie de operaciones estéticas, que analizaremos a continuación. De esta forma, podremos apreciar el modo en que la representación teatral se vale de los procedimientos escénicos, las imágenes y los cuerpos, para construir una crítica a las definiciones, relaciones y exclusiones, que giran en torno a la representación social de lo femenino. En este sentido, partiremos concluyendo que el proceso de análisis de las obras permitió confirmar el lugar privilegiado que asume el cuerpo al momento de instalar una crítica a la noción tradicional de lo femenino, lo que no resulta menor, a pesar de que dentro del lenguaje teatral los cuerpos siempre hayan asumido un papel determinante, pues la centralidad que adquieren los cuerpos femeninos en el teatro feminista marcará uno de sus sellos más reconocibles.

Según Meri Torras (2013), un cuerpo que ha estado condenado al silencio solo adquiere la posibilidad de hacerse visible en el arte, en el cual inesperadamente se muestra, se pronuncia e, incluso, puede desatar una polifonía, lo que resulta aún más significativo si consideramos que, como establece Judith Butler (2007), los cuerpos con género nunca se producen completamente por sí solos, sino que tienen una historia, por lo que esa historia determinará y restringirá sus posibles opciones. Desde nuestra perspectiva, ese "ponerse en evidencia" del cuerpo, al que se refiere Torras, resulta menos evidente en las artes escénicas, particularmente dentro del teatro, donde el "estar ahí" del cuerpo se da por asumido. Sin embargo, no podemos perder de vista que el teatro contemporáneo está rearticulando ese *aparecer* del cuerpo, lo que, potencialmente, puede desatar una liberación histórica de los cuerpos con género; una liberación respecto de las definiciones y normas que lo aprisionan cotidianamente. Y, aunque esta liberación solo sea momentánea, consideramos que el lugar que adquiere el cuerpo dentro de la puesta en escena feminista está configurando una relación renovada y fructífera entre la representación y lo femenino, dado que lo femenino se actúa -se reproduce-, pero también se re/crea a través de la representación.

Como se señala en la primera parte del libro, la representación occidental de lo femenino logró "tener éxito" durante varios siglos, mientras se pudieron encubrir los poderes que la habían movilizado y sostenido históricamente. Pero, dado que la representación artística moderna ha manifestado su interés por exponer -y cuestionar- los condicionamientos culturales que suelen pasar desapercibidos en el marco de la vida social, se ha recalcando el carácter ideológico de las representaciones colectivas, lo que se convirtió en un elemento central del denominado Teatro político, gestado a principios del siglo XX, con el fuerte influjo de Bertol Brecht. Las estrategias representacionales heredadas por el creador y teórico alemán, particularmente su noción del *distanciamiento*, tuvieron gran incidencia en las artes contemporáneas, lo que, dentro del arte feminista, ha permitido denunciar las representaciones, creencias y mitos, asociados a las distinciones de género dominantes.

Brecht ofreció muchas definiciones sobre su concepto de distanciamiento, presentándolo como una estrategia, una serie de operaciones o un conjunto de efectos, ante lo cual podemos establecer que este procedimiento se mueve entre los aspectos físicos de la escena (incluyendo la música, canciones y coreografías, como también, la iluminación, la escenografía, el vestuario, y toda la dimensión del gesto) hasta el efecto que se éstos producen en las y los espectadores, pasando por las técnicas interpretativas y el estilo de la actuación, lo que, como comenta José Sánchez,

> permitía la simultaneidad o la alternancia de rasgos realistas con rasgos caricaturescos o grotescos, tanto en la dimensión dramática como en la visual. (Sánchez, 2012, 58)

Fundamentalmente, con el distancimiento se trata de volver extraña una realidad que nos resulta cotidiana, desfamiliarizando nuestra comprensión usual de esta realidad, para mirarla desde una perspectiva crítica, lo que se expresa claramente cuando Brecht establece:

> Una representación distanciadora es aquella que, si bien permite que se reconozca un objeto, al mismo tiempo lo vuelve extraño. (Brecht, 2019, 41)

Lo que buscan las estrategias de distanciamiento es que las conductas habituales no se presenten como algo natural o universal, sino como una realidad que se produce por efecto de los poderes que estructuran nuestra sociedad. Por lo tanto, cada efecto que se introduce en escena se plantea como un medio para llegar a otra cosa: una toma de conciencia de la realidad representada. Consistentemente, este método se basa en una serie de decisiones, que implican identificar, seleccionar y recortar, ciertas situaciones extraídas de la realidad cotidiana, analizándolas y desfamiliarizándolas, para exponer las fuerzas sociales que operan bajo ellas. Y, en este sentido, las estrategias de distanciamiento, ante todo, suponen un trabajo de análisis y de síntesis, que pone especial acento en el acto de *mostrar*. Como establece Hans-Thies Lehmann (2013), en el Teatro épico de Brecht el mostrar es tan relevante como lo mostrado, lo que, por un lado, quiere decir que este teatro se interesa en mostrar el mostrar, y que, a su vez, el acto de mostrar incide en lo mostrado.

No resulta extraño que nuestra decisión de valernos del modo en que la puesta en escena teatral permite visibilizar las relaciones de poder que se expresan en las construcciones culturales asociadas al género nos dirigiera hasta la influencia que ejerce la propuesta de Brecht en el teatro chileno, puesto que el lenguaje heredado por el teórico y director alemán resulta central al momento de resignificar nuestras representaciones, lo que asume un papel decisivo en el caso del teatro feminista. Efectivamente, la intención de identificar la forma en que nuestro teatro pone en evidencia el carácter ideológico de las imágenes asociadas a lo femenino nos permite reconocer la fuerte influencia del teatro brechtiano en el Teatro feminista chileno, lo que se expresa en la constante presencia de estrategias de distanciamiento, encargadas de modificar nuestra disposición habitual ante las representaciones que giran en torno al género.

Dentro de las estrategias de distanciamiento que cobran mayor relevancia dentro de las obras analizadas se cuentan: la integración de la operación collage-montaje, una puesta en escena sintética, la ruptura de "la cuarta pared" y el teatro dentro del teatro; ante lo cual cabe destacar que en varias de las obras analizadas los espectadores pueden apreciar todos los cambios que se producen en escena, observando cómo se ejecutan los ajustes escenográficos y cómo se disponen los elementos dentro del escenario, todo lo cual se encarga de poner en evidencia el artificio de la representación, para, desde ahí, evidenciar el carácter artificial de las distinciones de género dominantes. A su vez, se pueden identificar una serie de operaciones características del teatro brechtiano, como, por ejemplo, la relevancia que asume el *gestus* social y los estereotipos dentro de la interpretación, como también, la irrupción de canciones, coreografías, materiales audiovisuales y teorías dentro del desarrollo del relato, todo lo cual se encuentra teñido por la presencia del humor negro y/o el sarcasmo. Todos estos elementos se encargan de exponer, irónicamente, el desgaste que está experimentando la representación tradicional de lo femenino, dándonos algunas luces del modo en que nuestro imaginario está cediendo ante la irrupción de nuevas figuras identitarias.

Respecto del humor negro, es interesante destacar que, a pesar de la gravedad de las denuncias que las obras analizadas se encargan de poner sobre el escenario, muchas de las escenas se tiñen de ingenio y picardía, invitándonos a renovar la perspectiva con que habitualmente percibimos la realidad, dándole un papel fundamental al disfrute y la entretención que un espectáculo teatral pueden producir. Al respecto, debemos recordar que Brecht fue enfático en establecer que,

> si no existiera un aprender divertido, el teatro sería, por toda su estructura, incapaz de enseñar. (Brecht, 2004, 49).

En relación a esta dimensión de la puesta en escena, podemos mencionar que, en la entrevista realizada el 10 de julio del año 2020, Nicolás Espinoza señaló que el estilo dark metal que caracteriza al montaje de *Dark* busca aquietar la fuerte violencia del relato, frente a lo cual "el humor se presenta como un bálsamo ante la crueldad". Con esto en la mira, el director de la obra nos comentó que uno de los puntos centrales para configurar la forma y el sentido que asumiría este montaje surgió de la idea de abordar a la protagonista a partir de los diversos estereotipos que giran en torno a lo femenino, señalando:

> Al principio teníamos la intención de darle un carácter unívoco al personaje de Juana, pero justamente después nos dimos cuenta que lo interesante era cómo la mirada de los

> personajes masculinos iba proyectando sobre ella distintos prejuicios y estereotipos (...); entonces, cuando descubrimos que no se trataba de un personaje femenino, sino que de los prejuicios que los hombres tienen sobre las mujeres, ahí pudimos estructurar la obra y darles sentido a los monólogos. (Nicolás Espinoza)

En relación a este punto, debemos subrayar que uno de los aspectos más destacables de las obras analizadas es la forma en que se articula el juego escénico, conjugando los principales estereotipos que giran en torno a lo femenino con una estética plagada de humor, sarcasmo e ironía, todo lo cual les otorga un sello característico. En la misma línea, las distintas maneras de narrar que se ponen en escena -como coreografías, canciones, imágenes, cartas, sueños, pinturas en movimiento, cuentos o teorías- se encargan de exponer el poder que sustentan los usos y las creencias culturales, incluidas aquellas que giran en torno al género, todo lo cual busca tensionar el sentido de "verdad" que estos relatos traen consigo. Esto se produce a partir de los medios, imágenes y procedimientos, a partir de los cuales las formas logran trastocar los contenidos que se introducen en escena, permitiendo rearticularlos críticamente.

b. *El trabajo con los estereotipos*

Planteándose irónicamente frente a la pregunta ¿Qué significa ser Mujer?, *Matria* es una de las obras que se vale de una serie de estereotipos, relativos a la forma en que se viste, habla y se comporta una mujer, para reformular críticamente el contenido de dichos estereotipos, lo que pone en tensión los enunciados que históricamente han definido su lugar dentro de la sociedad. A través de la síntesis de ciertos elementos presentes en nuestra realidad social, este montaje busca que el público pueda distanciarse de la realidad cotidiana, para dejar de pensar a lo femenino como algo natural, lo que llevó a la compañía a identificar una serie de elementos culturales a partir de los cuales se puede subrayar el poder de las creencias que giran en torno a las mujeres. En la entrevista realizada el 9 de septiembre del año 2020, la directora de la obra nos comentó que en un momento del proceso de creación apareció la necesidad de hablar sobre cómo se han perpetuado los paradigmas que giran en torno a las mujeres, ante lo cual surgió la idea de hacerlo a través de la figura de Javiera Carrera.

> que Javiera Carrera viniese, interpelara el presente y dijera: ¿Cómo puede seguir pasando esto? ¿Cómo no evolucionamos nada en torno a la figura de la Mujer en estos 200 años? (Natalia Ramírez)

Con esta mirada, los gestos y vestuarios se encargan de presentarnos el *ser* Mujer como algo que se construye a nivel externo, valiéndose de los recursos escénicos para abrir un cuestionamiento acerca de los condicionamientos e ideologías que operan sobre las creencias relacionadas con la maternidad, lo que se expresó fundamentalmente a nivel de las imágenes y las corporalidades.

Con la misma pregunta de base, *Otras* buscó la forma de poner en escena algunas de las principales problemáticas de la teoría feminista, lo que se llevó a cabo a partir de la cita de aquellas formas en que estos planteamientos se pueden apreciar dentro de la realidad cotidiana, todo lo cual motivó a las integrantes del equipo a analizar los principales estereotipos que giran en torno a lo femenino, intentando develar ciertas condiciones que históricamente se han impuesto sobre las mujeres. Como señala Patricia Artés, en la entrevista desarrollada el día 19 de junio del año 2020, el objetivo del montaje era bajar las grandes premisas del feminismo, para informar a un público que, en su gran mayoría, desconocía las bases filosóficas de este movimiento. Para ello, la compañía asumió la decisión de distanciarnos de lo cotidiano y mirarlo desde una perspectiva crítica, ante lo cual el lenguaje de la obra debía contribuir a concretar el propósito educativo que había movilizado al proyecto. Por ejemplo: mostrar el funcionamiento de la institución familiar a partir de los juegos infantiles, cuestionar la figura de la madre a través de la metáfora del reino animal o exagerar ostensiblemente la representación de los roles femeninos; todo lo cual hizo de la economía del cuerpo y el gesto un importante punto de partida.

Otras nos presenta una serie de personajes, que se disponen en escena como una síntesis de situaciones específicas, en función de las cuales se seleccionaron algunos estereotipos femeninos que les permitían mostrar claramente aquello que se buscaba cuestionar. Por ejemplo, en el quinto cuadro el personaje de la princesa representa los ideales asociados al amor romántico, lo que se expresa a través de sus movimientos, gestos y su voz, en el marco de una escena bañada con una luz de tono rosa, donde podemos verla organizando una cena romántica, provista de una serie de accesorios de color rosado. La forma de moverse y hablar de este personaje se acomoda a su modo de concebir el amor, lo que se manifiesta a través de gestos ondulantes, cálidos y sensuales, que se tornarán rápidos y desesperados, cuando buscan expresar su deseo de complacer al otro. Algo similar se connota a través del color vocal, el que transita entre el tono agudo que caracteriza a la histeria y la gravedad que se produce, posteriormente, al ver frustrados sus deseos e ideales.

Otras. Foto cortesía de Macarena Rodriguez Rosas

La forma de representar a esta mujer se sustenta en una síntesis gestual, que también es propia del teatro brechtiano, donde el *gestus* no solo nos remite a un gesto específico, sino que a la actitud total del personaje. En este sentido, debemos señalar que la configuración de la princesa comprende sus comportamientos, movimientos y tono de voz -incluyendo las palabras que utiliza-, como también, su vestuario, sus rasgos y los accesorios que la definen, todo lo cual se ha seleccionado estratégicamente, en función de lo que se quiere mostrar del personaje. Para lograr este efecto, se necesita una simplificación y condensación de la experiencia cotidiana, traduciéndola en un gesto que sea capaz de enfatizar una dimensión específica del personaje, haciendo reconocible el aspecto de la realidad que se está poniendo en discusión, aunque el estilo de la interpretación transgreda las normas del ilusionismo. Como establece Brecht,

> Es recomendable una selección sencilla de no demasiadas materias básicas. No es tarea del arte fabricar una determinada imitación a toda costa. Los materiales han de ser efectivos por sí mismos. (Brecht, 2004, 194-195)

Considerando que uno de los principales estereotipos que se pueden identificar dentro de las representaciones analizadas es el de la Mujer-objeto, a través de él podemos apreciar la forma en que estos montajes se las arreglan para representar este concepto, sin tener que explicitarlo; ante lo cual el tratamiento que se le da al cuerpo, el vestuario y la gestualidad, asumen un papel determinante. Por ejemplo, el personaje de Joana (*Sentimientos*) presenta algunos rasgos y gestos propios de una marioneta, lo que, en conjunto a su vestuario, pone en escena a una mujer que se encuentra sometida a diversas situaciones de sujeción y dominio. Este ejemplo nos permite apreciar la forma en que los personajes de La niña horrible

> enfatiza(n), mediante una teatralidad llevada hasta el límite por las actrices, el carácter construido de los cuerpos para denunciar la invisibilización y el sometimiento de la mujer mediante el acatamiento de lo que se considera «lo correcto» y «lo apropiado». (Proaño, 26)

Según Yolanda Beteta (2014), la Mujer-objeto puede visualizarse como una mujer títere o maniquí, que sólo es capaz de moverse si alguien maneja los hilos que la conducen, la cual, como podemos apreciar en las obras analizadas, se introduce en escena para poner en evidencia las consecuencias de mantenernos pasivas ante las condiciones impuestas por la cultura heteropatriarcal, lo que, en función de este enfoque, supone una desarticulación crítica de una de las figuras tradicionales de lo femenino. Al respecto, *Xuárez* se desarrolla una escena en que la escenografía produce una especie de pintura en movimiento, algo así como un comic que ha adquirido vida, lo que dispone al personaje de Inés de Suárez como si fuera una marioneta, movida por los hilos de la Historia. De este modo, la puesta en escena le da forma a la imagen limitada y estereotipada que la cultura ha transmitido respecto de este personaje, al mismo tiempo en que se muestra el modo superficial y estereotipado en que se han tejido las narrativas creadas por la cultura patriarcal.

En *Sentimientos*, los movimientos quebrados y cortantes de Joana también nos hacen pensar en una marioneta -un maniquí, un títere o una muñeca-, lo que, además de remitirnos a la idea de una Mujer-objeto, crea una atmósfera de abuso y violencia en torno a ella. Algo similar se produce en *Dark*, que se vale de una serie de muñecas, desperdigadas sobre el escenario en distintas escenas, para referir a la violencia que los hombres ejercen contra las mujeres, introduciendo visualmente el tema del femicidio. En *Paisajes para (no) colorear,* por su parte, se aborda la violencia que recae sobre las mujeres al interior de la familia a través de en un cuadro donde la madre es representada por una muñeca inflable, cuya presencia se encarga de reforzar la idea de que la mujer que está relega al mundo privado solo es considerada como un objeto. La relevancia de este estereotipo, como signo de la violencia cultural que recae sobre las mujeres, se puede apreciar claramente en el cuadro en que se desarrolla la celebración del cumpleaños de Sofía -la muñeca inflable-, donde las chicas se dan el tiempo para presentarle a los espectadores la historia de este personaje, señalando: *(Ella) fue creada para satisfacer el placer de algunos hombres, aunque también hay quienes la utilizan para estimular la economía o sólo para reírse de ella.*

Lo que sí está claro, es que nunca nadie la ha tomado en serio. Por lo general, es tratada como un conjunto de hoyos, como un receptáculo de semen.

A partir de la analogía entre esta muñeca inflable y una joven chilena, este montaje plantea que las mujeres suelen ser vistas solo como objetos sexuales, funcionales a las necesidades masculinas, lo que también se pone en evidencia en *Puta madre*, a través de la contrafigura de una prostituta que, con su sola presencia, nos remite a la objetualización de las mujeres que se dedican al comercio sexual. *Cuerpos que hablan* también introduce la idea de un objeto sexual, señalando la existencia de mujeres que se ponen al servicio de los deseos del macho dominante, lo que cobra cuerpo cuando dos chicas posan sensualmente para tomarse algunas selfies, gesto a partir del cual se exponen algunos de los códigos que funcionan en las redes sociales, para disponer la imagen -y los cuerpos- de las mujeres en función de la mirada masculina.

Otras. Foto cortesía de Macarena Rodriguez Rosas

Esta problemática también se abre en *Otras,* a través del cuerpo de una mujer que se va acomodando a las exigencias de algunos hombres, lo que, como se puede apreciar en la imagen anterior, se expresa de manera sumamente directa y literal, cuando ella rehace su silueta, dándole nuevas formas a su cuerpo con un plumón negro, lo que se produce en respuesta a los insultos que recibe por parte de un grupo de hombres. Por otro lado, este cuadro también nos muestra la idealización y manipulación que actúa sobre los cuerpos femeninos, ofreciéndonos la imagen de un cuerpo trozado, que presenta a las mujeres solo como un pedazo de carne. En *Yo también quiero ser un hombre blanco heterosexual* también podemos apreciar el modo en que una mujer adapta su cuerpo en función de las expectativas de la cultura heteropatriarcal, lo que cobra cuerpo, literalmente, a partir de la forma en que la protagonista se transforma en un hombre blanco. Y, paralelamente, a través del personaje de Dolores, quien, para satisfacer el modelo ideal de lo femenino, finge un avanzado embarazo, ocultando un corpóreo debajo de su ropa.

Yo también quiero ser un hombre blanco heterosexual.
Foto cortesía de Manuel Morgado

Matria también realiza un interesante planteamiento estético para que la presencia de la Mujer se instale sobre el escenario al mismo nivel que un sillón o un adorno, lo que permite materializar contundentemente la metáfora de la Mujer-objeto. Esto se plasma a través de las faldas que se utilizan a lo largo de la representación, las que fueron confeccionadas con tela de sillón, para proponer una analogía entre la Mujer y un mueble, en función de la cual las mujeres se presentan como un elemento pasivo, restringido al espacio doméstico. A su vez, esta analogía se expone lúdicamente en un cuadro en que todas las madres aparecen disfrazadas de flores, lo que no solo evoca la dulzura y suavidad que se espera de las madres, sino también, lo enraizadas y estáticas que deben permanecer las mujeres para encajar en los roles que la sociedad define para ellas, convirtiéndose en meros adornos.

Matria. Foto gentileza de Camila Rebolledo

Como se puede apreciar a través de estos ejemplos, la fuerza del *gestus* radica en la capacidad de un signo o una imagen para comprimir la realidad, sacando a la luz elementos que permiten darle forma a algunas creencias que se han enquistado culturalmente, y siguen presentes a pesar de las transformaciones estructurales que está experimentando nuestra sociedad. En relación al juego con los estereotipos, estos signos se presentan como una clave para darle una forma estética a los engranajes que articulan las grandes estructuras sociales, en función de la cual los personajes devienen en signos más visuales que naturalistas, lo que representa otro de los principales rasgos estilísticos de las obras analizadas.

Tanto en la forma en que se representan los roles femeninos como en los signos que se seleccionan para instalar la presencia de una mujer en escena, el carácter gestual que asumen los estereotipos actúa como un procedimiento de distanciamiento, utilizado para activar la capacidad que posee la puesta en escena teatral para revelar ciertos aspectos de la realidad social, de una manera económica y directa. En relación a este punto, podemos destacar el modo en que *Otras* logra hacer visibles las premisas abstractas en que se apoya el montaje, ayudando a las y los espectadores a entender -y valorar- las transformaciones sociales movilizadas por el feminismo, lo que, como se ha señalado previamente, se dirige a un público que suele permanecer ajeno a los grandes planteamientos filosóficos del pensamiento contemporáneo, lo que subraya el papel social que caracteriza al denominado "Teatro político".

Teniendo en consideración el carácter descriptivo y pedagógico que asume esta puesta en escena, la compañía debió partir por identificar algunas situaciones que les permitían mostrar los efectos que producen las ideologías imperantes en la vida de las mujeres, valiéndose de algunas imágenes precisas para intentar develar las contradicciones que están ocultas en las grandes estructuras que sostienen a la sociedad. Por ejemplo, la integración de algunos juegos infantiles en escena permite recrear una situación que pone en evidencia lúdicamente los sistemas de creencias que están a la base de las representaciones asociadas al género, exponiendo con claridad la forma en que el género influye en la estructuración de los roles sociales y, por lo tanto, en la perpetuación de las estructuras sociales. Al respecto, la directora comenta que la estética de la obra surgió a partir del modo en que se iban trabajando los conceptos de cada cuadro, señalando:

> Por ejemplo, si íbamos a hablar de la familia en el juego, y el juego es una representación, nosotras nos fuimos al chan-

cho… y no tuvimos ningún pudor en cómo íbamos a representar a los géneros. (Patricia Artés)

En *Paisajes para (no) colorear*, los estereotipos se hacen evidentes a través de las corporalidades que adoptan las intérpretes para representar a los tipos de sujetos que se quiere cuestionar. Por ejemplo, una de las intérpretes rescata algunos gestos que logran darle cuerpo al *gestus* del Hombre-Cazador, en función del cual se desplaza a un ritmo lento y sinuoso sobre el escenario, mientras su voz produce un susurro seductor y absorbente. Y, mientras este personaje se pasea con peso y autoridad dentro del espacio escénico, en el piso se encuentran desperdigados los cuerpos de las distintas mujeres que se presentan como sus "presas", recalcando visualmente la relación de dominio, jerarquía y subordinación, que nuestra cultura produce entre hombres y mujeres. Como contraste a la energía que despliega el personaje masculino, estas mujeres se muestran retraídas, hundidas en corporalidades que se recogen, para evitar ocupar mucho espacio sobre el escenario. Ellas se mantienen pasivas y atemorizadas, mirando con los ojos fijos hacia el frente, como si estuvieran evitando observar a aquel que intenta engatusarlas. Con este tipo de estrategias, este montaje busca visibilizar, denunciar y trastornar, los diversos estereotipos que giran en torno al género, la infancia y la adolescencia.

c. Cuerpos y corporalidades

Volviendo al papel que cumple el cuerpo para alterar las nociones tradicionales que giran en torno al género, podemos considerar que dentro del Teatro feminista chileno el cuerpo de las y los intérpretes se encarga de mostrar esa "segunda piel" que ha sido creada por la sociedad, haciendo identificables algunas conductas arraigadas socialmente, para luego exponer la fuerte acción que ejerce la sociedad sobre nuestros comportamientos y pensamientos. En este sentido, la gran fuerza que asume el cuerpo -y el gesto- radica en llevar a la superficie aquello que las representaciones sociales suelen enmascarar, desnaturalizando aquellas ideas que el lenguaje impone sobre nuestros cuerpos. Por ejemplo, podemos apreciar diversas composiciones basadas fundamentalmente en el cuerpo de las y los intérpretes, a través de las cuales la representación produce poderosas imágenes que, resultando evidente para los espectadores, transmiten un relato silencioso, que el lenguaje discursivo no puede traducir. De esta forma, el cuerpo de las/los intérpretes actúa como un puente que amplifica el poder de comunicación de la representación teatral, lo que, en algunas situaciones, resulta más relevante que el texto dramático.

Las obras analizadas nos ofrecen diversos momentos en que las imágenes perturban los modelos culturales, ubicándonos fuera de los marcos representacionales dominantes, lo que, desde nuestra perspectiva, se relaciona directamente con la posibilidad de hacer emerger eso "Otro", asociado a lo femenino. Por otro lado, la intensidad con que el cuerpo se instala en escena también lo presenta como una realidad que por algunos instantes se escapa del dominio de la representación, lo que se produce en la medida que las y los intérpretes logran llevar a la superficie de sus cuerpos algunas pulsiones vitales, las que permiten vislumbrar una realidad que se ubica "más allá" de los límites del lenguaje verbal. Esto se puede entender si pensamos que la función del cuerpo en el teatro contemporáneo se ha planteado como una posibilidad de transmitir algo que se oculta en la retórica de la representación, es decir, aquello que no logra encontrar una expresión lingüística adecuada.

Por ejemplo, en *Cuerpos que hablan* se desarrolla una escena que se presenta como un momento de revelación, lo que, dado su carácter irrepresentable, le confiere al cuerpo de la intérprete un papel crucial a nivel de la comunicación. En este cuadro nos encontramos con una profesora de historia, que cumple con su labor de docente, en medio de la cual se ubicará en el centro de la plataforma que configura el espacio escénico, mientras dos actrices hacen girar esta estructura. A partir de ese instante, se generará una imagen que resulta sumamente significativa para el desarrollo del relato: la plataforma se moverá en un sentido y luego en el otro, haciendo girar a la profesora, como si fuera absorvida por un torbellino. Mientras esta mujer se afana por recuperar el equilibrio, se escucha el sonido de un piano, el que estará bañado con el despliegue de una luz que se presenta como un remolino de colores, dado que se mueve en diferentes tonalidades; todo lo cual lleva a que la profesora comience a convulsionar, como si el cuerpo de la historia se viera afectado por un espíritu revolucionario. Y, ante el poder de revelación que la profesora adquiere en este instante, ella enuncia: "*¿y las mujeres dónde estaban?*".

Este tipo de elementos resultan sumamente relevantes para nuestro análisis, considerando que el cuerpo de la profesora se toma el discurso, haciendo que las palabras asuman un lugar secundario, lo que expresa claramente la intención del director de la obra, cuando establece que lo que la compañía quería lograr con este montaje era "pasar del discurso a la carne". Esta puesta en escena nos ofrece una poética del encierro, donde el espacio se encarga de mostrar el modo en que los cuerpos son atrapados por los condicionamientos sociales, ante lo cual el modo en que los cuerpos se disponen sobre el escenario también busca transgredir los límites que la cultura le impone a las mujeres, tanto a nivel de las conductas como a nivel del discurso. Ante ello, el director valida el lugar protagónico que los cuerpos asumen dentro de la representación, señalando que lo que la compañía buscaba poner en escena era

> un cuerpo hablante, que tenga delirio en su ejecución. (Juan Pablo Rosales)

De un modo aún más radical, *Al pacino* nos introduce en ese mundo invisible que está oculto en nuestros propios cuerpos, generando un juego que se mueve entre la invisibilización y la materialización de los cuerpos, los cuales se presentan en escena como una materia informe, que posee múltiples poderes, lo que, entre otras cosas, le da una especial relevancia a la materialidad del cuerpo. De esta forma, este ejercicio escénico nos confronta a las determinaciones impuestas por el lenguaje, ofreciéndonos una forma de representación que está casi totalmente desprovista de palabras, lo que permite liberar a los cuerpos, principalmente a los cuerpos femeninos, de los condicionamientos que le imponen los discursos vigentes, los cuales se hacen presentes solo al nivel de las imágenes.

En la entrevista realizada el 30 de marzo del año 2021, Ana Luz Ormazábal comentó que, aún sin resultar evidente, en *Al pacino* la temática de género se presenta de manera literal, señalando:

> hay mucho trabajo de un cuerpo sin voluntad, que para nosotras tiene mucho que ver con dejar que otras fuerzas *acten*... y un pensamiento bastante feminista sería entender que no lo controlamos todo... que hay otras fuerzas que *actan* en nosotros. (Ana Luz Ormazábal).

En este sentido, no resulta secundario el hecho de que este montaje esté compuesto fundamentalmente por mujeres, pues este elemento le da un carácter activo a la presencia de lo femenino en escena. Y, por otro lado, tampoco resulta banal que la representación esté centrada en abordar un campo como el cine, que tradicionalmente ha estado manejado por hombres, todo lo cual le da un sello marcadamente feminista a las acciones de los cuerpos que se instalan en escena, lo que funciona aun sin proferir ningún tipo de discurso. Por otro lado, *Al pacino* parece reconocer el profundo temor que manifiesta nuestra cultura ante el cuerpo, el cual se presenta en esta puesta en escena al modo de una realidad aumentada, a través de la cual podemos atisbar nuevos destellos de nuestra realidad. Así, el cuerpo se libera de su uso simbólico, a partir del cual ha debido contener los distintos significados que la sociedad le ha designado, lo que cobra un particular sentido dentro de este enfoque, si consideramos que el cuerpo ha estado asociado profundamente con el mundo de lo femenino. En relación a este tipo de cuestiones, la directora señala:

> Queríamos deformar, triplicar... trozar cuerpos y cortar cabezas, para ver que discursos aparecían. (Ana Luz Ormazábal)

Construyendo declaraciones fuera de la lógica del lenguaje discursivo, el protagonismo que adquiere el cuerpo en este montaje se confronta con el lugar secundario que asumen las palabras, las que también salen en busca de otro tipo de lenguaje, a partir del cual la representación se libera de las categorías que le dan forma a nuestro mundo. Con esta libertad, los cuerpos se desplazan en distintas direcciones, asumiendo diferentes figuras y tipos de movimiento, los que, a su vez, se desarrollan en diversas velocidades, todo lo cual permite amplificar sustancialmente sus posibilidades expresivas y su potencial de presencia, lo que también se puede apreciar en *Orgiología* (2018), otro de los montajes de Ernesto Orellana, director de *Puta madre*, donde una serie de cuerpos traspasan los límites impuestos por el pensamiento binario y falogocéntrico.

Al pacino pone ante nuestra vista un conjunto de cuerpos, los cuales, a lo largo de la representación, adquieren diversas formas: cuerpos mutilados o que rearticulan sus extremidades; cuerpos que se comunican a través de sus piernas, o piernas que se multiplican a través del reflejo de un espejo. Como telón de fondo, la atmósfera está invadida por diversos ruidos -risas, jadeos, susurros, gritos y sonidos guturales-, los que se mezclan entre sí y, a su vez, se funden con la música digitalizada, todo lo cual produce una extraña sensación de "animalidad", como si el montaje estuviera invitándonos a regresar a un mundo primitivo. Valiéndose de este tipo de recursos, *Al pacino* nos traslada a un mundo incomprensible, que surge a partir de cuerpos que son cruzados por fuerzas desconocidas, lo que, en conjunto a los efectos del claro-oscuro y los juegos a nivel del sonido, nos instala frente a una realidad que puja por escapar del dominio de las imágenes hegemónicas. Efectivamente, la relación que la escena construye entre el mostrar y el ocultar involucra una crítica a las formas de control social, lo que, de la mano a la exploración desarrollada en y por los cuerpos, asume un carácter marcadamente feminista. Al respecto, la directora establece:

> Creemos que situar la pregunta de lo no visible también es un acto feminista... cuestionar lo que se ve y lo que no se ve. La Lucrecia Martel habla mucho del *afuera de campo*... que ponerse fuera de campo y no mostrar bien es un acto feminista... qué es lo que está fuera y qué está dentro. Esto de verlo todo -no dejar el misterio y el velo- para nosotras es

muy patriarcal y capitalista… es un acto de control brutal. El hipercontrol, la hipervisibilidad o el porno -donde todo se ilumina y no hay oscuridad- para nosotras está ligado al patriarcado… la idea es evidenciar eso. (Ana Luz Ormazábal)

En *Matria* también podemos apreciar una alusión a la metáfora del velo, a través de la cual se puede señalar el estilo sarcástico de este montaje, como también, la relevancia que asumen los cuerpos dentro de la puesta en escena feminista. Uno de los cuadros, titulado "Parir", se basa en una composición que prescinde totalmente de diálogo y se instala fundamentalmente en el plano de la imagen y el gesto, en cuyo centro se encuentra una mujer cubierta de velos, que nos remite a la idea de una diosa y, a partir de ella, al desarrollo de un ritual. Esta idea cobra forma cuando el cuerpo de esta mujer es ubicado sobre una plataforma, mientras las intérpretes realizan una serie de movimientos minuciosos y precisos, que simulan una especie de procesión, lo que se subraya con una luz tenue y cálida, que genera una atmósfera ceremonial, todo lo cual se articula para connotar el valor simbólico que la cultura le concede a la maternidad.

La mujer se posiciona en cuatro apoyos, mientras las otras intérpretes levantan delicadamente cada uno de los velos que la cubren, lo que, finalmente, dejará al descubierto las partes bajas de su cuerpo, dirigiendo toda nuestra atención hacia su vagina. Cabe señalar que la actriz viste una especie de malla, similar al color de su piel, la cual tiene un orificio justo a la altura de su vagina, lo que le da un lugar determinante a su órgano reproductor. En ese instante, la mujer asume una posición que emula el acto de procreación y deja caer un pequeño huevo desde su vagina, con lo que se alude simbólicamente al acto de parir, momento en el cual el ruido metálico que acompañaba a la escena es reemplazado por un sonido armónico, que produce una sensación mucho más placentera. Pero, apenas el huevo sale del cuerpo de la mujer, la estática retorna, lo que produce un quiebre que señala escénicamente el cambio de valor que experimenta ese cuerpo después de "dar a luz". Este quiebre se recalca sarcásticamente al trasladar la plataforma en que se ubica la mujer detrás del marco barroco que organiza la puesta en escena, conjuntamente a que se arrastran violentamente los velos que cubren su cuerpo, ante lo cual ella reduce su corporalidad, toma el huevo y sale de escena, mostrándose completamente disminuida.

Esta imagen alude a la disposición que muestra nuestra sociedad frente a los cuerpos femeninos, que son endiosados cuando generan vida, para luego ser desplazados a un lugar secundario, confinados en el hogar en función de las múltiples labores que exige el rol materno. Como se aprecia al final de este cuadro, la ceremonia colectiva asume el carácter de un ritual de sacrificio, lo que hace resonar la idea de que el cuerpo de la mujer debe ser sacrificado en función de la vida doméstica, imagen que se recalca cuando uno de los intérpretes utiliza el velo que portaba la protagonista para cubrir su cabeza, al modo que lo hace la virgen María, para luego convertirlo en un volumen que mece entre sus brazos, como si fuera un bebé, todo lo cual pone en escena los ideales que la cultura patriarcal asocia a la maternidad.

La relevancia que asumen los cuerpos en este montaje también se puede apreciar en algunas coreografías y en composiciones visuales que se construyen a través de los cuerpos de las y los intérpretes, entre las cuales cabe destacar el último cuadro de la obra, donde vemos a Javiera Carrera montada sobre un caballo, el cual se configura a través de los cuerpos entrelazados de todas las intérpretes, lo que sirve de marco para que se produzca el paso de una dimensión espacio-temporal a otra. Por otro lado, los cuerpos también cobran protagonismo en relación al vestuario que sirve de base para pasar desde un rol a otro, lo que, como señaló una de las integrantes del elenco, en la entrevista realizada el 9 de septiembre del año 2020, abrió la posibilidad de instalar un relato en la superficie del cuerpo. Al respecto, comenta:

> Buscamos hablar desde ahí también, desde la geografía, desde la piel, desde el cuerpo geográfico... lo que hay en ti hay en mí. Decir que de cierta forma en la geografía de Chile está también mi propia geografía. (Daniela Bozo)

En *Otras*, el vestuario también se conjuga con los cuerpos, los movimientos y los gestos, para poder transitar desde una figura a otra, desplazándonos entre distintos tiempos y espacios, a partir de los cuales comprender la dinámica de las relaciones sociales relativas al género.

> Nosotras nos fijábamos -y nos dábamos cuenta- en esta especie de íconos... en cómo se construyen en los cuerpos los géneros... Y como, más encima, este era un montaje que lo que hacía era representar -representar la construcción del género- (...) vas a ver cómo se construyen efectivamente con ciertos gestos y acciones estos géneros... Y ahí, justamente, confirmas la performatividad de género... que esto se construye a partir de acciones, no es solo una cuestión discursiva. (...) Entonces, el cuerpo era lo fundamental. Y había que arrojarse sin vergüenza... construir que las actrices tocaran esos espacios, esos espacios de representación. (Patricia Artés)

d. La síntesis: Lo grotesco y la caricatura

Como se puede apreciar a través de estos ejemplos, la relevancia que asume el cuerpo dentro del Teatro Político se expresa en una estética que se caracteriza por gestos claros y precisos, lo que activa una actitud mucho más física por parte de las y los intérpretes, como también, un estilo mucho más visual de la puesta en escena. Esto se explica porque el Teatro político, a diferencia del Teatro realista, se concentra en las categorías sociales y no en la interioridad subjetiva, lo que justifica el trazo más grueso de los personajes y el carácter más físico de la interpretación. Este estilo surge de la intención de presentar al personaje como una silueta recortada del material social, permitiendo que la representación ponga a la vista del público el modo en que las categorías sociales han cristalizado culturalmente. Y, aunque los personajes se presenten como el signo de una experiencia que todas y todos pueden reconocer, la acción de distanciar dispone a los elementos representados como realidades "extrañas", dado que su acción consiste en alterar el reconocimiento de algo supuestamente conocido. La idea es transformar la actitud habitual de los espectadores, basada en el reconocimiento y la identificación, en una actitud crítica, interesada en conocer nuevos aspectos de la realidad.

El Teatro político busca promover un cambio de pensamiento en las espectadoras y los espectadores, exigiéndonos mirar con nuevos ojos la realidad, para intentar recuperar algo de la experiencia que ha sido coaptada por los poderes. Es por ello que las estrategias de distanciamiento se introducen en escena para desfamiliarizar aquello que nos resulta familiar y cotidiano, produciendo un proceso de *Extrañamiento*. Este efecto se sustenta en la idea de que, al reconocer el carácter ficcional de toda representación, se puede superar la contemplación ingenua de una realidad que, a simple vista, no puede ser cuestionada. Como establece Luis Althusser (2011), el *efecto de distanciamiento* -que él denomina efecto de desplazamiento- no puede ser entendido solo como un efecto de las técnicas teatrales, sino como un efecto general de toda su práctica, pues no se trata solo de un cambio a nivel de la interpretación y el estilo de la puesta en escena, sino que de un cambio en las condiciones del fenómeno teatral en su totalidad, donde el desplazamiento fundamental es el del punto de vista de los espectadores, que se transformará en un punto de vista político. Por lo tanto, todos los desplazamientos que experimente la representación teatral serán consecuencias de éste. Esto se puede apreciar claramente en las obras analizadas, constituyéndose como uno de los elementos fundamentales para entender el lenguaje del teatro feminista chileno.

Si consideramos que para lograr un punto de vista político se requiere simplificar y condensar la experiencia social, la presencia de una puesta en escena sintética, y la gran relevancia que asume la imagen dentro de ella, no resultan casuales. Principalmente, si tenemos presente que una representación que se sustenta fundamentalmente en estereotipos transforma al personaje -y su contexto- en un signo mucho más visual y físico, lo que deforma su significado convencional, para dejar emerger nuevas perspectivas de este personaje y su entorno, es decir, nuevas perspectivas sobre la realidad que este personaje representa. Este desplazamiento desde el ilusionismo hacia la caricatura busca superar el mero reconocimiento de una realidad determinada, para incentivar un cuestionamiento de las ideologías que se encuentran en su base. Esto se puede apreciar en obras como *Xuárez, Matria, Otras, Puta madre* o *Yo también quiero ser un hombre blanco heterosexual*, donde los accesorios y los gestos que ayudan a que el público pueda identificar el sexo de los personajes abren la oportunidad de mostrar que el género solo es una representación, reconociendo el peso ideológico de aquellos signos que conforman aquello que he denominado *dramaturgia de lo femenino*.

Para Brecht, la representación teatral debe hacer caer las "máscaras" de los personajes, poniendo en evidencia las estrategias de Poder, dominación y control, que subyacen en las relaciones humanas. Por ello, los personajes y las acciones que se ponen en escena ya no se presentan como algo natural, sino que deben subrayarse, deformarse y/o amplificarse, para que puedan hacerse evidentes, permitiendo desenmascarar el modo en que las construcciones culturales se han arraigado en los cuerpos -y en las mentes-. Con este fin, todas las obras analizadas se valen de la parodia y *lo grotesco*, asumiéndolas como estrategias escénicas que, por su exceso, permiten revelar el carácter ideológico de los ideales, prejuicios y estereotipos, que configuran la identidad de género. En este sentido, la repetición paródica de las identificaciones de género dominantes se nos presenta como la posibilidad de una rearticulación subversiva de las definiciones tradicionales que giran en torno a lo femenino, lo que se puede apreciar claramente en el lenguaje de la compañía teatral La niña horrible.

La niña horrible se vale de la exacerbación de los cuerpos, el humor negro y la parodia, para que los personajes puedan escapar de los estigmas que pesan sobre ellos, perturbando los ideales asociados a lo femenino, hasta convertirse en seres impredecibles. Una de las principales estrategias a partir de las cuales se potencia el trabajo con los cuerpos en escena es que sean hombres quienes interpretan a las mujeres que protagonizan las historias, lo que les permite tensionar paródicamente los roles asociados al género femenino, demostrando que esta dualidad no es más que una construcción ideológica, y que las distinciones de género solo son representaciones. Estas operaciones escénicas se relacionan directamente con la noción de *Parodia del género*, elaborada por Judith Butler, en *El género en disputa*, donde la parodia ya no supone la existencia de un original que deba ser imitado, y lo que se parodia es la noción misma de un original. Con este tono paródico, las obras de La Niña Horrible nos proponen una corporalidad que se plantea como un desbarajuste del mundo construido por el pensamiento binario, lo que amplifica considerablemente nuestra definición de lo femenino. Por ejemplo, los personajes se describen a sí mismas como mujeres feas, raras, enfermas y/o locas, las que, en vez de escapar de estos estigmas, se aferran a las marcas implícitas en estas figuras, lo que, finalmente, les permite exceder cualquier tipo de definición.

Elementos similares se puede apreciar en *Xuárez, Matria, Otras, Cuerpos que hablan, Paisajes para (no) colorear, Puta madre* y *Yo también quiero ser un hombre blanco heterosexual*. Y, en este sentido, la presencia de *lo grotesco* es otro de los elementos estilísticos que caracteriza a las obras analizadas, el que también se encuentra profundamente vinculado a la influencia del teatro brechtiano en el lenguaje teatral chileno. Como señala Patrice Pavis (1998), al igual que el distanciamiento, *lo grotesco* no es un simple efecto estilístico, sino que compromete todas las dimensiones del espectáculo teatral, lo que, como elemento de deformación, va desde el simple gusto por lo cómico hasta los efectos que produce la sátira política. En esta misma línea, señala que *lo grotesco* se presenta como un equilibrio inestable entre lo risible y lo trágico, lo que, desde nuestra perspectiva, convierte al humor en un medio de distanciarnos del horror implícito en las realidades sociales representadas. Este punto nos recuerda el modo en que Nicolás Espinoza describía la estética de la obra *Dark*, y la forma en que se introducen los prejuicios que giran en torno a lo femenino dentro de todas las obras analizadas.

Según Wolfgang Kayser (1964), *lo grotesco* forma parte de esas expresiones peyorativas que se han utilizado para señalar lo deforme y lo monstruoso, manifestando el desasosiego que produce en nuestra cultura la alteración de las formas claramente definidas. A su vez, se relaciona con el terror que nuestra sociedad manifiesta ante el tabú, presentándose como una transgresión de todos los límites fijados culturalmente, lo que, desde nuestra perspectiva, resulta crucial dentro de la propuesta del Teatro feminista chileno, intentando develar dimensiones de la realidad ocultas por los poderes. Como establece Lehmann (2013), el teatro contemporáneo ofrece diversas situaciones que muestran una decadencia grotesca y absurda, a partir de la cual todo aquello que rebate el buen gusto produce una intensificación de la realidad. De esta forma, el mundo rebajado, que trae consigo la presencia de *lo grotesco*, dinamita toda norma y toda regla, permitiendo que lo excepcional, inaudito y monstruoso, cobren una fuerza inusitada.

José Sánchez, por su parte, señala que la esquematización de los personajes que surge con *lo grotesco*, las máscaras y la tendencia a lo caricaturesco, involucra un correlato muy específico del distanciamiento escénico heredado por Brecht, cuyo objetivo era

> representar ya no la apariencia, sino aquello que la realidad oculta. (José Sánchez, 2012, 59).

En este sentido, podemos establecer que la dimensión sintética y caricaturesca que suelen adquirir los personajes del Teatro político se relaciona directamente con la capacidad que posee *lo grotesco* para sacar a la luz las determinaciones culturales que le dan forma a los comportamientos y a los cuerpos, intensificando y amplificando nuestra noción de la realidad, todo lo cual se puede apreciar a través de los personajes propuestos en cada una de las obras analizadas. Frente a este panorama, *lo grotesco* se convierte en una categoría estética relevante para señalar la forma en que se están abordando escénicamente las problemáticas relativas al género dentro del Teatro feminista chileno, considerando que hasta hace muy poco tiempo estas problemáticas solían estar invisibilizadas por el influjo de las representaciones impuestas por el pensamiento falogocéntrico y la cultura patriarcal.

La exageración y la deformación grotesca -de los gestos, los rasgos y los cuerpos- son elementos determinantes para que los personajes propuestos por La niña horrible se presenten como un ejemplo paradigmático de la forma en que el Teatro feminista chileno ha puesto en evidencia la mirada estereotipada que nuestra cultura ha construido respecto de las mujeres. Este desplazamiento es consistentemente con el modo en que el lenguaje de esta compañía logró exponer el carácter performativo de las actuaciones del género, ironizando sobre las construcciones culturales asociadas al género. En la entrevista realizada el 4 de junio del año 2020, el director de la obra pudo explicar la forma en que estos elementos se pudieron plasmar en su primera obra, *Sentimientos*, a través de la cual hemos querido subrayar el potencial crítico que está implícito en la elección de los cuerpos que el teatro feminista chileno pone en escena.

> Queríamos hacer un montaje que fuera muy femenino... le pusimos *Sentimientos*, porque las mujeres de la obra -los personajes- eran bastante intensos... generalmente se mueven por emociones, por pocas reflexiones. Ningún personaje reflexionaba sobre nada, entonces todos los personajes están instintivamente escritos, incluso desde la dramaturgia, como cuerpo. En ninguno de los personajes hay puntos de reflexión, todos los personajes son cuerpo, entran y lloran, hacen cosas y gritan, se tiran al piso... todo eso está a nivel de cuerpo. (...) Pareciera que la gran problemática acá es ser mujer. (Javier Casanga)

Frente a esto, la dramaturga agrega:

> En ese tiempo solo teníamos una idea de que queríamos hacer una obra de puras mujeres, que fuera una explosión de

femenino... queríamos que estuviera «la regla»; una embarazada, una infiel y una lesbiana. Un espacio donde hubiera un grotesco de femenino. (Carla Zúñiga)

Asumiendo que *lo grotesco* logra condensar en algunos gestos el modo en que las ideologías permean nuestras pensamientos y conductas, sacando a la luz las determinaciones culturales que se imponen sobre los cuerpos, podemos analizar la forma en que la profesora Francisca (personaje de *Sentimientos*) deja entrever el modo en que la institución educativa exalta el valor de la disciplina, arrogándose la voz ideológica de "lo correcto". Este personaje, marcadamente grotesco, representa a una mujer que se ha masculinizado para acceder a la posición de poder que detenta dentro del colegio, el cual se impondrá sobre la protagonista, como una forma de canalizar su vida sexual y corporal. La profesora Francisca viste de traje y habla con una voz grave y dura, lo que, a diferencia de los otros personajes, le permite moverse libremente entre el espacio público, representado por el colegio, y el hogar que Antofagasta comparte con su madre. De esta forma, la profesora Francisca resultará ser la más opresora de los seis personajes que se toman la escena, sentenciando con violencia las relaciones sexuales prematrimoniales y la opción del lesbianismo, lo que, dada su gestualidad, involucra una forma de ocultar su propio lesbianismo reprimido, todo lo cual nos permite interpretarla como una representación grotesca de la hipocresía que caracteriza a nuestra cultura.

Por contraste a la excesiva masculinidad de la profesora Francisca, el personaje de Joana -una maquilladora y vendedora ambulante de cosméticos- se introduce en escena asumiendo la forma de una mujer exageradamente femenina, que se ve sometida de manera violenta por el poder patriarcal. Este personaje lleva un vestido rosado, muy ajustado, que deja entrever un cuerpo exageradamente curvilíneo, todo lo cual se complementa con una peluca de color rosa y una voz extremadamente aguda, dándole un tono marcadamente grotesco. Consistentemente, su gangosa voz y su marcado maquillaje -que es retocado constante y excesivamente con un labial rojo- le dan una apariencia monstruosa, elemento que se conjuga con una conducta exuberante, recalcada por unos tacones rojos, de punta muy fina, que la hacen caminar de una forma sumamente extraña.

> Con ella quise trabajar el grotesco emocional, la exacerbación de la emoción, la modificación del cuerpo... ¿Cuál es su máscara? y cómo, después, esa máscara se cae. (Javier Casanga)

Sentimientos. Foto cortesía de Lorenzo Mella

En el *Diccionario de Teatro*, de Patrice Pavis, se señala que el teatro contemporáneo ha recuperado el uso de la máscara -como antes lo había hecho la *Commedia dell'Arte*- como parte de un proceso de *reteatralización* del teatro, lo que se encuentra profundamente vinculado con la revaloración del cuerpo -y la expresión corporal- y la aplicación de *lo grotesco* dentro de la representación. Todos estos fenómenos se relacionan con un principio de deformación de la realidad, que se presenta como una exageración premeditada, o como la mezcla de elementos a simple vista imposible, dentro de lo cual se aprecia una insistencia en el aspecto material y corporal de la forma que produce *lo grotesco*. Al respecto, podemos remontarnos a los planteamientos de Mijail Bajtin, cuando establece:

> La risa popular, que estructura las formas del realismo grotesco, estuvo siempre ligada a lo material y corporal. La risa degrada y materializa. (Bajtin, 20)

Según Pavis (1998), al igual que en una caricatura, *lo grotesco* nos permite reconocer la realidad, a pesar de que ésta se encuentre intencionalmente deformada. Y, si consideramos que el mundo actual se caracteriza por su deformación, y la falta de identidad y armonía, podemos entender porqué *lo grotesco* ha adquirido un lugar destacado dentro de nuestro arte. En el marco de las obras analizadas, la presencia de *lo grotesco* trae consigo una crítica a la imagen armoniosa transmitida por el falogocentrismo y la cultura patriarcal, como también, un afán de degradar y materializar las imágenes asociadas al género, todo lo cual busca afirmar la existencia de la realidad representada, al mismo tiempo en que se introduce una potente crítica sobre dicha realidad. Esto permite concluir que *lo grotesco* se instala en la escena feminista chilena como una forma de des-ocultar aquellas realidades que el *status quo* suele enmascarar en relación a las determinaciones implícitas en las definiciones de género.

Juan Diego Gonzálvez (2013) establece que *lo grotesco*, como derivación del vocablo *grutta*, hace referencia a todo aquello que pudiera encontrarse oculto bajo la superficie del mundo visible, lo que, a partir de un individuo -o una situación- que se aleja de lo cotidiano, logra perturbar el orden habitual de las cosas. Éste es un término polisémico, analizado en profundidad por Wolfgang Kayser (1964), quien encontró sus orígenes en aquellos ornamentos antiguos, conformados por criaturas extrañas y monstruosas, lo que, posteriormente, se asoció con aquellos fenómenos anormales y ambiguos que, en directa vinculación con lo cómico, aumentaban la posibilidad de que la representación artística pudiese reflejar -y criticar- el mundo. Esto se debe a que la presencia de *lo grotesco* se encarga de que algo familiar se nos presente de una forma un tanto amenazadora, lo que permite ver algo más respecto de aquello que se muestra en la superficie de las cosas, todo lo cual lo convierte en una forma renovada de observar, tanto la ficción como la realidad.

> (Lo grotesco) constituye la oposición más ruidosa y evidente a toda clase de racionalismo y cualquier sistemática del pensamiento. (Kayser, 229)

Con esta mirada, Kayser permitió asociar este concepto con los obstáculos que encuentran los espectadores para producir una respuesta racional ante las formas que se observan, desconcertándose frente al modo en que se deberían interpretar las imágenes. De tal forma, *lo grotesco* hace referencia a la obra artística, pero también a los efectos que produce la obra en las y los espectadores, quienes se mueven entre la sorpresa y la repugnancia; considerando que aquello que se activa con *lo grotesco* es el trasfondo oculto de las cosas, que siempre resulta perturbador. Como estrategia de distanciamiento, este tipo de representaciones se relacionan con la emergencia de un mundo extraño, deformado, a partir del cual se produce un espacio para entrever otras realidades, es decir, aquellas que no solemos cuestionarnos.

Todos los teóricos que abordan el concepto de *lo grotesco* lo vinculan con las formas de deformación que se asocian a la caricatura, lo que permitirá destacar otro de los elementos que caracterizan al lenguaje de las obras analizadas. Dentro del marco definido por el Teatro feminista chileno, la caricatura se presenta como una forma de distanciamiento, que permite sintetizar y subrayar algunas de las premisas desarrolladas por la teoría feminista y, como es propio del realismo grotesco, se instala como un recurso que permite provocar risa ante lo horrible, es decir, como una forma de denunciar algún aspecto de la realidad representada, sin perder la potencia que, según Brecht, se encuentra en la entretención. Este elemento se puede identificar claramente en *Paisajes para (no) colorear*, montaje que se vale del humor para exponer la violencia con que la cultura adultocéntrica intenta imponerse sobre los cuerpos y las mentes de las adolescentes chilenas, ante lo cual, lo presencia de *lo grotesco* puede resultar cómica, pero también puede resultar trágica.

Este cruce se aprecia claramente en un cuadro donde un grupo de mujeres de clase alta irrumpe en escena, para representar el pensamiento conservador que caracteriza a un amplio segmento de nuestra sociedad, lo que traerá trágicas consecuencias para uno de los personajes. Para traer a escena la presencia de estas mujeres, las intérpretes portarán amplios abrigos de piel y unos sombreros ostentosos, lo que se complementa con gestos abruptos y un tono vocal bastante afilado, todo lo cual despliega unas siluetas que impregnan todo el espacio con su capacidad de dominio, el que arremete contra una de las chicas que protagoniza este montaje. Paralelamente, la presencia de estos abrigos nos remite simbólicamente al discurso desgastado que proviene de las capas conservadoras de nuestra sociedad, que es el elemento que este cuadro trata de mostrar y cuestionar.

Paisajes para (no) colorear. Foto cortesía de GAM/ Jorge Sánchez

En relación a este punto, no quiero dejar pasar el rol que asume el papel mural en algunas de las escenas de *Otras*, a partir del cual también se buscaba exponer escénicamente el desgate que están experimentando algunas ideologías que giran en torno a lo femenino. Como establece la directora de este montaje,

> En la escena de la familia, y también en la del amor romántico, (...) es un tratamiento super delicado... y super artesanal, que hizo Daniel con los paneles, porque son capa tras capa de papel mural. (...) Esos papeles iban tapando algo... como, en el fondo, poner una capa de ficción tras ficción... que también es cómo se construye la institución de la familia. (...) No recuerdo bien si eran óxidos, pero algunos materiales que hicieran ese efecto del paso del tiempo y, básicamente, un deterioro. (Patricia Artés)

Otras también se apoya en actuaciones caricaturescas, y un tanto grotescas, para hacer visibles los modelos y creencias que históricamente han definido el lugar de las mujeres en la sociedad, lo que, como se ha señalado previamente, se puede apreciar claramente en el personaje de la princesa. Estos elementos también se encuentran presentes en *Matria, Cuerpos que hablan, Puta madre* y *Yo también quiero ser un hombre blanco heterosexual,* donde la fuerte presencia de *lo grotesco,* y la dimensión caricaturesca de los personajes, se plantea como un recurso que permite abordar la problemática de lo femenino desde una perspectiva estética, considerando que la exageración logra mostrar la visión estereotipada que nuestra cultura asume respecto de las mujeres.

En *Cuerpos que hablan,* la dueña de casa que protagoniza el primer cuadro se presenta como una de las figuras ideales de lo femenino, lo que se desarticula críticamente a partir del estilo de la interpretación y el tono caricaturesco con que este personaje se presenta en escena. Ella gesticula exageradamente al momento de pronunciar sus pensamientos y sentimientos -pone caras, mueve los brazos e intensifica la modulación-, lo que se tensiona estratégicamente con la forma en que el espacio la mantiene "prisionera" de su hogar, todo lo cual permite extremar y sintetizar la idea que se busca poner en escena. Como detalló el director de la obra, en la entrevista realizada el 5 de agosto del año 2020, los elementos escénicos se encargan de producir la idea de encierro, de cuerpos que están atrapados, lo que se manifiesta desde el primer cuadro. Al respecto, establece:

cuando se logra esa compresión, como esa sensación del pecho apretado y de rigor físico ... desde ese lugar se logró editar al personaje. (Juan Pablo Rosales).

En *Puta madre*, por su parte, el personaje de Nora se presenta como una transgresión a las figuras ideales de lo femenino, lo que se articula a través de una interpretación que mezcla *lo grotesco* con *lo abyecto*, a partir de lo cual se logra exponer la forma en que nuestra cultura responde a la presencia de cierto tipo de cuerpos, en este caso, a los cuerpos asociados al comercio sexual. El carácter grotesco de la interpretación también permite perturbar la fuerza de la norma que prescribe cómo debe verse un cuerpo femenino, lo que, al mismo tiempo, ayuda a hacer visible el Poder que posee aquella norma a nivel colectivo. Por lo tanto, podemos concluir que la deformación grotesca se nos presenta como una metáfora de la violencia que ejerce nuestra cultura sobre los cuerpos, particularmente sobre los cuerpos femeninos, lo que nos remite directamente al Poder que poseen las figuras ideales asociadas al género. Al respecto, cabe señalar que Estela Castronuovo (2015) establece un vínculo entre *lo grotesco* y la metáfora política, señalando la relación que se produce entre la corporalidad actoral y los procedimientos de la máscara grotesca, la que se relaciona directamente con el papel estructurante que asume la metáfora dentro del Teatro político.

En relación a la influencia del Teatro político en el Teatro feminista chileno, concluiremos este apartado subrayando la relevancia que asume el modo en que el teatro de Bertol Brecht invirtió las jerarquías tradicionales, considerando que son las formas que se ponen en escena las que permiten abordar un contenido determinado, lo que, entre otras cosas, presenta a la artificialidad que es propia de la representación teatral en una metáfora de la artificialidad que se produce a partir de las pugnas que le dan sustento al orden social imperante. En este sentido, debemos señalar que el Teatro político se plantea al texto dramático como una excusa para mostrar el subtexto ideológico que está presente en los fenómenos sociales, ante lo cual la forma de mostrar asume un papel determinante, lo que resulta central dentro de este enfoque. Este hecho exige que le demos especial relevancia a los procedimientos y los signos que se despliegan en escena, para develar los distintos relatos que están a la base de la representación social de lo femenino, interpretando la relación que se establece entre los significados que se despliegan en los discursos sociales con la forma que estos asumen dentro de la puesta en escena teatral. Como señala Roland Barthes

> La teoría del distanciamiento y toda la práctica del Berliner Ensemble concerniente al decorado y a la indumentaria, plantean un problema semiológico declarado. Ya que lo que postula toda la dramaturgia brechtiana es que, al menos hoy, el arte dramático, más que expresar lo real, tiene que significarlo (Barthes, 112)

2. *Estrategias escénicas*

a. *El collage*

Como se establece al inicio del libro, el proceso de análisis semiótico permitió identificar que la gran mayoría de las obras analizadas se configuran a partir de una estrategia collage-montaje, la que, desde inicios del siglo XX, se ha presentado como una alternativa al modelo de representación tradicional, centrado en el ideal de unidad, totalidad y estabilidad. El *collage*, como procedimiento artístico, puso en tela de juicio la necesidad de buscar en las obras un contenido absoluto o incuestionable, ofreciéndonos diversas perspectivas para aproximarnos a un objeto. Esta operación (al igual que el acto de montar, que es propio de la producción cinematográfica), atenta contra los supuestos de unidad, linealidad y conclusión, desarticulando el modo a partir del cual tradicionalmente accedíamos al sentido de una representación. Y, como estrategia crítica, pasa por alto la necesidad de reproducir la realidad, apostando por un afán de descubrirla y cuestionarla, lo que se vuelve fundamental dentro de este enfoque, si pensamos que, dado que la definición de lo femenino se ha dado por sentada, este constructo exige una profunda revisión crítica.

Como se señala en mi libro sobre el *collage* (2005), este procedimiento artístico se articula en base a un principio metonímico, a partir del cual se mezclan diversos fragmentos extraídos de la realidad, lo que rompe con el ilusionismo realista, en la medida que los elementos se yuxtaponen y se ensucian entre sí. A partir de una trama fracturada, el *collage* plantea una nueva forma de entender la relación entre los elementos que se conjugan al interior de una obra, permitiendo que cada signo pueda ser interpretado independientemente y en relación a cada uno de los fragmentos que conviven dentro de este tejido. De este modo, la heterogeneidad que se produce con la mezcla de los elementos rompe la linealidad y continuidad del discurso, permitiendo que una imagen pueda significar algo totalmente distinto al ser cambiada de contexto, lo que, en el terreno de la representación teatral, se encuentra directamente vinculado con la posibilidad de interrumpir la realidad representada, para hacer más evidentes las contradicciones que ésta mantiene ocultas.

José Sánchez nos recuerda que las vanguardias alemanas y francesas se apoyaron en las artes plásticas, los espectáculos populares, la fotografía y el cine, para encontrar modelos constructivos afines a sus nuevos objetivos, momento en el cual la simultaneidad y la fragmentación se convirtieron en principios centrales de la escena moderna. Al respecto, establece:

> Contra el concepto de «fusión», Brecht propone los de «separación» e «interrupción», que conducen inevitablemente al «montaje». (Sánchez, 1999, 267)

Respecto de su aplicación en el teatro contemporáneo, Hans-Thies Lehmann (2013) utiliza el concepto de *collage escénico,* para referir a las rupturas y discontinuidades a partir de las cuales la representación teatral busca proporcionar a los espectadores un espacio presente, señalando que este espacio se estructura a partir de la interrupción y la fragmentación. Efectivamente, el carácter fragmentario del *collage* esquiva la posibilidad de un centro dentro de la representación, induciendo una *diseminación* constante de cada signo, lo que rompe la unidad del sentido y permite desarrollar diversas lecturas en relación a la trama que se produce a partir de las imágenes. Pero, aun así, cuando el *collage* se complementa de una operación de montaje brechtiano, los diversos elementos se articulan en función de la problemática central abordada por la representación, mostrando el carácter contradictorio que suponen las distintas perspectivas que se seleccionan para rearticular esta realidad. En relación a este punto, cuando Jacques Rancière se refiere al efecto artístico y político del *collage* y el montaje pone énfasis en el "impacto" que se produce sobre una misma superficie a partir de elementos contradictorios, señalando:

> El marxismo lo cooptó después para hacer perceptible, por el encuentro incongruente de elementos heterogéneos, la violencia de la dominación de clase oculta bajo las apariencias de lo ordinario y cotidiano. Ése fue el principio de la extrañeza brechtiana. (Rancière, 31)

Este tipo de operaciones se organiza en base a un modelo dialéctico, que funciona en relación a la triada Tesis-Antítesis-Síntesis, a partir de la cual se construye un diálogo entre los supuestos que están a la base de las situaciones que enfrentamos cotidianamente, y la violencia que ejercen las ideologías que se mantienen ocultas detrás de los fenómenos sociales. Esto se puede apreciar claramente en algunas de las obras analizadas -como *Otras*, *Cuerpos que hablan* o *Puta madre*-, en las que se puede identificar una fuerte influencia del teatro brechtiano, y el juego con las contradicciones, lo que, como señala Gricelda Pollock, involucran una nueva forma de hacer arte.

> Las nociones brechtianas del arte radical como una no unidad, como un collage/montaje polifacético que está abierto al juego de las contradicciones, inspiraron nuevas formas de hacer obras de arte. (Pollock, 294)

Pollock destaca las posibilidades que abrieron las propuestas de Bertol Brecht para un arte feminista, que ha sido crítico a los modos de representación dominantes, entregándonos pistas para rastrear la forma en que dichos códigos se articulan en la propia representación, lo que resulta crucial dentro de este enfoque. Y, en relación a las estrategias de distanciamiento, señala:

> Las prácticas desidentificatorias refieren a las estrategias para desplazar al espectador de una posible identificación con los mundos ficcionales e ilusorios que ofrecen el arte, la literatura y el cine, perturbando la «danza de la ideología» que nos involucra y nos pone de parte de los regímenes opresivos de clase y de clasificaciones y posicionamientos sexistas, heterosexistas y racistas. (Pollock, 279)

Desde esta perspectiva, resulta sumamente valorable y destacable que arte contemporáneo haya buscado maneras de distanciar la feminidad, inscribiendo un discurso de -y desde- lo femenino, lo que se presenta como una serie contradictoria de posiciones "prestadas" para las mujeres. Al respecto, Gricelda Pollock (2013) nos ayuda a comprender el modo en que las estrategias brechtianas fueron aplicadas por el arte feminista de los años ´70, partiendo por distanciar nuestra noción de lo femenino, para luego poder abordarla desde una perspectiva crítica. Por su parte, Teresa de Lauretis (1992) también reconoce que el programa brechtiano dio la posibilidad de liberar la mirada, tanto en su materialidad temporal como espacial, actuando en contra de las estrategias que nos presentan a la Mujer como objeto de la mirada, en cuyo marco la representación se encarga de producir la forma en que su imagen ha de ser contemplada. En cambio, las estrategias brechtianas buscan que la representación nos distancie de lo que se ve, en función del énfasis que se pone en el cómo se ve, lo que, como analizábamos en el apartado anterior, se debe relacionar con la relevancia que asume la forma de mostrar dentro del Teatro político.

En el caso del *collage escénico*, este efecto se relaciona con la posibilidad que abrió esta estrategia para modificar la narratividad propuesta por la poética aristotélica y para alterar el encuadre ofrecido por la "caja a la italiana", todo lo cual afecta la percepción habitual que tenemos respecto de un objeto y, con ello, permite movilizar nuestra noción de lo que dicho objeto representa. En el marco de nuestro enfoque, este desplazamiento nos dirige a la forma en que la operación collage-montaje logra perturbar la representación tradicional, unívoca y totalizadora, que la cultura patriarcal ha producido respecto de lo femenino. Tengamos presente que el *collage* se caracteriza por la primacía de lo múltiple y por el valor de lo simultáneo, fragmentando tanto el espacio como el tiempo, lo que abre el sentido en múltiples direcciones.

A nivel temporal, esta estrategia desarticula el modo lineal de construir un relato, ofreciéndonos diversos puntos de vista de un objeto, lo que permite la convivencia de dimensiones contradictorias respecto de una misma realidad, es decir, evita que el sentido se organice de manera unívoca y estable, lo que abre varias posibilidades para entenderlo. Y, dado que el *collage* pone a nuestra disposición percepciones que contradicen las expectativas que convencionalmente tenemos sobre un objeto, esta estrategia saca a la luz las pre-concepciones con las que habitualmente lo abordamos, al mismo tiempo en que se iluminan otras dimensiones del objeto en cuestión; en este caso, respecto de la definición social de lo femenino. Por ejemplo, el montaje de *Xuárez* surgió de la intención de revisitar el relato que nuestra sociedad ha construido respecto a Inés de Suárez, conjugando varios de los mitos que giran alrededor de este personaje, lo que también significó deconstruir muchas de las creencias que giran en torno a los roles que culturalmente se definen como "femeninos". Ante ello, la estrategia *collage* resultó sumamente pertinente para indicar que la identidad femenina nunca es unitaria, lineal, coherente ni estable, como la cultura patriarcal nos ha hecho creer, frente a lo cual se ponen en evidencia muchos de los prejuicios que se tienen sobre las mujeres.

Xuárez, Dark, Matria, Otras, Cuerpos que hablan y *Paisajes para (no) colorear,* se encuentran divididas en varios fragmentos, relativamente autónomos, los que rompen la linealidad espacio-temporal, para mezclar diversas perspectivas en torno al tema de lo femenino. En el caso de *Matria,* el montaje conjuga algunos aspectos de la biografía de Javiera Carrera con elementos ficcionales, relacionados con el amor, la maternidad y la sexualidad, permitiéndose saltar libremente desde el contexto histórico de este personaje hasta la sociedad contemporánea, para desplegar diversas problemáticas relacionadas con la representación social de lo femenino. Por ejemplo, en el segundo cuadro de la obra nos encontramos a una Javiera Carrera quinceañera, que se cuestiona los límites que se le impone a la Mujer en la sociedad de su época. El tercer fragmento continúa con este tema, pero a través de una joven contemporánea, quien baila una canción de reggeatón, mientras le explica al público los problemas que deberá afrontar a causa de un embarazo no deseado. Posteriormente, la nueva madre será reclutada por un grupo de mujeres, quienes protagonizarán un cuadro titulado "Coro de madres", donde se abre una discusión acerca del modo en que nuestra sociedad concibe el rol materno.

Matria. Foto cortesía de Camila Rebolledo

Como se puede apreciar, el carácter *collage* de *Matria* se acomoda perfectamente con el dinamismo que requieren los constantes cambios de escena, lo que se complementa con la presencia de un marco barroco, de color dorado, a partir del cual la representación se desplaza libremente entre el siglo XVIII y la sociedad contemporánea. Esto resulta consistente con el sentido histórico en que se basa este montaje, pero también, con la posibilidad de que las intérpretes puedan entrar y salir del marco de la representación, ayudándonos a entender que cualquier elemento que se sale de nuestro "marco de referencia" produce un desajuste en la forma que tenemos de mirar y enfrentar el mundo; en este caso, la figura de Javiera Carrera. Como nos señaló la directora del montaje, la elección del *collage* como estrategia escénica nació de la necesidad de "mostrar pinceladas de distintas cosas", en función de las cuales se pudiera repensar la idea de la Mujer que la sociedad ha mantenido por más de 200 años. Y, en este sentido, la elección del personaje de Javiera Carrera, como elemento central del relato, respondió al interés de la compañía por traer personajes del pasado al presente, con el fin de analizarlos, cuestionarlos e interpelarlos, lo que resulta posible en la medida que el *collage* permite atentar contra la linealidad espacio-temporal y mezclar algunos aspectos de la biografía del personaje con elementos ficcionales, generando diversas e interesantes conexiones entre un cuadro y otro.

Puta madre, por su parte, recupera el carácter episódico del teatro brechtiano, pero lo mezcla con elementos del teatro realista, lo que es una característica del arte contemporáneo y de la estética de Ernesto Orellana, el director del montaje. En el primer cuadro de la obra, emerge la figura de una mujer vestida con una bata blanca transparente, ubicada al costado derecho del escenario, quien presenta un maquillaje que hace referencia directa a la performer chilena Hija de perra, todo lo cual acontece mientras ella declama un conocido Manifiesto de Pedro Lemebel, lo que, como es propio de la operación collage-montaje, produce un juego intertextual, donde los signos se cruzan y se abren en múltiples direcciones. La escena se va a negro durante algunos instantes, hasta que se escucha el sonido de una máquina de efectos especiales, que impregna de humo todo el escenario, el cual se ha teñido completamente de rosa, para darle forma una especie de ensoñación trágica. En este momento, emerge la figura de una mujer joven, arropada con algunas telas, quien hará referencia al mito de

Fedra, lo que permitirá introducir una nueva premisa dentro de la representación: el deseo de una mujer por seducir a su hijastro. Posteriormente, la escena nos remitirá a la época actual, trasladándonos al hogar de una familia marginal chilena que, de diversas formas, también transgrede los principios morales impuestos por la sociedad patriarcal. Después de esta presentación, la historia de la familia que protagoniza el relato se desarrollará de manera lineal, a lo largo de todo el montaje, pero será interrumpida por algunos cuadros que crean alusiones a otros textos, o bien, que nos remiten al pasado de la protagonista, generando una trama fragmentada, que contiene diversas referencias y posibilidades de lectura.

Algo similar ocurre en *Yo también quiero ser un hombre blanco heterosexual*, que también utiliza la estrategia *collage* como método de articulación de la puesta en escena, pero tiene la particularidad de hacer convivir los saltos temporales con algunos elementos del teatro aristotélico, desarrollando una reflexión sobre la representación teatral en relación a la problemática del tiempo. En este caso, la idea de simultaneidad, que es propia del *collage*, se relaciona con la posibilidad de mirar a los personajes desde distintas perspectivas temporales y, al mismo tiempo, profundizar en algunos episodios del proceso que les ha tocado vivir. Y, en este sentido, mientras se va desarrollando linealmente la historia de la protagonista, se yuxtaponen algunas escenas que antecen a las acciones que configuran la trama central de la obra, lo que permite desplegar otras capas de los personajes, y descubrir nuevas dimensiones de ellos. Este elemento asume un carácter metafórico, si consideramos que este es un montaje caracterizado por moverse entre múltiples máscaras, espejismos y disfraces, develando diferentes capas de la realidad representada por los personajes.

Al pacino también aplica la operación *collage*, permitiendo que distintos elementos irrumpan en el flujo de la acción, y abriendo la posibilidad de que el sentido estalle en múltiples direcciones, todo lo cual le da un tono más contemporáneo a este recurso. Al respecto, cabe destacar la introducción de textos en distintos idiomas, lo que permite que el significante de la palabra se libere del significado y produzca una especie de coro vocal, todo lo cual amplía las posibilidades comunicativas del lenguaje y, a su vez, actúa de modo coherente a la intertextualidad que el montaje propone y explora. Esto también se puede apreciar en el modo en que se organiza la dimensión simbólica del vestuario, teniendo en consideración que éste integra una serie de símbolos relacionados con la brujería, lo que produce múltiples y diversos sentidos, los que se conjugan con la fuerte presencia de los gestos y los sonidos que surgen del cuerpo. En conjunto, estos -y otros- elementos estéticos presentes en este montaje nos empujan en una especie de silencio, que se produce en medio del exceso de signos que se disponen sobre el escenario, lo que se puede apreciar claramente en un cuadro en que una situación de violencia dirigida hacia el personaje femenino se cruza con un texto extraído de la película *The shining*. El relato visual cambia radicalmente de sentido cuando la frase "come with me to want to live" va produciendo un *in crescendo* alucinante, a partir del cual la mezcla de los textos genera nuevas textualidades, las que, a su vez, invaden todo el espacio, todo lo cual le da un tono sumamente contemporáneo a la aplicación del principio collage.

b. Síntesis espacial

En relación al espacio escénico, otro elemento común a la mayoría de las obras analizadas es su *despojamiento espacial*, lo que, en íntima relación a las prerrogativas que ofrece el formato collage, permite ir introduciendo elementos que pueden reconstruir la escena de manera constante, lo que da la posibilidad de articular diversas perspectivas respecto de la realidad representada. Por ejemplo, *Al pacino* se desarrolla en un espacio muy limpio, donde solo se aprecia una hilera de *flight ca*se y una serie de contenedores, de entre los cuales surge la presencia de un ser extraño, oculto detrás de una máscara. Presentándose como un dispositivo fundamentalmente visual, este ejercicio escénico explora en la luz, el sonido, las voces, los gestos y los movimientos, transformando al cuerpo en el protagonista de la representación, pues, como señala la directora

> La escenografía no era una escenografía, si no que objetos que se ponían en el espacio, para poder hacer actos de

magia. (...) Esa precariedad nos parecía interesante como defensa de algo. (Ana Luz Ormazábal)

En relación a este punto, cabe destacar que la directora de *Otras* comentó que el diseñador Daniel Bagnara le propuso posicionarse a partir de una "Estética de la precariedad", asumiendo que ésta se adhería perfectamente bien, tanto al planteamiento escénico de la compañía como al planteamiento político de la obra. Y, en relación a este punto, establece:

> Lo que a nosotros nos interesaba eran las operaciones... en cómo están puestas las escenas (en lo que se está jugando en ellas), más que una pretensión super, mega, estetizada. (...) Tiene que ver con la precisión y la síntesis de los elementos... cómo son elegidos esos elementos... sí van a tener un algo que decir, algo fundamental para poder completar eso que se quiere decir discursivamente. (...) En este sentido, una Estética de la precariedad también apelaría a una economía del gesto o del material, en todos sus ámbitos, en la síntesis y también en su materialidad, pero también en el servicio a la puesta común... a la puesta en escena. (Patricia Artés)

La puesta en escena de *Otras* se organiza sobre un espacio limpio y simple, articulado a partir de una estructura móvil, compuesta por tres paneles adaptables, los cuales se cubren de diversas formas en cada una de sus caras, para situarnos en distintos contextos, históricos y culturales, lo que permite que los personajes transiten por un parque, un living o la cocina de una casa. El carácter sintético del espacio escénico se complementa con el diseño del vestuario, cuya base está conformada por jeans, zapatillas negras y una polera gris, lo que resulta dúctil para representar las diversas situaciones que se ponen en escena pues, al igual que ocurre en *Matria* -cuya base está conformada por un enterito color piel-, las intérpretes irán incorporando prendas y accesorios que, sintéticamente, permiten aludir al contexto en el que se desarrollará la acción.

Otras. Foto cortesía de Macarena Rodriguez Rosas

Otras. Foto cortesía de Macarena Rodriguez Rosas

La escenografía de *Matria* también está compuesta por una serie de plataformas móviles que, al igual que en *Otras*, son reubicadas dentro del espacio por las mismas intérpretes, lo que permite alcanzar el dinamismo que requieren los constantes cambios de escena. De esta forma, el montaje rompe con la convención que establece que el teatro debe generar una ilusión de realidad, pero, aun así, la puesta en escena se encarga de activar el carácter simbólico de algunos signos, proponiéndonos una síntesis visual de las premisas que se buscan analizar. En este sentido, el protagonismo que asume el marco barroco que organiza la dimensión temporal y espacial de la puesta en escena se presenta como una síntesis de la tesis que establece que la realidad no es más que una representación, poniendo en tensión la hegemonía de cierto tipo de creencias, lo que se produce en la medida que el marco se desplaza, se tumba o se desestabiliza, a lo largo de la representación.

Matria. Foto cortesía de Diego Ayala

En *Otras*, la estructura que permite configurar los diferentes espacios por los que transita la representación le concede un sentido de unidad a los diversos cuadros, devolviéndonos siempre a la premisa central del montaje, lo que, a su vez, se presenta como una metáfora de las grandes estructuras que sostiene a nuestra sociedad.

> Esta estructura se manipula y fragmenta, y a la vez entrega la sensación de un todo... de un mundo problemático. (Patricia Artes)

Este punto encuentra una relación directa con el modo en que Bertol Brecht concebía la aplicación del método dialéctico, principalmente si consideramos que

> Para alcanzar a entender la dinámica de la sociedad, este método trata las condiciones sociales como procesos, y los entiende como contradictorios. Para este método, todo existe transformándose, es decir, estando en desacuerdo consigo mismo. (Brecht, 2019, 42)

Cuerpos que hablan, por su parte, también se desarrolla sobre un escenario totalmente limpio, configurado -y reconfigurado- a través de una maquinaria móvil, que permite evocar diversas situaciones. La estructura está compuesta por cuatro plataformas independientes, las cuales cuentan con ruedas en sus tres vértices, lo que le permite transformarse en una especie de panel. Estos paneles incluyen un sistema de malla, tejida con hilos elásticos, la que, gracias a unas guías que se pueden subir o bajar, permiten crear distintas tramas, todo lo cual abre la posibilidad de producir múltiples y diversas imágenes en escena. Al igual que en *Dark*, donde una serie de imágenes en vivo se intercalan con cápsulas audiovisuales que se proyectan en el fondo del escenario, la puesta en escena de *Cuerpos que hablan* tiene como referencia la alegoría de la caverna de Platón, a partir de la cual este tejido actúa como un velo, permitiendo que las figuras de lo femenino que se despliegan en escena se presenten fundamentalmente como representaciones.

> El panel (se presenta) como un constructo de realidad, por el cual uno puede ver... y el tejido que tiene, a medida que se va abriendo, también va develando... y uno va entendiendo un conocimiento. (Juan Pablo Rosales)

Como podemos apreciar en estos ejemplos, la síntesis espacial y el collage, como estrategias de distanciamiento, buscan torcer nuestra mirada respecto de la realidad y, con este marco, los elementos escénicos nos permiten reflexionar sobre los prejuicios que portamos sobre el tema de lo femenino. Y, en este sentido, no podemos perder de vista que el sonido, la música, las canciones, las coreografías, las plantas de movimiento, la iluminación o el vestuario, también cumplen un papel relevante para desarrollar una mirada crítica frente las ideologías asociadas al género, lo que reviste un papel determinante en este enfoque, centrardo en la dimensión escénica de la representación teatral.

c. Colores y formas

Aunque en el teatro contemporáneo los colores y las formas lograron independizarse del texto, en el Teatro político podemos apreciar que la dimensión visual de la representación se pone al servicio del contenido de la obra, ayudando a reforzar las denuncias que el texto introduce dentro de la representación. Como señala Lehmann (2013), cuando el teatro comenzó a plantearse como una elaboración concreta del espacio, el tiempo y la corporalidad, elementos como el color, el sonido y el movimiento recuperaron su autonomía -su poesía y su poder-, pudiendo escapar del imperativo lógico-lingüístico de la identidad. Pero, actualmente, la *dramaturgia visual* convive con la posibilidad de una configuración entre el texto, el cuerpo y los recursos escénicos, lo que permite producir múltiples tensiones al interior de la representación. De tal modo, los objetos, los colores, los sonidos o las relaciones espaciales, cuentan con la capacidad de producir una compleja red de alusiones, ofreciéndonos una composición visual que responde a una causalidad determinada, coherente con la problemática central de la obra.

En relación a este punto, debemos destacar la forma en que los colores aportan a subrayar la crítica que el Teatro feminista chileno introduce en relación a las representaciones vinculadas al género, señalando que gran parte de las obras analizadas producen una fuerte presencia de los colores rojo y rosa, los cuales se instalan a nivel del vestuario, la escenografía y la iluminación, como signos que nos remiten directamente a la representación social de lo femenino. Ya sea a partir del rosado, que tradicionalmente se asocia a la feminidad y la inocencia, o de ese rosa que trae consigo la osadía, el atrevimiento y la audacia asociadas tradicionalmente al rojo, estos signos resultan determinantes a nivel escénico, como expresión de aquello que hemos denominado *dramaturgia de lo femenino*, concebida a partir de los planteamientos que Lehmann desarrolla respecto de la *dramaturgia visual* del teatro.

La conexión entre estos signos y la representación social de lo femenino también se puede interpretar en la relación al simbolismo de estos colores respecto del mundo del amor y el romanticismo, como también, en la manera en que el rojo connota la idea de pasión y fuerza, a partir de lo cual se intenta rearticular nuestra noción tradicional de lo femenino. Como ejemplo de ello, *Puta Madre* se valdrá del color rosa para convocar -a través de Cleopatra, hija de la protagonista- las figuras ideales de lo femenino, lo que se contrastará con la fuerza y el descaro de la madre, quien en todo momento estará cubierta por el color rojo. Paralelamente, la puesta en escena se mantendrá dentro de estas tonalidades, para producir una atmósfera de sensualidad y erotismo, que se conjuga con un ambiente trágico, de peligro y amenaza, que también estará representado con el color rojo. Esto también se puede apreciar en *Sentimientos*, donde el mundo público no resulta visible para los espectadores, pero sí se divisa cuando se abre la puerta principal de la casa, y se introduce la fuerte presencia del color rojo, el que también hará ingreso en escena a través del personaje de Joana. De una y otra forma, el rojo nos remite al peligro de ese afuera irrepresentable, a la vez que alude a la pasión y el deseo representado por la protagonista de la obra, lo que, al igual que en *Puta Madre,* redefine nuestra noción de lo femenino.

Puta madre. Foto cortesía de Ernesto Orellana

En el segundo cuadro de *Puta madre,* que se configura a partir de una iluminación muy intensa y de un espacio saturado de humo, nos encontramos frente a una especie de epifanía, producida a través de un cuerpo que se mueve efusiva y sensualmente. De esta forma, irrumpe en escena el mito de Fedra, que será encarnado por una mujer cubierta por un vestido blanco y largo que, a causa de la intensa iluminación rojiza, se presenta como un cuerpo dispuesto a corromper la moral impuesta por los hombres. Después de esta fuerte imagen, el escenario se va a negro, para reconfigurar la escena, la que se dispondrá durante el resto del relato en la forma de una media agua, repleta de adornos colgantes -como calaveras, ajís y figuras religiosas-, a partir de los cuales se produce un predominio del color rojo, que también asume un papel relevante a nivel del vestuario, todo lo cual le da un tono especial a la transgresión moral representada por la familia que protagoniza la obra.

La protagonista es una mujer de pelo corto y rojo, quien viste botas rojas hasta las rodillas y un diminuto body rojo, el que expone gran parte de su cuerpo, todo lo cual nos remite a la pasión, la sexualidad y la fuerza, que su rol representa en escena. La potencia del rojo será confrontada con los tonos rosas con que Cleopatra deja entrever su inocencia y feminidad, presentándose como una mujer que sigue los ideales que tradicionalmente giran en torno a lo femenino. Para reforzar este punto, al inicio de la obra la hija de la protagonista se introduce en escena mientras se libera de su vestimenta de "trabajo", cambiando su falda azul por otra de color rosado, lo que se puede interpretar como una liberación de las exigencias que le impone el mundo de la prostitución callejera, a la que ella se encuentra sometida.

Puta madre. Foto cortesía de Ernesto Orellana

En *Otras* también podemos apreciar la constante presencia de tonos rosas, los que conviven con algunos detalles morados, que nos remiten al impulso feminista que se encuentra en la base de este montaje. El rosado, por su parte, se puede apreciar en distintos cuadros de la obra, como aquellos denominados "La madre", "El amor" y "La familia". Este último cuadro se vale de los juegos infantiles para representar distintos tipos de familia, donde todas las niñas que participan de estos juegos portan una falda rosada. Este elemento se complementa de una serie de objetos -como las tacitas de té, los estuches, la ropa de muñecas o las mochilas- que serán utilizados para remarcar la presencia del color rosado, el que se presenta como un estereotipo asociado directamente a la noción tradicional de lo femenino. A estos elementos se suma el papel que cubre los bloques que componen la estructura móvil que sirve de base para la escenografía, los cuales también asumen tonalidades rosadas en estos cuadros, mientras la iluminación reviste de un rosa furioso todo el espacio escénico.

Como se ha comentado previamente, en el cuadro denominado "El amor" una mujer de cabellos largos y rosados se dispone en una mesa provista de una serie de accesorios de color rosa, en espera de una cena romántica, preparada acuciosamente para su pareja. La imagen del amor romántico se refuerza a través de una escena bañada con una luz rosa, a través de la cual se señala tácitamente la presencia de los ideales románticos que pesan sobre las mujeres. Algo similar se puede apreciar al inicio de *Cuerpos que hablan*, donde se observa la figura de una mujer madura, inserta en un pequeño cubículo, donde realiza una serie de acciones vinculadas a la limpieza, mientras entona una canción de Paloma San Basilio. Este lugar está iluminado con una luz cálida, de tonos rosas, a partir de la cual se evoca un ambiente íntimo, que nos remite a mundo del hogar y la maternidad, en cuyo centro se ubica un pequeño televisor, que se dispone sobre el suelo. En ambos montajes, este elemento hace alusión a la fuerte presión que ejercen los medios de comunicación en relación a los modelos femeninos que la cultura patriarcal les impone a las mujeres, lo que se ve reforzado a partir de una iluminación con clave rosada.

En *Matria* también se pone en escena la influencia que ejercen los medios de comunicación entre las mujeres, como también, el lugar privilegiado que asume el color rosado para representar el mundo de lo femenino. Como se ha señalado previamente, el vestuario de este montaje tiene como base un enterito color carne, que se complementa con la paleta de colores pastel que posee toda la escenografía, lo que teñirá de un tono rosa el mundo creado por la representación. *Yo también quiero ser un hombre blanco heterosexual* también produce una fuerte presencia de color rosado pastel, lo que se expresa a través de los vestuarios y la iluminación, ya que todos los cuadros que transcurren en la parte superior del escenario están teñidos de una luz de este color, lo que, según el director de la obra, permite instalar un espacio de fantasía y ensoñación, que sirve de contraste a la violencia que traerá consigo la representación.

Matria. Foto cortesía de Diego Ayala

De manera similar a lo que ocurre en *Matria*, la idea de desnudez que se produce a través del vestuario genera un contraste con el carácter de los personajes que protagonizan *Yo también quiero ser un hombre blanco heterosexual*, todos los cuales visten de rosado y, simbólicamente, nos remiten a la idea de un disfraz. La fuerte presencia que asume el color rosado en este montaje se relaciona con la intención de remarcar los estereotipos que giran en torno a la oposición binaria que históricamente ha configurado la relación entre los géneros, considerando que el rosa hace referencia a la sensibilidad, dulzura, coquetería y fragilidad, que la cultura le ha atribuido a las mujeres. Por ejemplo, Dolores -la esposa de el/la protagonista- porta una bata rosada, que cubre gran parte de su cuerpo, lo que nos remite visualmente a la figura de lo femenino representada por este personaje, la que asume un tono paródico a partir de la larga peluca rubia y los altos tacones que completan su vestuario. Presentándose como marcas de feminidad, estos signos, en conjunto a su avanzado embarazo, aluden a los ideales culturales asociados a lo femenino, lo que se recalca en la medida que la interpretación se encarga de enfatizar la debilidad intelectual, la fragilidad y la frivolidad de este personaje.

En *Paisajes para (no) colorear* también se ponen en escena los estereotipos, valores e ideales, que pesan sobre los cuerpos de las mujeres, en este caso, de las adolescentes. Como elemento de síntesis, este montaje le da un lugar central a una imponente casa de muñecas rosada, que se complementa con una mesa y un par de sillas del mismo color, todo lo cual se ve realzado por la luz que, desde la casa, tiñe de rosa todo un costado del escenario. Por otro lado, el rosa también asume un papel relevante a nivel del vestuario, lo que se puede apreciar en un cuadro en que, como se ha comentado previamente, un conjunto de mujeres irrumpe sobre el escenario para enunciar el discurso que caracteriza a las capas más conservadoras de nuestra sociedad. Dentro de otras cosas, este discurso plantea la forma adecuada en que deberían vestirse las "niñitas", lo que cobra cuerpo sobre el escenario cuando ellas cubren a una de las intérpretes con un vestido blanco y un abrigo rosado, a partir del cual se instala la presencia de uno de los principales estereotipos que giran en torno a lo femenino.

Por contraste a la fuerte presencia del color rosado, otro de los elementos que comparten las obras analizadas es el carácter lúgubre de la iluminación, que mantiene una atmósfera oscura y triste, caracterizada por los tonos fríos, lo que se puede apreciar en *Xuárez, Dark, Matria, Otras, Cuerpos que hablan, Paisajes para (no) colorear, Puta madre, Yo también quiero ser un hombre blanco heterosexual* y *Al pacino*. Este signo se puede interpretar en relación a la oscuridad representada por los valores y las normas que han limitado -y castigado- el lugar de la Mujer dentro de la cultura, exponiéndonos a constantes situaciones de marginación y violencia. En *Paisajes para (no) colorear* el cruce entre ambos elementos se puede apreciar claramente, si consideramos que la casa de muñecas rosada se presenta como un lugar que mezcla el juego con el adoctrinamiento, lo que, dentro del proceso de creación, se planteó como un símbolo para representar la coexistencia de un mundo rosa dentro de un mundo gris, todo lo cual se puede reconocer a través del tono de la iluminación. Esta tensión también se expone a través del diseño escénico, pues el mundo de juegos y sueños, representado por la casa de muñecas, se instala al interior de un sitio eriazo, que simboliza el peligro que recae sobre las mujeres en las calles de nuestro país.

Paisajes para (no) colorear. Foto cortesía de GAM/ Jorge Sánchez

Esta casa de muñecas tiene varias acepciones, interesantes para este análisis, pues nos remite a la inocencia de las niñas, quienes juegan ingenuamente a representar roles adultos, lo que, como subtexto, nos habla de la forma en que ellas son condicionadas para acomodarse al lugar que la cultura patriarcal ha definido para las mujeres. En la entrevista realizada el día 4 de noviembre del año 2020, el director de la obra establece:

> Semióticamente (la casa de muñecas) puede tener dos lecturas: representa este mundo que se crea, donde tienen que jugar a ser madres... jugar a ser dueñas de casa, a limpiar. Pero, por otro lado, tiene este otro mundo rosa, este mundo feliz, este mundo donde no hay violencia, donde todo es paz y amor. Eso representa simbólicamente la casa de muñecas. (Marco Layera)

Al respecto, una de las intérpretes, que también participó de la entrevista, señala:

> Resignificamos muchos conceptos, como el de ser adolescente, que se siente como una persona que no sabe, que es desinformada... Damos vuelta el concepto de adolescente y damos vuelta el concepto de la casa. (Daniela López)

Esto también se puede apreciar en *Yo también quiero ser un hombre blanco heterosexual*, donde el color rosado pastel, que caracteriza a las escenas que se ubican en el nivel superior del escenario, tiene como función estilizar la representación, produciendo un mundo de fantasía que, como señala Manuel Morgado, actúa como una "trampa visual". En contraste al tono oscuro con que se inicia y termina la representación (que casi impide que el público pueda apreciar lo que ocurre en escena), el rosado produce una resignificación de la ilusión que guía a la protagonista de la obra, quien viste de rosa en el momento en que ha logrado convertirse en un hombre blanco. De esta forma, se enfatiza el derrumbe que experimentará el mundo de mentiras y engaños representado por la "familia feliz" que ella ha creado. Y, en este sentido, el rosado permite contrarrestar, pero también enfatizar, la violencia -sexual y racial- que se encuentra a la base de ese montaje.

En *Al pacino*, por su parte, toda la acción se desarrolla en un escenario que se encuentra casi en total oscuridad, la que solo se quiebra con la irrupción de una tenue luz blanca, a partir de la cual los extraños cuerpos que se desplazan en escena nos introducen en ese mundo oculto, representado por las potencias desconocidas de nuestro organismo. Por ello, llama la atención que en el último cuadro de la obra aparezca un hombre vestido de rosa, cuya presencia rearticula completamente el marco en que se había desarrollado la trama. Este hombre se introduce en escena para entonar la canción *Analog man*, haciendo referencia al anhelo de la ciencia por producir una mujer perfecta, lo que asume un tono bastante sarcástico a partir de la irrupción de una luz rosada, que se imprime intensamente sobre el cuerpo del performer, quien, al igual que la dj y una de las intérpretes, porta un vestuario conformado por un traje rosado, metálico y brillante, que parece aludir a una realidad futura, donde se pueden concretar los ideales maquínicos de la ciencia ficción.

Con imagen podemos remarcar la importante función que asume el vestuario dentro de las obras analizadas, subrayando que en todas ellas este recurso escénico se pone a disposición de la crítica que instala el Teatro feminista sobre los estereotipos y prejuicios que giran en torno a las mujeres. Y, en relación a este punto, debemos destacar el relevante papel que cumple la falda para poner en escena las figuras tradicionales de lo femenino, al mismo tiempo en que este signo instala una crítica a la forma en que la cultura patriarcal ha modelado y controlado el cuerpo de las mujeres. Por un lado, la falda produce una silueta que se asocia inmediatamente con la figura de una mujer, respondiendo a los lugares comunes que giran en torno a lo femenino. Pero, también se plantea como un elemento capaz de condicionar el movimiento y la expresión de los cuerpos, lo que permite denunciar el modo en que la cultura se las ha arreglado para imponer un estilo corporal concebido como "femenino", el que, dentro de la representación, actúa por contraste a la libertad representada por el vestuario masculino.

En *Xuárez*, por ejemplo, cuando la protagonista se posiciona de su rol de mujer, se pone una falda larga de cuero sobre los pantalones, lo que bastará para representar aquello que la cultura define como femenino. Pero, aralelamente, la presencia de la falda permitirá producir un cruce respecto de las definiciones tradicionales del género, lo que se aprecia claramente en los cuadros en que Pedro de Valdivia también aparece vestido con una falda; imagen que actúa por oposición al carácter que asume Inés en los momentos en que se presenta en escena portando una armadura. En *Matria*, por su parte, cada época representada configura su propio tipo de falda, las cuales se diferencian a partir de la silueta, el largo y la rigidez de la tela, todo lo cual permite mostrar la forma en que lo femenino ha cobrado cuerpo a lo largo del tiempo, lo que asume un papel relevante dentro del montaje. A su vez, el modo en que cada falda moldea el cuerpo de las intérpretes, logra exponer los condicionamientos que históricamente han definido la forma femenina, poniendo en evidencia las restricciones que este tipo de vestuario les impone a los cuerpos de las mujeres.

Matria. Foto cortesía de Camila Rebolledo

En *Otras,* las faldas también se utilizan para sintetizar el sexo y la clase social de los personajes, como también, el contexto histórico en que se instala cada situación, haciendo referencia a los principales modelos femeninos de cada época o contexto social. Un ejemplo de esto se puede apreciar en el cuadro denominado "El Voto", donde una de las actrices utiliza una falda larga, un cuello con volantes y un par de joyas, valiéndose de estos recursos para señalar, sintéticamente, la presencia de una mujer de la aristocracia chilena, de principios del siglo XX, lo que se reforzará con el tipo de gestos y el tono de voz que asume el personaje. La acción se inicia cuando la empleada de la casa, quien mantiene la misma silueta de un grupo de obreras que se presentaron en el cuadro anterior, trenza el pelo de la jovencita que protagonizará esta escena, quien será vestida con los mismos atavíos que porta su tía. En este contexto, la falda connota los ideales que pesaban sobre "una niña bien", a principios del siglo XX, por lo que la joven se rehusará a utilizarla, dando paso a un discurso que manifiesta su crítica frente al modelo femenino que imperaba en esta época. En este momento, la joven se sacará la falda y desarmará su peinado, equiparándose con la silueta de la empleada, todo lo cual se encarga de mostrar el cambio de mentalidad que se produjo a inicios del siglo XX, por influencia del feminismo, cuya presencia se subraya a través del papel morado que cubre uno de los paneles que componen la escenografía.

Otras. Foto cortesía de Macarena Rodriguez Rosas

d. Cuerpos que bailan: canciones y coreografías

En este montaje, como también en *Matria, Cuerpos que hablan* y *Paisajes para (no) colorear*, los cambios de escenografía son realizados por las propias actrices, lo que, además de constituirse como un elemento de distanciamiento brechtiano, también parece señalar que estas mujeres no requieren de la ayuda de otros para organizar el mundo que las rodea, lo que resulta particularmente sugerente en el cuadro que acabamos de describir, donde esta acción resulta coherente con el tono feminista del discurso pronunciado por la protagonista. Como hemos señado previamente, la fuerte presencia que asumen los cuerpos dentro de las obras analizadas es un elemento central de estos montajes, lo que nos permite hipotetizar que, dentro del Teatro feminista chileno, el rol que asumen los cuerpos femeninos se plantea como un elemento medular de su propuesta estética, lo que se remarca en función de la libertad y firmeza con que estas mujeres se desplazan en escena.

Paisajes para (no) colorear. Foto cortesía de GAM/ Jorge Sánchez

En relación a este punto, debemos señalar que otro de los procedimientos escénicos distintivos de las obras analizadas son los *cuerpos que bailan*, los cuales se inscriben en escena asumiendo el carácter de un planteamiento político. Un cuerpo que baila se revela como una forma de expresión y liberación, que actúa en contra de una cultura altamente represora, dentro de la cual se ha presentado al cuerpo, principalmente a los cuerpos femeninos, como la dimensión impropia del sujeto. A su vez, un cuerpo que baila genera un cortocircuito en las estrategias representacionales tradicionales, lo que hace emerger una dimensión vital e irrepresentable, que resulta clave en nuestra comprensión de lo femenino. Esto nos lleva a considerar que el solo hecho de que el cuerpo femenino se materialice sobre el escenario activa su potencial de *presencia*, a partir del cual la puesta en escena introduce esa dimensión caótica y peligrosa que tradicionalmente se ha asociado a lo femenino, lo que, a su vez, rearticula el sentido implícito en la relación que la cultura patriarcal ha construido entre las mujeres y el cuerpo.

La fuerte presencia de los cuerpos se ve acentuada a través de una serie de coreografías y canciones, que intervienen sobre el relato, amplificando las posibilidades de comunicación de la escena, lo que también nos permite subrayar la relevancia que asumen de las estrategias de distanciamiento en el Teatro feminista chileno. Como señala Bertol Brecht,

> Un teatro que opera del todo dentro del *gestus* no puede prescindir de la coreografía. Hasta la elegancia de un movimiento y la gracia de una formación generan distanciamiento. (Brecht, 2019, 59)

Matria, Otras, Cuerpos que hablan, Paisajes para (no) colorear y *Puta madre*, son interesantes ejemplos del modo en que los bailes y la coreografías se integran en escena, como elementos determinantes de su lenguaje, a través del cual se puede apreciar el papel que cumple la estrategia misma del mostrar. En *Matria*, la primera canción que se escucha es *Candy*, de Plan B, la cual será bailada y disfrutada por una joven embarazada, connotando el estilo de vida, relativo a la diversión y el placer, que la joven deberá abandonar, forzosamente, cuando se convierta en madre. Otro momento en que una canción toma protagonismo es en el cuadro "Corriente de la conciencia", donde el caos que surge en la cabeza de Javiera Carrera, ante su decisión de apoyar la causa patriótica, se expresa en la mezcla que se produce entre una actriz que canta la canción *I will survive* -de Gloria Gaynor-, una voz que entona *Fuera de mi vida* -de Chico Trujillo- y una tercera actriz que canta *Ay amor* -de Myriam Hernández-, cada una de las cuales hace referencia a los distintos modos de afrontar un quiebre emocional. Finalmente, durante la transición del octavo al noveno cuadro, se escucha *La chica de humo,* de Emmanuel, momento en el cual una de las mujeres se pondrá a bailar descontroladamente al ritmo de la canción que, dado que nos habla de una mujer que se "evapora", nos remite a la inminente partida de Javiera Carrera desde Chile a Argentina. Con estos elementos, podemos dar cuenta del papel sintético que cumplen las canciones, considerando que éstas concentran todo un relato en algunos gestos o imágenes, lo que se suma al tono marcadamente femenino que cada una de las canciones introduce en escena.

En *Matria* y *Cuerpos que hablan*, el baile también se presenta como una forma de liberación, lo que cobra especial relevancia dado que todas las mujeres que se desplazan sobre el escenario se presentan como cuerpos oprimidos, que no logran comunicar con palabras sus necesidades y deseos, de modo que el canto y el baile abren la posibilidad de expresar lo que ellas realmente sienten y piensan. En *Cuerpos que hablan,* las coreografías y las canciones se presentan como una forma de expresión, que abre la oportunidad para que los personajes puedan eludir su rutinaria cotidianidad, lo que se presenta como un lenguaje propiamente femenino. Por ejemplo, en el caso de la dueña de casa, que se plantea como una prisionera del espacio doméstico, cantar y bailar le da una posibilidad de expansión, como si el espacio y su personalidad crecieran en ese momento.

Como una forma de liberación para estos cuerpos oprimidos, el baile y el canto se presentan como un medio de expresión emocional y lúdica -e, incluso, terapéutica-, ligada a lo femenino, a partir del cual los personajes encuentran una licencia para moverse y desplazarse libremente en el espacio. Esto nos lleva a pensar que ellas solo logran "adueñarse" de su cuerpo cuando bailan, lo que se puede apreciar claramente en el caso de la dueña de casa, quien canta y baila dentro del pequeño cubículo que representa los límites impuestos por el mundo doméstico. Algo similar se produce en el cuadro siguiente, cuando los destellos de una luz fluorescente sirven de marco para el diálogo que surge entre dos jóvenes, que bailan sensualmente al ritmo de *La reina del sexo*, mientras una de ellas manifiesta su deseo de convertirse en una *dominatrix*. Pero, en este caso, su forma de moverse y posar también nos permite reconocer el modo en que la cultura patriarcal ha sexualizado al cuerpo femenino, lo que se presenta como otra de tantas las formas de dominación ejercidas por el orden heteropatriarcal.

Este elemento también se puede observar en *Paisajes para (no) colorear*, que nos propone una serie de coreografías, llenas de sensualidad, que actúan en contra de una cultura que tradicionalmente reprime a los cuerpos, principalmente a los cuerpos femeninos y adolescentes. La crítica al carácter represor de nuestra cultura también se desarrolla en *Puta Madre*, donde los "excesos" del cuerpo se presentan a través de coreografías plagadas de erotismo, las que se instalan en escena como una denuncia al modo en que se ha cosificado a los cuerpos asociados al trabajo sexual y, a través de este lente, como una crítica a la forma en que la cultura heteropatriarcal ha reprimido la sexualidad de las mujeres, lo que le da un tono marcadamente feminista. En *Otras*, por su parte, la inclusión de canciones permite subrayar las ideas extraídas de la teoría feminista que la representación busca comunicar, lo que se puede apreciar en la escena final de la obra, donde la canción que interpreta una de las actrices se encarga de sintetizar y destacar una de las principales tesis del feminismo. La canción se centra en la frase "No quiero parir", sirviendo de preludio a la lectura de una declaración a favor del aborto y la autodeterminación del cuerpo femenino, lo que no solo refuerza el carácter declarativo del montaje, sino que también abre la posibilidad de articular un discurso de una forma diferente a la que suele proponer el lenguaje conceptual, todo lo cual permite que el tono transgresor de este cuadro se vea matizado con un halo que podríamos denominar como "femenino".

Aunque hace bastante tiempo que estos recursos tienen una presencia significativa en la escena nacional (pues involucran una estrategia de distanciamiento que es extensible a todo el Teatro político, incluyendo el amplio mundo de la performance), los bailes y las canciones cobran una fuerza especial en las obras analizadas, dado que se encuentran fuertemente asociados al mundo de las mujeres -y las disidencias-, presentándose como un lenguaje directamente asociado a lo femenino -y a los cuerpos feminizados-. Por otro lado, el canto y el baile producen momentos en que el lenguaje de la obra se libera del discurso, para que sea el cuerpo el que realce las ideas que se quieren instalar, generando un cuerpo a cuerpo con las y los espectadores.

El papel que asume el cuerpo en el Teatro feminista chileno se puede apreciar claramente hacia el final de *Otras*, cuando las tres actrices se cubren la cabeza con la capucha de sus polerones y exponen su espalda a público, en la cual se puede leer "No quiero parir", todo lo cual transgrede la convención construida por "la cuarta pared" e instala un discurso que se inscribe literalmente sobre los cuerpos. Paulatinamente, ellas van asumiendo una corporalidad más firme y decida, y un tono de voz más grave y resuelto, lo que se presenta como una transgresión a las figuras tradicionales de lo femenino. Esto se puede apreciar desde el inicio del montaje pues, dentro de las distintas épocas y situaciones que se desarrollan, a medida que los personajes van asumiendo posiciones más radicales frente a las restricciones que les impone el patriarcado, sus cuerpos van asumiendo rasgos mucho más "masculinos", lo que, lejos de pronunciarse a favor de la masculinización de las mujeres, nos invita a apreciar dimensiones de lo femenino que han sido coartadas por las instituciones vigentes. Por ejemplo, en un cuadro que ya hemos mencionado anteriormente, "El voto", podemos observar que la posición que asume la joven que protagoniza la escena se materializa a medida que su voz se vuelve más fuerte y grave, y su gestualidad se torna más marcada y resuelta, momento en el cual se levanta con firmeza y se retira cada una de las prendas que anteriormente habían cubierto su cuerpo.

En relación a este punto, podemos concluir que, mientras la representación de lo femenino suele expresarse en corporalidades ligeras y contenidas, con movimientos ondulantes y voces agudas, la transgresión a las figuras que tradicionalmente han estado asociadas a lo femenino se expresa escénicamente a través de corporalidades más cercanas a lo que concebimos culturalmente como "masculino". En *Otras*, esto también se puede apreciar en el cuadro denominado "La obrera", que nos muestra a un conjunto de mujeres que, a medida que se van empoderando, presentan una corporalidad más precisa y determinada, y un tono de voz más grave y decidido. Estos elementos también se pueden apreciar en *Xuárez, Matria, Cuerpos que hablan, Paisajes para (no) colorear, Puta madre* y *Yo también quiero ser un hombre blanco heterosexual*, en todas las cuales los signos que componen la *dramaturgia de lo femenino* son rearticulados escénicamente, haciendo emerger cuerpos y gestos que amplifican nuestra comprensión de la feminidad, todo lo cual será analizado en el siguiente apartado, en que se abordarán las figuras a partir de las cuales el Teatro feminista chileno está desdibujando y alterando la representación del género femenino.

Como señala Lola Proaño, la idea de este tipo de representaciones es teatralizar conceptos sin necesidad de explicitarlos, lo que produce una modificación teatral del cuerpo y la gestualidad, la cual abre la posibilidad de revelar la artificialidad de los roles de género, o bien, la violencia de género que producen las transformaciones de la estructura patriarcal, todo lo cual actúa en defensa de las identidades fijas.

> La propuesta al exhibir la contingencia de la identidad femenina y masculina niega la «determinación», la necesidad de que esos cuerpos y esos roles sean así de manera indefectible. Por eso, esta crítica funciona también como liberadora de ese determinismo que se quiere imponer como natural, es decir actúa como desmentido a la organización del mundo presente que se ha pretendido o aún se pretende, afirmar como necesaria. El resultado es la negación de la realidad «verdadera» como necesidad. Cuestiona así los modos de existencia del sujeto femenino y masculino en tanto se propone demostrar la posibilidad de la existencia de otro sujeto. El lenguaje teatral construye en la escena un espacio de subjetividad donde aparece un nuevo sujeto –tanto femenino como masculino—que habla por sí mismo y se ubica en la posición de emisor que se apropia del lenguaje corporal en un reclamo que exige la autodeterminación. (Proaño, 28)

3. Temáticas relevantes y las nuevas figuras de lo femenino

a. La mala madre

Aunque no es nuestra intención centrarnos en el plano del contenido, vemos que las obras analizadas presentan una serie de temáticas que nos permiten ubicarlas en el marco del Teatro feminista, ya sea porque introducen cuestiones que han sido examinadas previamente por el feminismo, o porque instalan nuevas perspectivas para abordar estos debates, todo lo cual también resulta relevante para nuestro enfoque. En el primer caso, las obras abordan críticamente el repliegue de la mujer hacia el mundo de lo privado, expresado en un afán por salir hacia el espacio público, y los condicionamientos que pesan sobre la sexualidad femenina, formulado como un afán de expresión y autodeterminación del cuerpo propio. En relación al segundo punto, debemos destacar el modo en que las obras analizadas abordan el tema de la maternidad, lo que se expresa como un afán de liberación frente a esta potente determinación social, que históricamente ha pesado sobre las mujeres y sus cuerpos. Su relevancia radica en que, aunque la relación que nuestra cultura ha construido entre la Mujer y la Madre ha sido abordada ampliamente por la teoría feminista, la puesta en escena teatral nos ofrece una mirada novedosa para aproximarnos a este tema.

Como sostiene Teresa de Lauretis (2000), la compleja y contradictoria relación que se construye teóricamente entre la Mujer y las mujeres se ha resuelto con una simple ecuación: *mujeres=Mujer=Madre*; lo que se presenta como uno de los efectos más enraizados de la ideología del género. En sintonía con estos planteamientos, varias de las obras analizadas abordan críticamente la necesidad de pensar a las mujeres solo en su dimensión de madres, contradiciendo los condicionamientos culturales que giran en torno a esta relación. Por un lado, las obras ponen en cuestionamiento el papel socializador representado por la Madre, mostrándola como la representante de las reglas y los valores vigentes, por lo que su voz asume un tono autoritario y represor. Por otra parte, las obras también nos permiten vislumbrar una falta de identificación de las mujeres contemporáneas respecto de la generación que las precede, incluso cuando éstas se presentan como madres protectoras y cariñosas.

El primer punto se escenifica magistralmente en *Paisajes para (no) colorear*, a través de una voz en off que interviene de manera constante en el mundo de su hija, lo que nos muestra la forma en que las madres se encargan de controlar el estricto cumplimiento de las pautas sociales, subrayando el papel de vigilancia y control que ellas ejercen. En la misma línea, *Sentimientos* nos presenta a la madre de la protagonista como una viuda de edad madura, que no tiene más propósitos en la vida que cumplir con su rol materno, a partir del cual se convierte en una figura autoritaria, que conjuga el carácter protector que se supone que es propio de una madre, con tendencias crueles, castigadoras y opresoras. Por su parte, *Otras, Cuerpos que hablan, Paisajes para (no) colorear* y *Puta madre*, exponen las formas que ha desarrollado nuestra cultura para reprimir, extirpar o encaminar, las conductas que se consideran "correctas" para una niña. Esto se puede apreciar en la inclusión de los juegos y vestuarios que la sociedad le designa a las niñas, a partir de los cuales salen a la luz algunas de las estrategias de control que han perpetuado el lugar de las mujeres dentro de la sociedad. Con esta mirada, las madres se presentan como las continuadoras de un orden social agotado, afanadas en sostener -y eternizar- las condiciones establecidas socialmente para una mujer.

La falta de identificación con el mundo representado por las madres se articula a partir de la filiación, consciente o inconsciente, que los personajes femeninos mantienen con sus abuelas, a partir de las cuales se sintetiza todo un mundo de valores y creencias asociados a una sabiduría pérdida. Esto se puede apreciar claramente en *Matria* y *Cuerpos que hablan*, que hacen una referencia explícita al valor de las abuelas, tanto en la historia social como en el espacio personal. En *Matria*, la figura de la abuela pone en tensión la noción unilateral que tenemos de la maternidad, y releva el papel crucial que han cumplido las mujeres mayores dentro de nuestra sociedad, lo que, como nos comentó la directora de la obra, convirtió a las abuelas en el símbolo que sirvió de base para pensar a la "matria". En *Cuerpos que hablan*, por su parte, se plantea que la revolución se debe desarrollar en nombre las abuelas, lo que se plasma claramente en la voz de la estudiante que protagoniza los últimos cuadros de la obra, cuando señala: "*Somos (...) las nietas de las luchadoras que no pudieron oprimir...*".

A su vez, la presencia de las abuelas se manifiesta implícitamente como una forma de conocimiento alternativo, la que se instala por oposición a la epistemología que funciona a partir de la oposición entre la razón y la intuición, lo que cobra cuerpo en *Xuárez*, a través de un personaje que se presenta como la voz de un conocimiento ancestral, vinculado a la naturaleza y los sentidos. La relevancia que asume la "india" Catalina dentro de este montaje está en sintonía con la forma en que *Otras* reconoce el lugar de aquellas mujeres que fueron acusadas de brujas, cuya imagen deja resonando el carácter, nutritivo y generador, de aquellas mujeres invisibilizadas por la cultura patriarcal. En este sentido, la imagen de la madre tierra se presenta por oposición a aquellas madres que, por su pasividad y sumisión, reproducen la lógica patriarcal de la familia nuclear y el capitalismo.

Como contraparte del sentido que representa este tipo de maternidad, algunas obras hacen emerger una figura que resulta sumamente interesante para nuestro análisis: *La mala madre*; la cual representa la resistencia de las mujeres contemporáneas para asumir el rol de madre, o el rechazo de hacerlo del modo en que la sociedad lo exige. Esta figura de lo femenino se perfila a través de una mujer que transgrede radicalmente nuestra noción tradicional de una madre -como se puede apreciar en *Puta madre*-, de mujeres que no ejercen la maternidad como la sociedad espera -como es el caso de Javiera Carrera y Gabriela Mistral en *Matria*, de Ignacia en *Paisajes para (no) colorear* o de la protagonista de *Yo también quiero ser un hombre blanco heterosexual*-, de mujeres que no desean la maternidad -como es el caso de la Inés de *Xuárez* y de la Juana de *Dark*-, o de la posibilidad de organizar la formación de las nuevas generaciones de un modo totalmente diferente a cómo lo hace la familia nuclear -lo que se puede apreciar a través de la analogía que desarrolla *Otras* cuando compara a la familia burguesa con algunas especies del reino animal-. En todas estas formas, la maternidad se presenta como una imposición social, que determina profundamente la vida individual de las mujeres, induciendo una existencia que se restringe fundamentalmente al mundo privado, y las funciones domésticas.

Matria aborda el horror que implica para nuestra cultura la posibilidad de rechazar el precepto de convertirnos en madres y dueñas de casa, o de no hacerlo según las pautas impuestas socialmente, lo que se subraya a través del personaje de Javiera Carrera, a quien históricamente se le ha cuestionado por su afán de sumarse a un proyecto revolucionario, que le permitió liberarse de las limitaciones impuestas por el mundo doméstico, el cual, como hemos señalado al inicio de este libro, no se reconoce dentro de los grandes discursos ni se condice con las acciones que permiten inscribirse en la gran historia. En *Otras,* por su parte, se reclama un cambio profundo de algunas instituciones sociales, como la familia y el matrimonio, las que han determinado ciertos status y roles que atentan contra las posibilidades de desarrollo y autonomía de las mujeres.

Otras se adentra en el espacio privado, para presentarnos a la Madre como una figura fundamental para nuestra sociedad, pero que se encuentra profundamente condicionada por los patrones impuestos por la cultura patriarcal, ante lo cual la mala madre sirve para denunciar el modo en que el rol materno ha reducido nuestra noción de lo femenino. En este sentido, la figura de la mala madre viene a contradecir la imagen unilateral y limitada que la cultura patriarcal ofrece respecto de las mujeres, las que, como hemos señalado previamente, están asociadas principalmente a la reproducción, el cuidado y el sacrificio. En el cuadro denominado "La familia", se presenta una analogía entre las relaciones de crianza de una familia burguesa con las conductas que se pueden apreciar dentro del reino animal, en el cual muchas veces las madres abandonan o sacrifican a las criaturas que no están aptas para la supervivencia. A través de esta comparación, la obra nos permite cuestionar la naturalización del comportamiento que se considera propio de las madres, permitiéndonos imaginar otro tipo de repartición de los roles familiares, lo que se refuerza irónicamente, en este mismo cuadro, cuando se señalan las formas que establece la cultura para que las mujeres cumplan con las expectativas que giran en torno al ideal de la "buena madre".

En contra de la lógica impuesta por el orden heteropatriarcal, *Otras* nos remite a una familia donde el padre es quien se hace cargo de la crianza de su hija, presentándola como una situación que escapa totalmente del marco que la sociedad define para una mujer, todo lo cual permite denunciar algunas de las creencias a partir de las cuales las mujeres se convierten en seres despreciables, lo que también se plantea en *Matria*, a través de la figura de Javiera Carrera, quien abandonó su rol materno para sumarse a la revolución independentista latinoamericana. En la misma línea, estos montajes rechazan la exigencia cultural de que el cuerpo de la mujer deba ponerse al servicio de la maternidad, denunciando que este precepto atenta radicalmente contra la autonomía de los cuerpos femeninos.

> El sexo de la mujer es contabilizado como un no-sexo, cuyas implicaciones nos permiten hablar de un no-cuerpo femenino. Lo que hay son unos soportes materiales (cuerpos de mujeres) moldeados y a los que la sexualidad masculina les impone una función (Cardenal, 358).

Apoyadas de esta premisa, se puede sostener que todos estos montajes abren la posibilidad de pensar el rol materno de una manera diferente a aquella que definen los ideales culturales de la "buena madre" y "la mujer ideal", que históricamente han condicionado las posibilidades y los límites para las mujeres, y sus cuerpos. Como señala Elisabeth Badinter, a partir del siglo XVIII

> la maternidad se transforma en una función gratificante porque ahora está cargada de ideal. El modo como se habla de

esta «noble función» con un vocabulario sacado de la religión (es corriente evocar la «vocación» o el «sacrificio» maternal) señala que a la función de madre se asocia un nuevo aspecto místico. La madre es comparada de buena gana con una santa, y la gente se habitúa a pensar que una buena madre es «una santa». La patrona natural de esta nueva madre es la Virgen María, cuya vida testimonia la dedicación a su hijo. (Badinter, 184)

Considerando lo anterior, resulta interesante que, al finalizar el cuadro "Parir", las intérpretes utilicen sarcásticamente el velo que le arrebataron al personaje central, para producir algunas imágenes alusivas a la maternidad, entre las que sobresale la presencia de la virgen María. Al respecto, la directora de *Matria* señala:

Ser mamá no es lo fundamental de ser mujer. No podemos esperar que una mujer siempre se vaya a sacrificar por lo que le sale de la vagina. (Natalia Ramírez)

En estos montajes también se denuncia, explícita o implícitamente, que la maternidad es el sustento del patriarcado y el capitalismo, señalando que, cuando una mujer se transforma en madre, se define para ella un futuro de sacrificio y esfuerzo, totalmente supeditado a la vida familiar. En relación a este punto, se puede establecer que otro de los grandes temas que se destacan en las obras analizadas es el repliegue de la mujer hacia el mundo de lo privado. Este hecho se configura de manera sumamente evidente a nivel escénico, considerando que la mayoría de las obras nos ubican en el living de una casa, o nos remiten hacia una cocina, todo lo cual refuerza la idea de que el mundo de las mujeres se restringe al interior del hogar, lo que la obliga a enfocarse solo en lo que acontece en el espacio de las relaciones íntimas. Como señala Teresita de Barbieri (1991), la distinción entre lo público y lo privado implica la existencia de dos espacios físicos y sociales que poseen una significación diferente, pues cada uno de ellos opera en función de lógicas completamente distintas. En este sentido, podemos considerar que el mundo de lo femenino se ha definido tradicionalmente a partir de un tipo de trabajo no remunerado, que no se valora ni se reconoce como tal, pues está centrado en los afectos y las relaciones familiares, generalmente invisibilizadas por la cultura patriarcal y los límites que impone el espacio doméstico.

Muchas de las obras analizadas abren la posibilidad de hacer visible ese mundo que escapa de la mirada colectiva, lo que permite resaltar la invisibilización que lleva implícito el espacio que la cultura patriarcal ha destinado para las mujeres, mientras se asume que "la realidad" transcurre efectivamente dentro del espacio público. En *Sentimientos,* por ejemplo, la relación entre la Mujer y el mundo privado se señala en la medida que toda la acción se concentra en el living de una casa, lo que se refuerza estratégicamente con la posición que asumen las paredes que configuran el escenario, las cuales producen un punto de fuga que orienta la mirada de los espectadores hacia una enorme puerta, dispuesta en el plano de fondo. Dicha puerta tendrá un rol relevante a nivel escénico, pues se presentará como el lugar simbólico que distingue claramente lo privado de lo público, la que solo se abrirá para hacer entrar, una a una, a un conjunto de mujeres. Al respecto, es interesante destacar que al final de la obra la puerta principal quedará abierta, lo que se puede interpretar como la irrupción de lo público dentro del mundo privado, la cual, en el caso de este montaje, señala el momento en que la tragedia completa su acción, causando el suicidio de la protagonista, lo que, como señalaremos más adelante, comienza a enunciarse con la entrada arremetedora del personaje de Joana, como representación de las sanciones morales que giran sobre una mujer que rompe con las reglas establecidas socialmente.

Representación de lo femenino en el teatro chileno

Sentimientos. Foto cortesía de Lorenzo Mella

Cuerpos que hablan también aborda la forma en que las mujeres son relegadas al espacio privado, presentando mujeres centradas en las tareas del cuidado, la limpieza o la educación, que restringen profundamente sus posibilidades. Como se ha señalado previamente, el primer cuadro se concentra en una dueña de casa, que se encuentra encerrada en un espacio diminuto, el cual se presenta al modo de una prisión. Y, dado que los paneles se disponen como paredes, donde todas las hebras están dispuestas horizontalmente, este cuadro presenta a lo femenino como una realidad velada, replegada hacia el espacio doméstico, y oculta para los ojos de la sociedad. Como nos comentó el director de la obra, la idea era

> que se viera lo menos posible, cosa que a fin de cuentas sean estos sollozos... esta sensación de agobio, de locura, de la dueña de casa... del rol doméstico, de la crianza. (Juan Pablo Rosales)

De esta forma, este montaje se cuestiona las construcciones culturales que han mantenido a las mujeres fuera de las esferas de participación social, lo que, al igual que en *Matria* y *Otras*, se aborda desde la perspectiva del Poder.

Cuerpos que hablan. Foto cortesía de Loreto Rosales

b. *La revolucionaria*

A lo largo de la historia, los poderes han sancionado a aquellas mujeres que no actúan según lo que la sociedad espera de ellas, ajustándose adecuadamente al rol materno y los estrictos límites que establece el espacio doméstico. Ante el peligro de la transgresión social, la sociedad ha controlado con fuerza a las mujeres que no se comportan de una manera suficientemente "femenina", evitando que ellas asuman algunas formas o posiciones que están reservadas para los hombres. Como señala Yolanda Beteta, el discurso patriarcal ha definido históricamente a la feminidad en torno a dos elementos claves: la maternidad y la sumisión marital; ante lo cual, la carencia de instinto maternal o una disposición guerrera, convierte a una mujer en el reverso de este ideal, lo que, a medida que este tipo de mujeres iba proliferando, hizo surgir la imagen del monstruo femenino.

> Los monstruos femeninos representan los valores opuestos al ideal patriarcal de feminidad y proyectan las supuestas debilidades y maldades que las mujeres pueden desatar de manera consciente o inconsciente. (Beteta, 294)

En *El segundo sexo*, Simone de Beauvoir ya sentenciaba que la mujer ambiciosa y la heroína son extraños monstruos en la historia de Occidente, lo que explica porqué este tipo de personajes marca un hito que corroe el imaginario asociado a lo femenino, entendiendo que las mujeres nunca fueron concebidas como actores relevantes dentro de los procesos de transformación social. Y, en este sentido, establece:

> La mayor parte de las heroínas femeninas son de una especie extravagante: aventureras, mujeres originales no tanto por la importancia de sus actos como por lo singular de sus destinos; así, si se compara a Juana de Arco, madame Roland y Flora Tristán con Richelieu, Danton o Lenin, se ve que su grandeza es, sobre todo, subjetiva: son figuras ejemplares antes que agentes históricos (De Beauvoir, 128)

Valiéndose de una mujer de este tipo, *Xuárez* aborda la capacidad de Inés de Suárez para eludir los límites del espacio doméstico, e instalarse en el centro de la Historia, lo que, entre otras cosas, la hizo renegar de la situación de pasividad, sumisión y subordinación, que la cultura les imponía a las mujeres de su época, convirtiéndose en un "monstruo femenino", lo que también se puede apreciar a través del personaje de Javiera Carrera en *Matria* y, con otro tono, en el personaje de Juana (que se cruza con la figura de Juana de Arco), en la obra *Dark*. Con esta mirada, estos montajes retoman la discusión en torno a las dificultades que encuentra una mujer para adquirir poder y tomar decisiones relevantes en el ámbito público, inscribiéndose con propiedad dentro del relato histórico.

Como se detalla al inicio de este libro, Teresita de Barbieri (1991) establece que el ámbito de lo privado se ha definido como un lugar de subordinación, que niega las potencialidades de las mujeres que buscan alguna expresión de trascendencia, tanto individual como colectiva, lo que se conecta de manera directa con los planteamientos de Helene Cixous (1995), cuando señala que el mundo de lo privado-femenino se relaciona con la exclusión que históricamente han padecido las mujeres dentro del mundo social y las narrativas histórica, todo lo cual puede explicar por qué este tema se ha posicionado con fuerza dentro del Teatro feminista chileno. De manera similar a lo que ocurre en *Xuárez* y *Matria*, *Dark* revisita la figura de Juana de Arco, asumiendo que este tipo de mujeres han sido invisibilizadas, o tergiversadas, dentro del relato construido por la cultura patriarcal, a partir del cual las mujeres se presentan como una proyección especular de la necesidades y temores masculinos.

En contra de las expectativas que giran en torno a lo femenino, estas obras nos permiten apreciar el afán de sus protagonistas por volcarse hacia el espacio público, es decir, hacia el mundo donde acontece la Historia, ya sea en el caso de los montajes en que los personajes femeninos rehúyen su condición de encierro, y buscan superar los límites a los que históricamente han estado relegadas las mujeres -como *Xuárez*, *Dark* y *Matria*-, o en aquellas representaciones que denuncian el confinamiento que ha mantenido a las mujeres reducidas al ámbito de las labores domésticas -como es el caso de Otras, Cuerpos que hablan, Paisajes para (no) colorear y Puta madre-. De este modo, las obras analizadas dejan resonando uno de los principales lemas del feminismo contemporáneo: "lo privado es político".

Este punto también se toca cuando los personajes femeninos se vuelcan hacia las calles, como ocurre en Dark o Cuerpos que hablan, lo que, entre otras cosas, nos presenta a la calle como la principal trinchera de la lucha feminista. Al respecto, cabe destacar las palabras del director de Cuerpos que hablan, cuando se refiere al proceso de creación de la obra:

> Hubo mucho de inspiración de la calle... Nosotros estábamos terminando la parte del ensayo y estaba pasando en la calle la revolución feminista. En las calles tu veías esa sensación hormonal, esa sensación como térmica. (...) Es un referente. (Juan Pablo Rosales)

Denunciando la invisibilización del sujeto femenino dentro del relato histórico y las condiciones en las cuales se ha mantenido a las mujeres dentro de la cultura patriarcal, este montaje rescata el papel de algunas revolucionarias latinoamericanas, relativamente desconocidas para nosotras, como Marie Sainte (también conocida como Dédée Bazile, Défilée o Défilée-La-Folle, figura de la Revolución haitiana) o la boliviana Juana Azurduy, luchadora popular indígena. Asimismo, realiza un reconocimiento de Cornelia Olivares fervorosa, defensora del proceso independentista chileno, y de Mariana Grajales, quien luchó por la revolución cubana a una avanzada edad. Con un marco como este, *Cuerpos que hablan* culmina planteando la necesidad de un proceso revolucionario, en que las mujeres se tomen las calles, para construir una nueva realidad. En relación a este punto, el director del montaje establece:

> Este es un texto de denuncia... que corre ese peligro de que puede parecerle a algunos una obra panfletaria, denunciando la presión histórica que sufrieron las mujeres. (Juan Pablo Rosales)

Para construir este marco, el quinto cuadro de la obra se tiñe de rojo, lo que, simbólicamente, permite cruzar la presencia de lo femenino con la pasión implícita en todo proceso revolucionario. A partir de este momento, los tonos rojos irán pintando la atmósfera con una nueva fuerza, lo que, desde nuestra perspectiva, puede leerse como un signo que rearticula nuestra noción de lo femenino, construyendo una relación entre el rojo-femenino y las ideas de lucha, pasión, cambio y transformación social. Como señala el director de la obra,

> Cuando aparece el calor -lo más cálido-, las escenas finales implican un renacer… esta primavera que va surgiendo. (Juan Pablo Rosales)

En relación a estos temas, vemos emerger otra de las figuras de lo femenino que resultan relevantes para nuestro análisis y, quizás, una de las más significativas: *La revolucionaria*. Esta figura se presenta en las obras de temática histórica, donde personajes como Juana de Arco, Inés de Suárez o Javiera Carrera, representan una reivindicación extemporánea de la lucha de las mujeres que vivieron la revolución en un mundo restringido solo para los hombres. Pero también se puede apreciar en las obras que se desarrollan en un contexto contemporáneo -como *Otras, Cuerpos que hablan, Paisajes para (no) colorear* o *Yo también quiero ser un hombre blanco heterosexual*- donde vemos emerger la figura de una mujer rebelde, combativa y dispuesta a dar la lucha por un nuevo orden social.

En el caso de los montajes que se instalan en el contexto contemporáneo, éstos ponen todas sus esperanzas en el papel que cumplirán las nuevas generaciones en la transformación de nuestra sociedad, lo que, en escena, asume la forma de una guerrillera. Por ejemplo, al final de *Dark* y *Cuerpos que hablan* se instala sobre el escenario la figura de una joven que cubre su rostro con una capucha roja, quienes traen consigo la imagen de aquellas mujeres, jóvenes y valientes, que asumieron una fuerte presencia en las calles de nuestro país, en el marco del "estallido social".

> Llegamos a la escena final y nos dimos cuenta que la calle estaba sobrepasando en poesía lo que nosotros estábamos armando… siento que estamos viviendo, como sociedad chilena, un momento de ebullición. (Juan Pablo Rosales)

Este momento de ebullición se plasmó en el sexto cuadro de este montaje, denominado "El futuro", cuando irrumpe en escena la presencia de dos jóvenes vestidas con gorras rojas, faldas cortas y chaquetas de cuero negras; mientras, de fondo, se escucha el rasguido de una guitarra eléctrica, que subraya las ideas enunciadas por una estudiante, quien había protagonizado el cuadro anterior. Con la presencia de estos personajes se erige la figura de una mujer dispuesta a sacrificarlo todo en pos de sus ideales, lo que, a través de la estudiante, también nos lleva a cuestionarnos sobre el valor que una cultura, patriarcal y adultocéntrica, le ha atribuido a "las niñas", reivindicando su lugar dentro de la sociedad.

Esta reivindicación también se puede apreciar al final de *Paisajes para (no) colorear*, momento en el cual todo el elenco se ubica en el borde del escenario, de frente al público, para declarar con fuerza su postura respecto de las ideas y conductas que les impone nuestra sociedad. Así, las nueve chicas se posicionan como mujeres rebeldes y combativas, dispuestas a dar la lucha por un nuevo orden social, pulsión que cruza todos los cuadros que componen este montaje. Por ejemplo, aquel en que Matilde se rebela contra las ideas que un conjunto de mujeres conservadoras intentaba imponerle, renegando del vestuario que ellas le exigen portar, para declarar su rechazo al ideal de feminidad que la cultura le estaba enrostrando y, de este modo, para instalar su contrariedad frente a las opciones identitarias que le ofrece el pensamiento binario y la cultura heteropatriarcal.

Al respecto, cabe destacar que al final de la obra, cada una de las chicas se posiciona frente al público, rompiendo la "cuarta pared", valiéndose de sus voces y sus cuerpos para rechazar el orden social construido por los hombres blancos, adultos y heterosexuales, declarando: *"Quizás muchos de ustedes no podrán ser testigos de la explosión más liberadora, increíble, magnífica y escandalosa, que haya visto la humanidad. Instalaremos un nuevo paradigma, que determinará el futuro. Seremos las protagonistas de una revolución cultural sin precedentes... Las mismas que fuimos tratadas de ridículas por querer hacer del lenguaje un territorio inclusivo. Orgulloses estaremos cuando le contemos a nuestres hijes, a nuestres nietes, o a las siguientes generaciones que, cuando teníamos 13, 15 o 16 años, tomamos conciencia y salimos a la calle y nos tomamos nuestros liceos, reclamando la soberanía de nuestros cuerpos, defendiendo la libertad de nuestros pasos y derribando este sistema, que borra a las de sexo femenino de los libros de historia y de las antologías. Muchas gracias por venir".*

Algo similar ocurre en la escena final de *Yo también quiero ser un hombre blanco heterosexual*, cuando el/la protagonista se propone liberarse de las múltiples mentiras que la rodean, dejando entrever la necesidad de una revolución que permita que todos puedan contar con las mismas posibilidades y derechos dentro de la sociedad, fundamentalmente, las mujeres, pobres, negras y lesbianas. Esta revolución estaría en manos de su hija, a quien se remite con las siguientes palabras: "*Leila quería hacer la revolución... Ella quería que compráramos pistolas y saliéramos a matar a nuestros enemigos, a los violadores, a los misóginos, a los abusadores, y a todos aquellos que han decidido que así tenía que ser la vida. (...) al menos habré sabido lo que era la verdadera libertad, me decía. Yo, en cambio, nunca lo supe, solo he sabido actuar, fingir, pretender, y así se me ha pasado la vida. Pero ya no más, ya no voy a tener más miedo. (...) Y vamos a ser la familia más feliz que ha existido en el universo. Hasta que un día me van a venir a buscar, me van a llevar a la plaza y me van a apedrear hasta matarme, porque está muy mal visto vivir como se quiere vivir. Pero antes de morir, voy a mirar al cielo y voy a pensar: esto era la felicidad, así se sentía en el corazón. Entonces no voy a sentir más dolor, y tú vas a vivir igual. Tú también vas a ser feliz, prométeme que tú también vas a ser feliz... te lo suplico, prométemelo, para eso te traje al mundo*".

En estos montajes la figura de la revolucionaria se presenta como una esperanza de cambio, el que se encuentra en manos de las niñas, es decir, de las nuevas generaciones de mujeres que componen nuestra sociedad. En el caso de *Yo también quiero ser un hombre blanco heterosexual*, esta revolución dependerá de la hija negra de la protagonista, la cual estuvo escondida todo el tiempo tras el espejo del comedor, como parte de ese "ocultar" en que se sustenta todo el montaje. Como se puede apreciar en la última escena, la fuerte luz que se emite desde el espejo-ventana, que ocupa el centro del escenario, se presenta como el símbolo de una profunda transformación social, convirtiendo a la pequeña niña en la posibilidad de un futuro diferente para las mujeres más pobres y marginadas de nuestro país. En *Cuerpos que hablan* también se plantea una serie de reivindicaciones al final de la puesta en escena, las cuales se instalan en la voz de una estudiante, quien enuncia fervientemente: *aborta al patriarcado, al capitalismo, a la iglesia y el estado*".

La presencia de la estudiante revolucionaria también se puede apreciar en *Dark*, donde vemos aparecer la imagen de una mujer con uniforme escolar y capucha, una bomba molotov en una mano y el dedo del medio levantado en la otra, quien representa una de las múltiples versiones que asume el personaje de Juana al final del montaje. En relación a esta figura, debemos subrayar que la presencia de una estudiante dentro de las representaciones analizadas hace resonar el contexto social que ha vivido Chile durante los últimos años pues, como señala el directos de *Cuerpos que hablan*

> Fue más una emoción que estaba pasando, era un texto que estábamos viendo, salíamos del teatro y estaba sucediendo. Hay una sensación de ese grito que estaba pasando... (la estudiante) era un texto que se estaba viviendo. (Juan Pablo Rosales)

En *Cuerpos que hablan*, este personaje ingresa a escena en el quinto cuadro, hacia el final de la obra, después que las intérpretes instalan una de las plataformas en el centro del escenario, simulando una barricada, y de fondo se escuchan los gritos y las consignas que caracterizan a una marcha estudiantil. Tras la barricada se ubica una joven, vestida con uniforme escolar, quien se desplazará por el espacio con total libertad, hablando y gritando, con fuerza y firmeza: *"Acá está la concha de su madre exigiendo educación. ¿Hasta cuándo somos sus insultos preferidos? Puta, perra, maraca, zorra, camboyana, niñiiitaa"*. El tono de sus reivindicaciones nos da a entender que esta joven no tiene miedo, y que se enfrenta a la calle con total convicción, afirmando: *"Ahora las calles también son nuestras, este es el tiempo que nos tocó vivir, tiempos de insurrección"*. Desde nuestra perspectiva, cuando la presencia femenina irrumpe en las calles, el espacio público se vuelve "impropio", pervirtiendo la creencia de que el espacio privado representa el lugar más propio para una mujer, lo que también instala la idea de que las mujeres están destinadas a dar la lucha por una nueva sociedad, a partir de la cual se transformará completamente nuestra noción de lo femenino.

El personaje de la estudiante no está dispuesta a aceptar los condicionamientos que han regido históricamente a las mujeres, y se niega a seguir perpetuando el rol pasivo que le ha sido asignado por la sociedad; situación similar a la que sirve de marco para el montaje de *Dark*, cuya protagonista será guiada por las visiones que le ofrecen sus sueños, a partir de las cuales también se posicionará como la protagonista de una lucha, lo que puede explicar porqué la presencia de la estudiante también emerge en escena hacia el final de la obra. Si bien la lucha de Juana Dark no tiene la base religiosa que guió a Juana de Arco, quien se presenta como el principal referente de este montaje, este personaje da curso a una rebelión contra las injusticias del sistema capitalista, que se plantea como un modelo basado en la desigualdad y la explotación. Este elemento refuerza el vínculo que se construye entre Juana Dark y Santa Juana de los mataderos, al mismo tiempo en que la representación nos remite a las desigualdades que se han perpetuado entre hombres y mujeres. A partir de todos estos cruces, la idea de sacrificio y el halo de muerte que rodea a este personaje se encargarán de señalar el destino trágico de las mujeres que se atreven a transgredir los lineamientos establecidos por la cultura heteropatriarcal.

En Juana pulsa el deseo de un acto radical, a partir del cual este personaje se nos presenta como una proyección poética y apasionada del ideal revolucionario, cuya lucha, al igual que Inés de Suárez y Javiera Carrera, no encuentra la forma de inscribirse en la gran Historia. Esto, porque su afán de cambio surge de la pequeña batalla cotidiana, en un impulso que ni siquiera ella logra comprender, razón por la cual su imagen de revolucionaria se irá perfilando de manera confusa y contradictoria, lo que, entre otras cosas, permite rearticular el sentido que la cultura patriarcal le atribuye al "heroísmo", dándole un sello mucho más "femenino". De hecho, el vestuario de este personaje -una camisa y una falda- surgió de un largo proceso de discusión dentro del colectivo, quienes decidieron presentarla como una mujer común, y no como una heroína, para señalar las luchas que cotidianamente deben enfrentar todas las mujeres.

> En un inicio teníamos la intención como de dotar a este personaje principal de la obra con características de las que tiene un héroe, un héroe masculino, que tiene fuerza... que lleva la obra. Pero después nos fuimos dando cuenta que en realidad -y eso también tiene que ver con la construcción que hizo la Vivi de ese personaje- tenía que ver con otras características de lo femenino, que no estaban dadas por esas características que se le otorgan a los hombres... a los hombres que llevan las historias, que son los héroes que matan al dragón y que se llevan a la princesa pa' la casa, sino que era otra forma de estar de ese personaje en el escenario, y convivir con los personajes masculinos. (Nicolás Espinoza)

Algo similar ocurre en *Xuárez*, montaje que pone en obra la fragilidad -e, incluso, la cobardía- de los mecanismos de dominación impuestos por la cultura patriarcal, lo que se refuerza irónicamente con el hecho de que Pedro Valdivia sea encarnado por una mujer. De esta forma, la puesta en escena produce la idea de que los rasgos asociados a cada género se cruzan entre sí, lo que se instala a través de un hombre en el cuerpo de una mujer y de una mujer sumamente masculinizada. Este desplazamiento se puede interpretar como un cortocircuito en la imagen del héroe que se ha configurado a través del pensamiento falogocéntrico, a partir del cual el heroísmo se presenta como una realidad incompatible a las formas e ideales femeninos, lo que también se puede apreciar en *Matria*, a través de una referencia constante a Javiera Carrera. Al respecto, la directora nos comentó que la desigualdad entre hombres y mujeres fue uno de los motores que impulsaron al colectivo para crear este montaje, señalando:

> Nos molestó que los hombres tuviesen la oportunidad de ser un héroe, de tener sus convicciones, de mandarse cambiar, porque tienen un gran leit motiv heroico. (Natalia Ramírez)

Consistentemente, al final de la obra, José Miguel Carrera, el héroe de la patria, se ve presionado a dar un paso al costado, y delegar en Javiera una nueva forma de entender la Historia, lo que, desde nuestra perspectiva, se relaciona con la profunda crisis que está experimentando la figura del héroe dentro de nuestra sociedad y, de esta forma, nos permite pensar que la revolución hoy se encuentra en manos de las mujeres. Estos montajes buscan resignificar el rol histórico de sus protagonistas, al mismo tiempo en que se replantean el rol de las mujeres en el mundo contemporáneo, intentando deconstruir varios de los supuestos que giran en torno a lo femenino y lo masculino, lo que, entre otras cosas, pone en obra la crisis que están experimentando los liderazgos masculinos, al mismo tiempo en que abre la interrogante respecto del tipo de revolución al que las mujeres estamos convocadas en el contexto actual. Y, en este sentido, se puede hipotetizar que en ellos la idea de revolución asume más bien el carácter de la *revuelta*, es decir, de un proceso que se desarrolla internarmente, y cuyos efectos se instalan en un plano diferente al que sostiene a la gran Historia, y sus representaciones.

Según Ana Martínez-Collado (2012), la revuelta se asocia a una visión política respecto del cuerpo y del género de las mujeres, llamando la atención sobre cuestiones que son decisivas para el feminismo, como la exclusión y la dominación, presentes en la cultura heteropatriarcal. Y, desde esta perspectiva, relaciona a la revuelta con la posibilidad que tienen las mujeres contemporáneas de disentir y participar activamente en el espacio público. Al respecto, se apoya de las ideas que Julia Kristeva desarrolla en *El porvenir de una revuelta, para* establecer que la revuelta no se realiza en el mundo de la acción, sino dentro de la vida psíquica, lo que, como se señaló previamente, nos permite repensar la idea de revolución, concibiéndola como una forma permanente de estar inquietas y de formularnos preguntas.

c. La transgresora

Entre las principales preguntas que instalan las obras analizadas, se propone una reflexión crítica acerca de la forma en que se ha organizado la repartición de los roles a lo largo de la historia, convirtiendo a este tema en uno de los contenidos más recurrentes. En relación al carácter excluyente de las estructuras que organizan nuestra sociedad, estas representaciones señalan algunas de las formas de exclusión que operan al interior de la cultura heteropatriarcal, entre las cuales, la reclusión de las mujeres al terreno de lo doméstico tiene un papel determinante. Frente a esto, todos los montajes abordan la posibilidad de transgredir el orden social imperante, pasando a llevar los límites que históricamente se les han impuesto a las mujeres. Y, en relación al afán de romper con el sistema normativo y valórico que está a la base de nuestra cultura, surge una figura de lo femenino que ocupa un papel fundamental en las obras analizadas, presentándose como un signo que, de distintas formas, cruza todas las representaciones: La transgresora. El hecho de que esta figura se encuentre presente en todos estos montajes permite establecer que el imaginario que actualmente gira en torno a las mujeres se asocia con un impulso de ruptura respecto de las posiciones, creencias y tabúes, impuestos socialmente. De esta forma, la noción de lo femenino se libera del sentido de sumisión y pasividad con que la cultura patriarcal ha representado a las mujeres, tiñéndose de una fuerza y una vitalidad inusitadas, lo cual se constituye como un elemento fundamental dentro del Teatro feminista chileno.

Teresa de Lauretis (1992) compara la forma en que las mujeres han debido acomodarse a las expectativas sociales con los movimientos del ajedrez, considerando que cada pieza tiene su misión dentro del gran tablero que involucra la estructura social. En contra del papel que había estado designado para las mujeres, algunos personajes, como Inés de Suárez (*Xuárez*), Javiera Carrera (*Matria*) o Juana Dark (*Dark*), representan una transgresión respecto de los roles que la sociedad tradicionalmente definía para las mujeres, reformulando y reinscribiendo la imagen de lo femenino dentro de la Historia. Por otro lado, personajes como Antofagasta (*Sentimientos*) o Nora (*Putamadre*), se nos presentan como ejemplos de la transgresión que se relaciona con los principios culturales que rigen el plano de la sexualidad, ya sea transgrediendo el tabú que impide instalar la sexualidad en el ámbito de lo público, o presentándose como la encarnación de todos los tabúes morales y sexuales que rigen en nuestra cultura. Y si consideramos los ideales y tabúes que giran en torno al cuerpo de las mujeres, las chicas de *Matria, Otras, Cuerpos que hablan, Paisajes para (no) colorear, Puta madre, Yo también quiero ser un hombre blanco heterosexual* y *Al pacino*, representan una transgresión a los modelos asociados a lo femenino, como también, una ruptura respecto de los criterios de la sexualidad permitida, ofreciéndonos otras posibilidades de ser/estar Mujer en el mundo.

En relación al contenido de las obras, la figura de la transgresora representa un rechazo a las normas y valores que han mantenido a las mujeres relegadas, invisibilizadas y reprimidas. Y, en el plano de la forma, la transgresora se nos presenta como un cuerpo que se libera de los límites que le impone la cultura, lo que se expresa en su vitalidad, osadía y exuberancia gestual, como también, en la fuerte marca que producen los tonos rojos dentro de su representación. Como se señala en la primera parte del libro, una de las principales representaciones que nuestra cultura se ha hecho de la Mujer es aquella que la figura como un cuerpo, asociándola al ámbito de lo material, terreno y animal y, desde ahí, a una sexualidad exacerbada. Estos elementos resultan fundamentales para la rearticulacón a partir de la cual se construye la figura de la transgresora en escena, lo que se presenta como una perversión del sentido peyorativo que tradicionalmente se había asociado a estas dimensiones de lo humano.

Como señala Estela Valverde (2008), frente al temor que produce un cuerpo al cual se le ha representado como incivilizado y primario, el silencio ha sido uno de los lugares reservados para las mujeres, lo que ha avanzado de la mano al despliegue de potentes estrategias de represión asociadas al sexo. Esto se agudiza en la medida que aquello que resulta ser nuestra propiedad más íntima, se presenta como el signo de lo impropio, cuya connotación ha permitido reprimir e invisibilizar el cuerpo femenino, lo que, desde nuestra perspectiva, puede explicar el carácter y el sentido que asume la figura de la transgresora dentro de la representación teatral feminista, donde las mujeres se reconcilian con las dimensión carnal, material y sexual representada por el cuerpo. Y, desde ahí, podemos interpretar el tipo de cambios que el teatro feminista nos propone.

> Imaginemos simultáneamente un cambio *general* de todas las estructuras de formación, educación, ambientes, es decir, de reproducción de los efectos ideológicos, e imaginemos una liberación real de la sexualidad, es decir, una transformación de la relación de cada cual con su cuerpo (y con el otro cuerpo), una aproximación del inmenso universo material orgánico sensual que somos, ya que esto no se puede hacer, por supuesto, sin transformaciones políticas absolutamente radicales (¡imaginemos!). Entonces la «feminidad», la «masculinidad», inscribirían de modo muy distinto sus efectos de diferencia. (...) Lo que hoy aparece como «femenino» o «masculino» ya no sería lo mismo. (Cixous, 42).

En relación a este punto, podemos señalar que otro de los temas que asume un lugar destacado dentro de las obras analizadas es la liberación de la sexualidad femenina, lo que se plantea como una reivindicación fundamental para la generación de un nuevo orden social.

> Ese legado configura una vertiente de la cultura feminista para la cual las demandas de las mujeres por una sexualidad autónoma y autodefinida se han vuelto casi una metáfora de nuestra lucha integral por la liberación personal. (Pollock, 286)

Según Estela Valverde (2008), las formas que históricamente han reprimido la expresión de la sexualidad y del deseo femenino son tan excesivas que constituirían la base para impulsar una verdadera revolución cultural, enfocada en la posibilidad de que las mujeres puedan hacerse dueñas de su cuerpo. Partamos por considerar que la representación de lo femenino se ha nutrido de la creencia que la Mujer es *lo Otro* respecto del Hombre, ante lo cual la sexualidad femenina se ha concebido por contraste a la sexualidad masculina, la cual se ha presentado como una sexualidad activa, espontánea y fácilmente excitable. Y, en este sentido, resulta muy difícil imaginar la posibilidad de una sexualidad autónoma, compleja y diversa, para las mujeres, lo que se constituye como un foco decisivo dentro del Teatro feminista chileno.

Como señala Simone de Beauvoir (2020), la representación del mundo -y el mundo mismo- es una operación de los hombres, quienes buscan en la Mujer a *lo Otro*, entendiendo que eso Otro se refiere al mundo misterioso representado por la naturaleza y la sexualidad, los que inspiran sentimientos ambivalentes en ellos. Esta ambivalencia se relacionaría con la atracción y el temor asociado a ese caos desde donde brota la vida -y la muerte-, a partir de lo cual el cuerpo femenino ha debido someterse a las necesidades y las exigencias de la cultura patriarcal, la cual nos ha reprimido profundamente, intentando aquietar ese caos que, por lo mismo, se ha presentado como el mundo de lo desconocido e incontrolable.

Michel Foucault (2007) nos ha mostrado la forma en que las sociedades modernas han reprimido la expresión de la sexualidad, encerrándola dentro de los límites de la familia conyugal, y enfocándola por entero en la función reproductora, frente a lo cual se terminó por imponer el triple decreto, de la prohibición, la inexistencia y el mutismo. Pero, como establece Foucault, paralelamente a que la sociedad reprime la expresión de la sexualidad, el sexo se convoca a través de una serie de discursos, los cuales se encargan tanto de nombrar como de ocultar los contenidos asociados a la sexualidad humana. En relación a nuestro tema, debemos entender que este hecho ha generado una de las grandes paradojas de nuestra cultura: la reclusión del cuerpo femenino, a pesar de las infinitas representaciones que sexualizan a las mujeres.

Intentando liberar la sexualidad femenina del silencio que le ha impuesto la cultura patriarcal, a la vez que se reivindica la autonomía del cuerpo de las mujeres, las obras analizadas se interesan en exponer algunos de los mecanismos que se encargan de reprimir y modelar el cuerpo en función de la reproducción, señalando que estas estrategias también se han hecho cargo de modelar la subjetividad femenina. Al respecto, pensemos en *Sentimientos, Dark, Matria, Otras, Cuerpos que hablan, Paisajes para (no) colorear* y *Puta madre* y *Yo también quiero ser un hombre blanco heterosexual*, las que, desde distintas posiciones, nos muestran la liberación del cuerpo femenino, poniendo en escena la vitalidad e intensidad de su deseo.

Teresa Porzecanski (2008) ha analizado profundamente el modo en que la Mujer se vio obligada a desexualizar su eros, operando en función del proceso de sublimación impuesto por nuestra cultura, lo que, desde su perspectiva, fue generando cierta repugnancia en relación a la actividad sexual. En contra de este tipo de creencias, algunas de las representaciones analizadas se plantean como un rechazo al hecho de que la sexualidad femenina deba regirse por las condiciones establecidas por una cultura altamente represora, lo que se aprecia claramente en obras como *Sentimientos, Matria, Otras, Cuerpos que hablan, Paisajes para (no) colorear, Puta madre* y *Yo también quiero ser un hombre blanco heterosexual*. Por otro lado, estos montajes nos impulsan a re-apropiarnos de nuestros cuerpos, y nuestra vida sexual, rechazando la creencia de que la sexualidad es algo impropio, obsceno y aberrante.

Puta madre lo hace a partir de la reivindicación de una sexualidad alternativa y velada, como la prostitución callejera, mientras que *Sentimientos* lo hace a través de la experiencia de una adolescente, quien expone su sensualidad de manera natural y explícita. Como transgresión a las pautas culturales relativas a la sexualidad femenina, *Sentimientos* se encarga de generar un ambiente altamente erotizado en escena, lo que se produce a partir de los movimientos y los gestos de algunos personajes, como Antofagasta y María Teresa. Esta atmósfera se tensiona cuando los personajes de mayor edad intentan controlar la expresión de su deseo, siendo manejadas por la vergüenza o la culpa, lo que se manifiesta escénicamente en la dificultad que ellas encuentran para nombrar los conceptos y acciones relativas al sexo. A partir de este elemento, este montaje nos demuestra cómicamente la forma en que la sexualidad se ve condicionada por la fuerza de la prohibición y el mutismo.

En relación a este punto, podemos señalar que otro de los temas recurrentes en las obras analizadas es la influencia que ejercen los medios de control social sobre las mujeres, los que, como se ha detallado en la primera parte del libro, han jugado un papel determinante al momento de adoptar y perpetuar sentimientos, comportamientos o maneras de relacionarnos con los demás. Esto se puede apreciar en la culpa que encubre Javiera Carrera ante el hecho de haber abandonado a sus hijos o la vergüenza que expresa la protagonista de *Yo también quiero ser un hombre blanco heterosexual* por ser una mujer negra y homosexual. También se deja entrever en montajes como *Otras* o *Paisajes para (no) colorear*, cuando sus protagonistas deben asumir sus sentimientos por otra mujer, o bien, en las profundas contradicciones de Antofagasta (*Sentimientos*) al enfrentar los efectos del video en que se exhibe su vida sexual, todo lo cual actúa en directa relación a la presión que suelen ejercer los modelos ideales de lo femenino que impone la cultura sobre las mujeres.

d. La violencia contra las mujeres

Judith Butler (2002) se valió del concepto de *superyo*, desarrollado por Freud, para establecer un lazo entre la constitución del sujeto y la experiencia de ser observado. Esto, considerando que la regulación social de la psique se encuentra profundamente influida por el modo en que el sujeto se apropia de las prohibiciones y regulaciones impuestas en función del género. Desde esta perspectiva, Butler nos ofreció una imagen de gran relevancia para el análisis de lo femenino, cuando presenta al *superyo* como un ser cuyo único rasgo es observar: observar para poder juzgar. Todo ello porque, como se ha podido apreciar, este tipo de fenómenos asume un papel revelante dentro de los montajes seleccionados.

La presencia de este tipo de controles se erige como telón de fondo en varios de estas obras, ya sea como recordatorio de la mirada inquisidora que instala nuestra cultura, en la forma de una Madre que se impone como un espejo para sus hijas, o bien, a través de la forma en que los medios de control social han sido introyectados por los personajes, lo que se puede apreciar claramente en el diálogo interior que Inés de Suárez mantiene con su alterego a lo largo del relato. En este sentido, el autocontrol se presenta como un dispositivo de autovigilancia, que se encuentra profundamente arraigado en el inconsciente femenino. Frente a esto, la figura de la transgresora se plantea como un rechazo a los controles que la cultura le impone a las mujeres, aunque alguno de los personajes termine sucumbiendo ante este tipo de presiones, lo que les da un tono trágico a varios de estos montajes.

La vergüenza, la culpa o el autocontrol, se nos presentan como una de las tantas formas de violencia que la sociedad ejerce sobre las mujeres, lo que nos lleva a considerar que la violencia no solo opera sobre los cuerpos -como la violencia sexual, que se aborda en *Otras*, *Puta madre* y *Yo también quiero ser un hombre blanco heterosexual*-, sino también, en la autoagresión que deriva de las intensas presiones que recaen sobre las mujeres, como se expresa en *Sentimientos* o *Paisajes para (no) colorear*, con el suicidio de una de sus protagonistas. En el caso de la violencia que se ejerce sobre los cuerpos femeninos, *Otras* desarrolla un cuadro denominado "El cuerpo", en el cual se le va dando forma a un cuerpo que guarda silencio frente a la agresión, sometiéndose pasivamente a los lineamientos que un grupo de hombres considera adecuados para una mujer. Y, para recalcar que la violencia es un flagelo que rodea a todas las mujeres, al final de la obra las protagonistas llevan a cifras (porcentajes y promedios) las experiencias que ellas mismas han vivido a lo largo de su vida, a partir de lo cual le exponen muchas de las situaciones de acoso, abuso, agresión o discriminación, que las mujeres experimentan cotidianamente. Esto se presenta como una forma de denuncia, individual y colectiva, que también se puede apreciar al inicio de *Paisajes para (no) colorear,* en un ejercicio escénico muy similar al que acabamos de comentar.

En relación a la violencia que el Poder ejerce sobre los cuerpos femeninos, este tema también fue abordado posteriormente por Patricia Artés, y Teatro público, en la obra *Irán #3037,* la cual saca a la luz la violencia político-sexual que fue ejercida en nuestro país durante la dictadura militar. Como señala Patricia, este montaje aborda el ataque sufrido por las mujeres militantes, a través de una violación sistemática, que consiste en una apropiación de sus cuerpos como medio de tortura. La casa, ubicada en Irán #3037, fue conocida como la "Venda Sexy", porque los detenidos y detenidas en ese lugar eran mantenidos con los ojos vendados, mientras eran sometidos a brutales abusos sexuales. Este hecho fue abordado en este montaje para señalar el modo en que la violencia sexual llega a convertirse en un instrumento político de Estado, dirigido fundamentalmente contra los cuerpos de las mujeres.

Al respecto, debemos recalcar que la violencia, sobre las mujeres y sus cuerpos, es un tema que cruza todas las obras analizadas, entendiendo que este fenómeno opera tanto a nivel físico, como emocional y simbólico. Y, a su vez, que la violencia no solo se remite a los cuerpos femeninos, sino también a los cuerpos feminizados. Uno de los montajes que pone a este tema como centro del relato es *Yo también quiero ser un hombre blanco heterosexual,* el cual nos muestra a una mujer, haitiana y homosexual, que se encuentra en el margen de la estructura social, expuesta a diversas situaciones de violencia y abuso, incluyendo el hecho de haber sido violada por su propio padre, a los 5 años. Desde esta perspectiva, la obra aborda un tipo específico de violencia -aquella que recae sobre el cuerpo de las mujeres negras-, para denunciar los peligros a los que se ven sometidos los cuerpos que no cumplen con los cánones establecidos, es decir, con los ideales asociados a lo femenino.

Esta obra se centra en una mujer que vive una cotidianeidad llena de abusos, violaciones y muertes, lo que se presenta como una realidad inherente a su situación de marginalidad. Como señaló la dramaturga, en la entrevista desarrollada el 4 de junio del año 2020

> Los personajes viven en un margen, habitan esta otredad, y eso inevitablemente los sitúa en un lugar más cercano a la muerte. Imagínense las estadísticas de ahora… una persona negra tiene como cinco veces más probabilidades de que lo mate un policía que a una persona blanca, o a las mujeres que las matan sus parejas. (…) Entonces, está la idea de que la libertad del cuerpo conlleva a la muerte, y siento que es político plantearlo. (Carla Zúñiga)

Poniendo en evidencia la relación que existe entre Eros y Tánatos, en varias de las obras analizadas la muerte cruza los relatos, vaticinando un destino trágico para los personajes. De diversas formas, la presencia de la muerte señala que la tragedia es una fuerza que circunda el mundo de aquellas que se apartan de los cánones establecidos, recalcando los peligros que enfrenta una persona que se atreve a atentar contra las pautas socialmente aceptadas. Por ejemplo, este elemento se constituye como un elemento central de las obras de La niña horrible, considerando la relevancia que este tema implica para el director, quien nos comentó que dentro del trabajo de esta compañía la muerte se asumió como algo concreto e inevitable, señalando:

> La muerte es mía, es lo único real y nuestro. (Javier Casanga)

En *Sentimientos* y *La trágica Agonía de un pájaro Azul*, los personajes protagónicos están conscientes de su inminente suicidio, como también ocurre en *Historias de Amputación a la hora del té*, en la cual Laurita, la protagonista, tiene muy claro que la muerte será el efecto irreversible del cáncer que padece, todo lo cual les imprime un tono trágico a estas representaciones. Por otro lado, las heridas sangrantes de Joana pueden leerse como el indicio de la violencia y la muerte que este personaje representa, ya sea en relación a la violencia intrafamiliar que ella padece, al suicido de Antofagasta que ella impulsa, o al asesinato de su esposo, que ella ejecuta al final de la obra. En relación al suicidio de Antofagasta, Carla Zúñiga nos comentó que, dado que la noticia del viral "Wena Naty" fue expuesta con un machismo tan brutal, ella se preguntó si ese hecho había causado la muerte social de esta adolescente. Esta interrogante, que fue central para estructurar la representación, se expresa a nivel escénico a través del suicidio de la protagonista, el que se presenta como una consecuencia inevitable de su transgresión a las conductas sexuales socialmente aceptadas. Al respecto, podemos señalar el momento en que el personaje de Pato Piñata le advierte: *"Andan diciendo cosas feas de ti en el colegio, cosas terribles, cosas asquerosas, (…) yo creo que si eso fuera cierto estarías muy asustada, encerrada en tu pieza, con insomnio, náuseas y por sobre todo muchas, muchas, muchas, ganas de morirte"*.

El suicidio también está presente en la escena final de *Paisajes para (no) colorear*, cuando las intérpretes entran al escenario para encontrarse con el cuerpo de Sofía -la muñeca inflable- colgado del techo, todo lo cual hace referencia al bulling, la discriminación y la falta de anhelos que sufren las adolescentes chilenas. Previamente, este montaje también había representado la muerte de una menor de 11 años (Lissette Villa), quien fue asesinada al interior del SENAME, como efecto de un castigo. Por lo tanto, podemos establecer que en esta obra la violencia tiene varios matices, pasando por las diversas presiones a las que las adolescentes se enfrentan cotidianamente, hasta llegar a la muerte y el suicidio, todo lo cual permite comprender con más profundidad el nombre de este montaje.

Como hemos comentado previamente, los distintos cuadros de *Dark* traen consigo la descripción de actos cada vez más violentos, todos los cuales culminan con la muerte de la protagonista, la cual será abordada desde la posición que manifiesta cada personaje a través de su relato, a partir de los cuales se llega a pensar que solo la muerte permitió aquietar las pulsiones que les generó la seducción y el horror representados por Juana. Al igual que en *Sentimientos*, *Dark* se presenta como "la crónica de una muerte anunciada", pues la muerte está rondando a la protagonista desde el inicio de la representación, lo que también se subraya a través de la relación que ella mantiene con la figura de Juana de Arco y el personaje de *Santa Juana de los mataderos*. Este efecto se apoya en el diseño sonoro de la obra, para evocar una atmósfera misteriosa e inquietante, lo que da cuenta de la profunda exploración que desarrolló Colectivo Zoológico en el mundo de las películas de horror.

Dark. Foto cortesía de María Paz Gonzalez

Así como *Sentimientos* remarca la presencia de la muerte a través de la luz roja que se introduce a través de la puerta principal de la casa, *Dark* produce diversos momentos en que la pantalla se tiñe de un tono rojizo, el que se presenta como un indicio del horror y la muerte. Esta operación también se puede identificar dentro de un Teatro de sombras, que se inserta dentro del montaje, en el cual se aprecia la silueta de los personajes masculinos, portando cuchillos y una pala, mientras vemos que la silueta de Juana avanza hasta el centro de la escena, hasta desaparecer, todo lo cual nos remite simbólicamente al fatal destino que posteriormente enfrentará la protagonista. La presencia del color rojo también se ve subraya al mezclar relatos plagados de violencia con escenas de alta connotación sexual, lo que, al igual que en *Sentimientos*, se tiñe de un tono grotesco que, como señala Bajtin (2003), abre el espacio para una risa liberadora, que permite sobreponerse al temor que surge ante la muerte.

Las diversas connotaciones del color rojo permiten realzar la complejidad implícita en el tema del femicidio: un tipo de violencia extrema, que se oculta tras la imagen del amor, el deseo y la pasión. En la entrevista desarrollada el 23 de septiembre del año 2021, Laurène Lemaitre nos comentó que el tema de la muerte apareció en *Dark* a partir de la referencia que hace la obra al personaje de Juana de Arco, quien es conocida como una joven que se sacrificó por el bienestar de su pueblo. Pero, sin duda, la aparición de este tema también estuvo cruzada por varios femicidios que se habían producido en nuestro país en el momento en que se gestaba el montaje, lo que había traído consigo movimientos de mujeres que trataban de visibilizar este fenómeno en las calles, todo lo cual influyó decisivamente en la formulación del personaje de Juana, cuyo motivo fundamental se relaciona con la necesidad de salir a la calle, a visibilizar el desamparo producido por el sistema social imperante, y sus injusticias.

> El vínculo que hubo con el femicidio en un inicio fue no tocar el tema de manera literal, tratar de alejarnos lo más posible de la literalidad, para que no se convirtiera en una obra sobre el femicidio, específicamente. Pero después, en esta segunda etapa de estructuración, creo que esto se fue trabajando de una manera mucho más sutil, mucho más en los detalles… que no fuera algo que tuviera exacta relación con la contingencia, sino que fuera algo que de alguna manera diera cuenta de una estructura, de una forma estructural de la sociedad. Así como Brecht trata de dar cuenta de esta sociedad capitalista, que instrumentaliza a los trabajadores -y que instrumentaliza a Juana-, nosotros y nosotras teníamos la intención de que la obra diera cuenta también de esa estructura que está un poco más por debajo. (Laurène Lemaitre)

En relación a este punto, Nicolás Espinoza señala que el uso de muñecas dentro de la representación tuvo como finalidad expresar simbólicamente la forma en que se manipulan los cuerpos "frágiles" de las mujeres cuando caen en las manos de los hombres, lo que, por su fuerte violencia, se presentó al modo de un juego de niños. Al respecto, es interesante destacar que, jugando con las posibilidades de la metonimia, las diversas figuras de lo femenino que se despliegan en la puesta en escena de *Dark* se construyen a través de una serie de fragmentos icónicos, incluyendo algunos trozos de muñecas, que se distribuyen en diversos niveles de la representación. Ante ello, resulta sumamente inquietante un momento en que se proyecta sobre la pared del fondo del escenario el momento en que se abre un diminuto horno rosado de juguete y aparece el trozo de una muñeca, en directa alusión a la violencia que experimentará Juana a lo largo del relato.

Dark. Foto cortesía de María Paz Gonzalez

El interés por abordar el modo en que los hombres tratan a las mujeres también se desarrolló en *Casa de muñecas* (2019), obra que se centra en el confinamiento que viven las mujeres dentro del mundo privado, lo que fue abordado por Colectivo Zoológico con un enfoque teñido de una mirada masculina y machista. Sobre este enfoque, Nicolás Espinoza comentó que la intención de este montaje no era leer a Nora como un ícono de emancipación, sino que como una transición en el proceso que vive una mujer que se libera del espacio privado, explorando en el paso que va desde el bienestar que la cultura les ofrece a las mujeres bajo el calor del hogar, hacia otro lugar, aun indeterminado.

En relación a este punto, es interesante destacar el cruce que se produce entre *Casa de muñecas* y *Dark*, en el cuadro denominado "Tercer descenso de Juana a los abismos", en el cual se proyecta un video sobre la pared del fondo, donde la protagonista nos habla de sus debilidades, dudas y temores, haciendo referencia al miedo que le provoca la vida miserable y sumisa que se vive al interior del hogar. En este contexto, Juana se identifica con un pájaro que sale de su jaula, para luego regresar a su prisión; imagen que nos permite formular uno de los posibles finales que habría tenido Nora, en *Casa de muñecas*. Por su parte, *Puta madre* es otra de las obras que instala un posible final para la protagonista del clásico texto de Ibsen, a partir del cual también se busca hacer referencia a la relación de subordinación que perpetúa el régimen patriarcal al mantener a las mujeres enclaustradas dentro del espacio doméstico.

Este cruce se hace evidente cuando se explicita que el hogar de la familia que protagoniza el relato lleva el nombre de Torvaldo Helmer, en honor al padre muerto, a partir de lo cual nos damos cuenta que el personaje de Nora está haciendo referencia directa al personaje de *Casa de muñecas*, lo que nos induce a construir una relación entre las protagonistas de ambas obras. Pero, por oposición a la idea de encierro representada por la protagonista del clásico texto, esta Nora alude al mundo de la calle y la prostitución, asumiendo que esta mujer tuvo que salir de los resguardos del hogar depúes de la muerte de su esposo. Como se ha señalado previamente, este montaje saca a la figura de la prostituta del lugar tradicional, presentando a Nora como una mujer que ha adquirido la fortaleza para enfrentarse a un sistema sumamente violento, lo que la ha llevado a generar diversas estrategias de sobrevivencia, que incidieron profundamente en su personalidad, caracterizada por una voluntad de dominio y Poder, todo lo cual pervierte radicalmente la imagen de lo femenino ofrecida por Ibsen a través de la protagonista de su obra.

A pesar del carácter torcido de esta puesta en escena, *Puta madre* también culmina con la muerte de uno de los personajes principales de la obra -Hipólito, el hijo-, lo que nos demuestra que, más allá de las fortalezas representadas por la protagonista, el ejercicio de la prostitución inevitablemente trae consigo un alto riesgo de violencia y muerte. Y, en este sentido, la intención de darle protagonismo a una mujer que se presenta como la transgresión de todos los valores, morales y estéticos, se tensiona con la presencia desbaratadora de la muerte, la que, a pesar de que el montaje se ubica "más allá del bien y el mal", entra en escena como una metáfora del castigo que suelen recibir aquellos seres que transgreden las reglas impuestas por el orden social imperante. En la entrevista desarrollada el 30 de junio del año 2020, Ernesto Orellana nos comentó que este montaje tuvo como referencia a las animitas, un objeto religioso que se utiliza en los sectores populares, para venerar a los seres queridos y destacar aquellos lugares donde han ocurrido grandes tragedias, a partir de lo cual el diseño escénico buscó remarcar el lugar central que asume la muerte dentro de este relato, el que nos pone de frente a las situaciones de violencia que vive uno de los grupos más estigmatizados de nuestra sociedad.

Los cuerpos que se dedican al comercio sexual corren mucho más riesgo de estar expuestos a la violencia sexual y el asesinato, lo que se agrava considerando que la estigmatización que recae sobre ellas y ellos les convierte en un objeto al que se le niega todo tipo de resguardo y apoyo social, todo lo cual transforma a la prostitución en una de las manifestaciones de violencia predominantes dentro de nuestra sociedad. Esto se recalca en un cuadro donde se nombra a una serie de travestis asesinadas, supuestamente por los mismos hombres que mataron a Hipólito, lo que presenta a la muerte de este personaje como una metonimia de los crímenes de odio, recurrentes en nuestro país. Por lo tanto, este montaje nos remite a la violencia a la que están expuestos todos los cuerpos femeninos y feminizados, como efecto de los mecanismos de exclusión social aplicados al interior de nuestra cultura.

Como establece Nora Segura:

> Los modos de distribución del poder social y las formas

como se legitima la desigualdad vistos en cuatro escenarios complementarios: el género, la clase, la etnia y la edad, permiten acercarnos al cómo y al porqué de la invisibilidad y de la selectividad de la violencia sexual inherente a la prostitución. De la misma manera el poder patriarcal, tomado como eje de análisis, permite superar la discontinuidad de la población femenina y la oposición buena-mala postuladas desde una moral patriarcal y clasista, y hacer énfasis en las dimensiones comunes a todas las mujeres frente a la violencia sexual. (Segura, 196)

4. Imágenes predominantes y las contrafiguras de lo femenino

a. La puta y la bruja

Como se ha podido apreciar a lo largo de esta exposición, la imagen de "la puta" ocupa un papel relevante dentro de los montajes analizados, lo que ya llama la atención, ya que, a pesar de constituir una figura central en la historia cultural de Occidente, ésta se ha mantenido ajena de las preocupaciones intelectuales, políticas y éticas de nuestra sociedad, constituyéndose como ese "afuera" a partir de la cual se articula la noción ideal de lo femenino, producida por la cultura heteropatriarcal. Ideológicamente, la carga negativa que pesa sobre la imagen de la prostituta influye profundamente en las representaciones colectivas que giran en torno a su figura, ante lo cual varias de las obras analizadas reaccionan críticamente. El ejemplo más claro es la obra *Puta madre* que, como hemos señalado previamente, nos propone a una prostituta como el personaje protagónico del montaje, a partir de la cual se busca visibilizar la presencia de aquellos cuerpos que son negados y marginados por la cultura patriarcal, como los cuerpos del trabajo sexual y las disidencias. Desde esta perspectiva, la obra redime la subjetividad representada por una prostituta, valiéndose de esta contrafigura para reivindicar el deseo sexual de las mujeres, todo lo cual tensiona la imagen de la santa, o la virgen, a partir de la cual se han perfilado los ideales asociados a lo femenino. De esta forma, el montaje aborda la presencia de representaciones que resultan sumamente alienantes, a partir de las cuales se logran invisibilizar los universos populares y disidentes, todo lo cual busca introducirnos en aquellos espacios que suelen permanecer ocultos a nuestra mirada, a pesar de que se encuentran en frente nuestro día a día.

Estéticamente, como la prostituta se nos presenta como un ejemplo de los cuerpos deslegitimados y excluidos, ubicándose en el límite de lo visible, su figura le da un tono abyecto a la representación. Frente a esto, la imagen de "la puta" pueda ser utilizada por el Teatro feminista como un medio para proponer un discurso crítico respecto de las creencias impulsadas por la cultura patriarcal, abriendo la posibilidad de exponer el carácter excluyente y represor de nuestra sociedad, lo que, entre otras cosas, logra develar el modo en que el pensamiento binario se las ha arreglado para dividir a las mujeres entre putas y virtuosas: entre las malas y las buenas; instalando una relación de oposición, jerárquica y estigmatizadora, entre ambas.

En contra de este tipo de prejuicios, *Cuerpos que hablan* aborda la oposición binaria entre "la maraca" y "la cartucha", para reivindicar la contrafigura femenina de "la gozadora", lo que, como se ha señalado previamente, se presenta en escena en un cuadro que plantea el deseo que expresa una chica por convertirse en una *dominatrix*. Esta reivindicación de "la gozadora" también se plantea en *Paisajes para (no) colorear*, al exponer el rechazo de una joven, que se encuentra bailando libre y sensualmente en escena, al hecho de que los valores culturales permitan sentenciar su forma de moverse. Esto se aprecia con toda claridad cuando una voz en off señala que una mujer no se debe mover de esa manera, pues son las putas las que bailan así, ante lo cual ella responde: *Bueno, ¡entonces soy puta!*

Presentada como "suelta", "perra", "maraca", "zorra" o "camboyana", las obras analizadas se valen de esta contrafigura para señalar a una mujer marginada, repudiada y/o invisibilizada, lo que será resignificado en escena, para instalar una mirada feminista acerca del placer sexual de las mujeres. En *Puta madre* y en *Sentimientos,* este tema resulta central dentro del montaje, lo que, en el caso de la obra de La niña horrible, permite reivindicar la imagen de una joven que se permitió traspasar los límites de lo permitido, pasando a llevar los tabúes que giran en torno al sexo y la sexualidad, todo lo cual nos ofrece una nueva perspectiva para abordar el relato que nuestra cultura construyó en torno al caso "Wena Naty". *Paisajes para (no) colorear* también resignifica la imagen que tiene nuestra sociedad de una chica "suelta de cuerpo", liberándola de las cargas morales y los prejuicios que nuestra cultura ha creado en torno a esta imagen, lo que resulta especialmente destacable si consideramos que en ambos montajes se trata de una adolescente, quien expone su sensualidad de manera natural y honesta, lo que, paradójicamente, produce una mirada bastante incómoda entre los espectadores.

Paisajes para (no) colorear. Foto cortesía de GAM/ Jorge Sánchez

Matria también aborda la sexualidad femenina como algo natural, presentándonos a una Javiera Carrera que se instala en escena como un ser carnal, a partir de lo cual el montaje amplía nuestra posibilidad de entender la forma en que este personaje histórico trastocó el carácter pasivo asumido por las mujeres de su época. Escénicamente, este punto se enfatiza en una escena en que Javiera Carrera se introduce dentro del marco del hogar que comparte con su esposo, declarando: "quiero coger". De esta forma, la obra aborda el placer sexual de las mujeres, mostrando a Javiera Carrera como una mujer deseante, que se niega a ser un objeto pasivo, destinado a cumplir los deseos de un hombre. Al respecto, la directora del montaje nos comentó que, cuando ellas se cuestionaban sobre los deseos de Javiera Carrera, repararon en que su marido era un hombre de la edad de su padre, ante lo cual los mitos que giran en torno a su partida de Chile asumieron un carácter renovado para el equipo. Frente a esto, decidieron representar al esposo de una manera grotesca -a través de la corporalidad de un anciano y un vestuario que exponía exageradamente la presencia de un par de testículos, que colgaban groseramente de su torso-, ironizando sobre la creencia de que Javiera Carrera se habría ido de Chile para seguir los pasos de un amante más joven.

Como se ha señalado en la primera parte del libro, las representaciones que giran en torno a lo femenino se inscriben dentro de la lógica excluyente que es propia del pensamiento binario, a partir del cual surge la oposición entre una mujer definida como "pura" respecto de otra concebida como "impura". Estas figuras nos remiten a la virgen -imagen ideal de lo femenino- y la puta, respectivamente, ante lo cual la significación negativa de la segunda tiende a expulsarla del ámbito de lo visible, pensable y vivible. La relevancia que adquiere esta contrafigura para esta investigación se relaciona con un fenómeno de Poder-violencia, que resulta fundamental para instalar la problemática de los cuerpos abyectos, entendiéndolos como aquellos cuerpos que transgreden los límites establecidos por las definiciones de género dominantes. Este fenómeno se aborda en *Yo también quiero ser un hombre blanco heterosexual,* que pone en escena la oposición entre la pureza y la impureza femenina a través de una mujer negra, pobre y lesbiana, a partir de la cual este montaje explora los significados adversos asociados a cierto tipo de mujeres. Ante ello, resulta decisiva la oposición que se construye entre el personaje de Dolores, quien representa el mundo protegido y "feliz" de una mujer "normal", y las diversas situaciones de violencia a la que está expuesta la protagonista de la obra.

A pesar de la carga negativa que recae sobre ella, podríamos considerar que "la puta" nos remite a las figuras tradicionales de lo femenino, dado que es un personaje que nos remonta hasta las narrativas desarrolladas por las primeras civilizaciones humanas. Pero, un Teatro feminista y reivindicativo se vale de esta imagen para resignificar el sentido de este concepto, ofreciéndonos a la prostituta como una contrafigura, que pervierte las asociaciones que la cultura patriarcal ha construido en torno a lo femenino, en base a la oposición binaria virgen-prostituta/pura-impura. Desde esta perspectiva, la imagen de la prostituta también se nos presenta como una máscara, es decir, como una forma a partir de la cual las mujeres se han acomodado a las exigencias de la sociedad patriarcal y, por lo tanto, como una posibilidad de *desenmascarar* el sentido de lo femenino, que se oculta detrás de una gruesa capa de prejuicios y estereotipos culturales. Algo similar ocurre con la figura de la bruja, cuya imagen se está utilizando para denunciar la forma en que históricamente se ha sancionado a las mujeres que transgreden los modelos femeninos imperantes, presentándose como una contrafigura, que permite denunciar las asociaciones negativas que la cultura patriarcal les ha endosado a las mujeres.

> El tránsito de la Baja Edad Media a la Edad Moderna es uno de los momentos clave en la proyección monstruosa de las mujeres. (...) El éxito de los tratados de demonología, y especialmente la aceptación del *Malleus Maleficarum* o *Martillo de brujas* como manual de buenas prácticas para los inquisidores en los autos de fe, convierten la figura de la bruja o hechicera en el nuevo monstruo femenino al que combatir. (Beteta, 295)

Otras hace una especial referencia a la quema de brujas, presentándolas como mujeres que fueron perseguidas y sacrificadas por causa de sus poderes, los que resultaban incomprensibles para el pensamiento falogocéntrico, todo lo cual sirve de marco para que el montaje nos proponga una transgresión de los criterios que históricamente han condicionado las ideas y los comportamientos de las mujeres. De hecho, la puesta en escena se inicia con un texto que ubica a las brujas en un lugar central del relato, lo que escénicamente se desarrolla sobre un escenario oscuro, que solo permite vislumbrar la silueta de tres mujeres, momento en el cual se escucha una voz femenina que señala: *"El patriarcado es un sistema de dominación que se remonta a los inicios de esta civilización y que hace de la mujer una categoría secundaria, un apéndice en este, el mundo de los hombres. Entre los siglos XV y XVIII se registra una de las matanzas más sangrientas de la historia, tachada y silenciada de las grandes historias de los hombres: la caza de brujas. El empobrecimiento del campesinado, la prohibición del trabajo asalariado de las mujeres y la incipiente -y primitiva- acumulación capitalista, serán factores determinantes en este pasaje invisible de nuestro pasado. Mujeres sabias y parteras, comadronas, herboristas... todas aquellas que habían adquirido los conocimientos de sus madres y abuelas, mujeres que conocían y enseñaban a otras mujeres sobre su cuerpo y sexualidad... toda mujer que reaccionara a la moral de la iglesia, la que se negaba al matrimonio, la que no aceptaba el celibato, la que se atrevía a vivir sola, la que no encajaba en la nueva economía, podía ser una bruja... podía ser una mujer a la que se debía asesinar".*

Este texto presenta a las brujas como un referente de la persecución sufrida por las mujeres que cuestionaron el orden social impuesto por el patriarcado, entre las cuales se cuentan aquellas que poseían un tipo de conocimiento centrado en el cuerpo, y aquellas que osaban transgredir los lineamientos morales impuestos por la cultura de su época, lo que, según Yolanda Beteta, permitió demonizar la naturaleza femenina, generando un profundo rechazo ante sus conocimientos y su cuerpo.

> Sus conocimientos mágicos, su culto al diablo, su sexualidad excesiva y castradora, la ausencia de instinto maternal, su nocturnidad y la creación de círculos de solidaridad femenina (aquelarres) convierten a las brujas en el icono transgresor más reconocible para el patriarcado. (Beteta, 295)

Si retornamos al tema de la reclusión de la mujer en el espacio privado, y la satanización del cuerpo femenino, Beteta nos recuerda que a lo largo de la historia de Occidente se han sucedido diversas estrategias sociales, económicas, políticas y culturales, que han deslegitimado la participación de las mujeres en el espacio público, lo que ubica a la figura de la bruja, creada por la cultura patriarcal, en un lugar determinante.

> Partiendo de la idea de que las mujeres sabias son transgresoras porque vulneran su reclusión en el ámbito privado y familiar, las redes del poder político se dirigen fundamentalmente contra dos grupos de mujeres claramente definidas por la posesión de saber: las sanadoras y parteras, identificadas con el estereotipo de bruja. Ante ellas, el sistema reacciona con su persecución y deslegitimación pública asociándolas con supuestos poderes maléficos. La demonización y persecución de las parteras y curanderas responde a la necesidad patriarcal de frenar un conocimiento empírico netamente femenino que, además, tiene dos connotaciones transgresoras: su oposición al saber médico masculino y su conocimiento del cuerpo femenino. (Beteta, 303)

Esta imagen también es evocada en *Xuárez, Dark, Otras, Cuerpos que hablan, Puta madre* y *Al pacino,* en las cuales se presentan mujeres transgresoras que, de distinta forma, pasan a llevar el sistema de normas y valores que definen el lugar de la Mujer dentro de la sociedad. En *Xuárez,* la imagen de la bruja se relaciona con el estigma que pesaba sobre Inés de Suárez, por ser una mujer libre de los estereotipos que giraban en torno a lo femenino durante su época, y poseer conocimientos que escapaban al dominio de la razón. Dentro del mismo montaje, el personaje de la india Catalina también nos remite al sentido peyorativo y oscuro que el conocimiento y los poderes femeninos han representado para la cultura patriarcal, los cuales fueron censurados y perseguidos, durante siglos. En *Dark,* por su parte, esta imagen nos dirige a la referencia que el montaje desarrolla en relación a la figura histórica de Juana de Arco, quien fue quemada en la hoguera, igual que otras mujeres acusadas de brujería.

En *Cuerpos que hablan,* la figura de la revolucionaria se nos presenta como la nieta de las mujeres que debieron enfrentar la represión y el castigo ejercidos por la cultura patriarcal, remitiéndonos a la imagen de la bruja para subrayar los prejuicios y estereotipos que históricamente han intentado controlar y coartar el poder de las mujeres. De hecho, el cuadro final del montaje se inicia bajo una atmósfera de furor, producida por una iluminación de claves rojas, cuando dos jóvenes, con capuchas del mismo color, se ubican detrás de la pared que ocupa el centro de la escena, mientras una estudiante le habla directamente al público, para señalar: *"Somos las nietas de las brujas que no pudieron quemar... las nietas de las luchadoras que no pudieron oprimir... las nietas de las detenidas que no pudieron desaparecer... las nietas de las despreciadas por la historia que no pudieron ocultar.... las nietas de las gozadooraas cuyo placer no pudieron reprimir..."*.

En *Puta madre,* este elemento se ve reforzado a través del cruce entre la bruja y la prostituta, las que, como hemos señalado, se presentan como imágenes en función de las cuales la cultura patriarcal ha marginado y sentenciado algunas dimensiones de "lo femenino". En la última escena de esta obra, la protagonista se lanza al piso y entra en contacto con la tierra que cubre el escenario, a partir de lo cual se desarrolla una especie de ritual, donde ella comienza a invocar a sus "ancestros inmorales". En este momento, Nora hará referencia a las brujas que han sido sacrificadas por transgredir las pautas morales fijadas por nuestra cultura, construyendo un interesante vínculo entre la puta de la bruja, las cuales, como ya se ha establecido, se presentan como las principales contrafiguras de la representación tradicional de lo femenino.

La protagonista de *Al pacino* también hace referencia al mundo de las brujas, introduciéndose en escena con un llamativo vestuario, que presenta varios símbolos relativos a la brujería y la magia, lo que se amplifica en un cuadro en que un conjunto de espejos permite apreciar estos signos en medio de la oscuridad, los cuales se proyectarán en gran tamaño, a partir de unas linternas que traspasan la tela amarilla de la capa que cubre a este personaje. Desde nuestra perspectiva, esta imagen cumple la función de distorsionar el modo en que la figura de lo femenino se ha construido históricamente, como un reflejo de las representaciones que la cultura heteropatriarcal ha proyectado sobre los cuerpos de las mujeres, ante lo cual este montaje induce que los espejos que se introducen en escena puedan reconfigurar la realidad que creemos conocer.

Si consideramos que estos símbolos -brujas bajo la luna, pentagramas, fuego, sogas y un macho cabrío- nos remiten a ese mundo de conocimientos mágicos, rechazados y sentenciados por la cultura patriarcal, podemos concluir que *Al pacino*, al igual que las otras obras analizadas, está revitalizando una imagen de lo femenino que ha sido invisibilizada históricamente, para proponernos una búsqueda en aquellos ámbitos de la identidad que se han tenido que abyectar en función de las normas e ideales culturales. Por un lado, podemos pensar que estos símbolos activan los prejuicios que giran en torno a la brujería, a partir de la cual se generó una asociación entre las mujeres y esos seres de aspecto nocturno -como los machos cabríos, sapos, lobos y gatos- que sirvieron para demonizar la naturaleza femenina -sus conocimientos y su cuerpo-. Por otro lado, podemos hipotetizar que la referencia al mundo de las brujas abre una potente reflexión sobre el modo en que la sociedad -el espejo- ha modelado nuestra experiencia vital y, conjuntamente, la figura de lo femenino, lo que, en el caso de *Al pacino,* se pervierte de un modo carnavalesco, convirtiendo a la puesta en escena en una especie de danza ritual, de celebración y sacrificio, centrada en el cuerpo.

En relación a este punto, cabe destacar que el sacrificio es otra de las imágenes que aparece recurrentemente dentro de las obras analizadas, la que no se presenta solo como un método de control social, sustentado en el valor que nuestra cultura le otorga al hecho de que las mujeres centren todos sus esfuerzos en relación al hogar y la familia, sino también, como el gesto de ofrendar la vida y sembrar una nueva realidad, lo que, dentro de un Teatro feminista, asume un carácter determinante. Respecto de la primera acepción de la idea de sacrificio, *Otras* nos ofrece una imagen que se refiere a los múltiples "castigos" que están implícitos dentro de la institución de la familia y el matrimonio, la cual instala una potente crítica al lugar que las instituciones sociales le designan a las mujeres. En *Puta madre*, por su parte, el ritual funerario que Nora desarrolla hacia el final de la obra nos habla del sacrificio de las brujas, las putas y los travestis, para denunciar las múltiples vidas que han sido sacrificadas en nombre del "paraíso", concepto con el cual ella alude irónicamente al orden social imperante. Y, en este sentido, la muerte de Hipólito se presenta como forma en que el sacrificio de una vida puede pensarse como una posibilidad para cuestionarnos el orden imperante e imaginar una sociedad más justa e inclusiva.

En *Xuárez* y *Dark*, la imagen del sacrificio se presenta en relación al destino trágico que les espera a sus protagonistas, lo que, en el caso de *Dark*, se relaciona con el castigo que efectivamente sufrió Juana de Arco quien, por salirse del marco establecido para su época, terminó siendo sacrificada por su colectividad. Esto también se plasma en *Otras*, cuando el largo texto que da inicio al montaje nos remite a la injusticia que significó la quema de brujas para las mujeres que transgredían las pautas culturales de su época. Y, de una forma similar a cómo *Dark* cruza el tema del femicidio con la imagen del sacrificio, este montaje hace referencia al matrimonio, para proponernos una interesante analogía entre la mujer y un animal sacrificado, señalando: *"lo mismo que la bestia muda que se engorda para el matadero, a ella se le prepara para el sacrificio de su vida"*.

En *Matria*, la imagen del sacrificio también se despliega en escena, lo que se produce a partir del desarrollo de un ritual de fertilidad, que ya ha sido detallado previamente. Recordemos que, cuando la protagonista del cuadro "Parir" deja caer un pequeño huevo desde su vagina se da pie a un ritual de sacrificio, el cual connota el sentido negativo que experimenta el valor de una mujer después de convertirse en madre. Al igual que en *Otras*, esta imagen expone la idea de que el cuerpo de la mujer debe ser sacrificado en función del bien común, considerando que la maternidad marca el paso entre ser Mujer y ser Madre, lo que canaliza sus acciones en función de las expectativas sociales que solo hacen girar su vida en torno al rol materno.

En estos casos, la metáfora del sacrificio puede ser leída como una forma de control social, que recae sobre las mujeres al momento de transformarse en madres, asumiendo que en este paso se define para ellas un futuro de sacrificios y esfuerzos, totalmente supeditados a la lógica de la vida familiar. Pero, como se señaló previamente, la imagen del sacrificio también se presenta en escena como una premisa que apela a la necesidad de entregar la vida en pos de una nueva realidad, lo que se puede identificar en *Sentimientos*, *Paisajes para (no) colorear*, *Puta madre* y *Yo también quiero ser un hombre blanco heterosexual*, en las cuales el sacrificio adquiere un matiz utópico, coherente con el carácter político del teatro feminista. Ya sea en la forma de un suicidio o un asesinato, en estos montajes la muerte de aquellos seres que no se acomodan al orden heteropatriarcal se puede interpretar como la decisión de donar la vida para ver emerger un orden de cosas distinto, lo que se acomoda perfectamente con las bases simbólicas del sacrificio ritual, en que la muerte y la vida -el renacimiento- se conjugan en un solo acto.

b. El monstruo femenino

Volviendo a las imágenes con que las obras analizadas logran pervertir las figuras que giran en torno a lo femenino, debemos reconsiderar el planteamiento de Yolanda Beteta (2014), cuando establece que ninguna representación monstruosa asociada a lo femenino ha tenido tanto eco en el imaginario colectivo como la iconografía de la bruja, la que, desde la edad media, se convirtió en el icono transgresor más reconocible para el patriarcado, posicionándose como el nuevo monstruo femenino al que se debía combatir. A partir de esta premisa, también podemos analizar la fuerte presencia que asume la imagen del monstruo dentro de los montajes analizados, la cual también se presenta como una contrafigura de lo femenino, en el marco del Teatro feminista chileno. Por ejemplo, en *Sentimientos, Puta Madre* y *Yo también quiero ser un hombre blanco heterosexual*, el carácter monstruoso de algunos personajes radica en su capacidad de transgredir los límites que la cultura les impone a las mujeres, lo que lo convierte en un elemento determinante del lenguaje de la obra, tanto a nivel del contenido como de la puesta en escena.

En *Sentimientos*, el personaje de Joana se caracteriza por una voz gangosa, una conducta exuberante, un maquillaje estridente y un vestuario cubierto con chorros de sangre, todo lo cual le da una apariencia monstruosa. Lo relevante de este personaje, es que su irrupción en la casa de la protagonista será central dentro de la trama de la obra, pues ella gatillará una serie de hechos en la vida de Antofagasta, hasta hacerla llegar al suicidio. Justo antes de este acontecimiento, la joven asumirá algunos rasgos de la monstruosidad de Joana, lo que se refleja escénicamente a través del exacerbado maquillaje con que la cosmetóloga deformará su rostro, elemento que, desde nuestra perspectiva, permite connotar que tanto la exposición pública que Antofagasta hizo de su vida sexual, como el asesinato que ejecutará Joana en contra de una pareja violenta al final de la obra, las convierte en verdaderos monstruos ante los ojos de la sociedad, lo que se verá relativizado ante los ojos de las y los espectadores.

Sentimientos. Foto cortesía de Lorenzo Mella

Xuárez, Dark, Matria y *Otras*, por su parte, abordan el carácter monstruoso de aquellas mujeres que se volvieron incomprensibles bajo los parámetros discursivos que regían en su época, lo que se exacerba en *Xuárez*, a partir del vínculo que se ha construido entre Inés de Suárez y la brujería, y en *Matria*, si consideramos el juicio que históricamente ha recaído en Javiera Carrera, por haber abandonado a sus hijos. De hecho, ambos personajes se ajustan perfectamente a los planteamientos de Simone de Beauvoir, en *El segundo sexo*, cuando establece que la mujer ambiciosa y la heroína son extraños monstruos en la historia de Occidente.

Aunque estamos analizando la imagen del monstruo en relación a su presencia en las obras analizadas, debemos considerar que esta figura cruza gran parte de la representación teatral contemporánea. Si entendemos al monstruo como aquello que al *mostrarse* excede toda medida, forma o regla, podemos considerar un gran número de personajes que tienden a exceder las formas -y los contenidos- tradicionales, ya sean personajes femeninos o masculinos, pues el monstruo cumple la función de poner en escena aquellas conductas desviadas respecto de las definiciones de género, clase y raza, que imperan dentro de nuestra sociedad. Al respecto, cabe destacar el montaje de Marcelo Leonart, La casa de los monstruos (2022), que narra la crisis que experimentará una familia de la elite chilena cuando se enfrente al nacimiento de un nuevo orden social.

Pero, si nos centramos en la forma en que el monstruo transgrede los límites de las definiciones que giran en torno a lo femenino, debemos destacar que esta imagen se cruza con la figura de la transgresora, que se caracteriza por exceder o traspasar las formas señaladas por los modelos de feminidad imperantes, pervirtiendo las figuras tradicionales de lo femenino, ante lo cual asume un lugar destacado dentro del Teatro feminista chileno. Paralelamente, si pensamos que la monstruosidad se instala fundamentalmente a nivel estilístico, la imagen del monstruo nos remonta a la fuerte presencia que también asume *lo grotesco* dentro del Teatro feminista chileno, considerando que esta categoría estética está fuertemente vinculada a la figura del monstruo, entendida como aquella forma que se manifiesta a través la deformidad o la hibridez, todo lo cual resulta central en un tipo de representación que está rearticulando -deformando- los modelos de género dominantes.

Desde la perspectiva de Juan Diego Gonzálvez (2013), el poder transgresor del monstruo viene dado por su naturaleza ambigua, es decir, por su capacidad de situarse entre dos mundos, lo que presenta a lo monstruoso como aquello que se enfrenta brutalmente a las leyes de la normalidad. En este sentido, el monstruo posee un marcado carácter subversivo, fundamentalmente en lo que tiene que ver con revolver, invertir, subvertir o pervertir, nuestras categorías y esquemas conceptuales. Pensando en esto, podemos considerar que la irrupción de aquellos seres que conforman el exterior constitutivo de los sujetos "posibles", dentro de un Teatro feminista o reivindicativo logran producir una escena ambigua e inestable, que busca perturbar los lineamientos establecidos por las representaciones tradicionales del género.

Por otro lado, el monstruo también mantiene una interesante conexión con otra de las categorías estéticas que ha irrumpido con fuerza dentro del arte contemporáneo: *lo abyecto*. Al respecto, cabe destacar que este elemento encuentra un lugar privilegiado en la puesta en escena de *Al pacino*, la que, de principio a fin, se encarga de producir diversas corporalidades, que pervierten las formas convencionales asociadas al cuerpo -y la subjetividad-, lo que le da un tono abyecto a este montaje. Esto, considerando que *lo abyecto* es aquello que perturba una identidad, un sistema o un orden pues, al igual que el monstruo, no respeta los límites ni las reglas construidas por el lenguaje. Los seres que se introducen en esta puesta en escena se presentan como una metáfora de las múltiples formas que puede asumir un cuerpo y, desde ahí, como la forma en que un cuerpo puede producir nuevas realidades, ampliando el límite de lo posible. Y, dejando entrever nuestros propios monstruos interiores, nos remiten a las fuerzas primitivas o animales que están reprimidas en nosotras/os, intentando atentar contra los límites de lo que es pensable y decible bajo los parámetros del lenguaje discursivo.

Desde esta perspectiva, podemos abordar a este conjunto de cuerpos a partir de la descripción que Julia Kristeva nos da de este concepto.

> Por un lado, lo abyecto nos confronta con esos estados frágiles en donde el hombre erra en los territorios de lo *animal*. De esta manera, con la abyección las sociedades primitivas marcaron una zona precisa de su cultura para desprenderla del mundo amenazador del animal o de la animalidad, imaginados como representantes del asesinato o del sexo. (Kristeva, 21)

Esta definición nos recuerda la descripción que se ha hecho del personaje de Joana, quien le da un sello muy particular al primer montaje de La Niña Horrible, compañía que, posteriormente, nos ofreció distintas figuras que se mueven en esta misma línea, presentando diferentes trazos de abyección. Efectivamente, aunque sus personajes se caracterizan por un estilo grotesco que, como establece Bajtin (2003), les da un carácter carnavalesco y subversivo a sus montajes, algunos de ellos poseen ese rasgo que es característico de lo abyecto: el flujo entre los opuestos. Esto se manifiesta de distintas formas dentro de sus obras, ya sea en el devenir entre lo femenino y lo masculino, en el flujo entre lo vivo y lo inerte, o en la presencia de aquello que el cuerpo expulsa, a través de los poros y orificios. Como señala Julia Kristeva (2010), la oposición fundamental de *lo abyecto* se da entre el adentro y el afuera, la vida y la muerte, en cuyos confines fluidos lo propio-limpio se vuelve impropio-sucio, razón por la cual *lo abyecto* suele asociarse a la imagen de un cuerpo dado vuelta, en que lo interior sale hacia fuera, lo que también les da un tono carnavalesco a estos personajes.

En *Sentimientos*, el cruce entre la vida y la muerte se hace evidente con la irrupción de Joana, quien, desde nuestra perspectiva, se manifiesta como la representación misma de la abyección. Por un lado, ella subraya la presencia de la violencia y la muerte en escena, lo que se manifiesta cuando este personaje le revela a Antofagasta su condición de mujer agredida y, posteriormente, el asesinato de su esposo. La presencia de la violencia y la muerte se connota escénicamente a través de sus medias rotas, de cuyos agujeros fluyen algunos hilos de sangre, derivados de sus numerosas heridas, las que le dan un tono hilarante y punzante a su monstruosa figura. A su vez, Antofagasta y María Teresa manifiestan su incomodidad o desencanto frente a las convenciones sociales a través de sus fluidos corporales, como el vómito o la sudoración, respectivamente, lo que, como se acaba de señalar, involucra un punto medular de *lo abyecto*. También los vómitos serán una constante en el personaje de Laurita, en *Historia de Amputación a la hora del té;* mientras que la orina y el llanto se presentan como indicios de una revelación, para la protagonista de *La Trágica Agonía de un Pájaro Azul*.

Como señala Yolanda Beteta Martín (2014), un cuerpo abyecto refleja los miedos que despiertan las mujeres en el imaginario patriarcal, lo que se puede entender en el temor que tradicionalmente ha manifestado nuestra cultura frente a la menstruación, la sexualidad o la procreación, cuyos signos están presentes en todas las obras analizadas. Desde esta perspectiva, lo femenino se presenta como una naturaleza desconocida, oculta y pecaminosa, que se relaciona con materias abyectas -como la sangre-, en relación a las cuales Kristeva (2010) nos recuerda la exigencia de rechazar cualquier huella de la deuda que el cuerpo mantiene con la naturaleza, como condición para llegar a ser plenamente simbólico. En contra de la exigencia de responder al significado cultural que la sociedad establece, los cuerpos abyectos que irrumpen en la escena feminista chilena rehúyen el principio de identidad sin mezcla que daña las fronteras establecidas por el lenguaje, pudiendo corroer el límite establecido por las distinciones de género vigentes. Y, en este sentido, se puede llegar a establecer que la relevancia de *lo abyecto* dentro de un teatro feminista se relaciona con la presencia de ese exceso representado por un cuerpo que no respeta los límites que la cultura le impone a su género, lo que, de alguna manera, se puede apreciar en todas de las obras analizadas.

El concepto de *lo abyecto*, acuñado por Julia Kristeva en 1989, nos permite destacar la forma en que el teatro contemporáneo se vale de los cuerpos para cuestionar la lógica del pensamiento binario, a partir del cual la cultura patriarcal se estructura en función de la oposición entre lo masculino y lo femenino, como también, entre lo propio y lo impropio, todo lo cual resulta decisivo para un teatro feminista y reivindicativo. Esto se puede interpretar en relación a los planteamientos de Judith Butler, cuando establece

> Lo abyecto designa aquí precisamente aquellas zonas «invivibles», «inhabitables» de la vida social que, sin embargo, están densamente pobladas por quienes no gozan de la jerarquía de los sujetos, pero cuya condición de vivir bajo el signo de lo «invivible» es necesaria para circunscribir la esfera de los sujetos. Esta zona de inhabitabilidad constituirá el límite que defina el terreno del sujeto. (Butler, 2002, 19-20)

El arte abyecto nos ofrece algunos seres que transgreden los límites de la forma y el sentido, ubicándose más allá de nuestros sistemas clasificatorios, lo que nos devuelve hacia la figura del monstruo, presente en varias de las obras analizadas. Por ejemplo, *Sentimientos*, *Puta Madre*, *Yo también quiero ser un hombre blanco heterosexual* y *Al Pacino*, pasan a llevar los lineamientos culturales que establecen cómo debe ser y cómo debe verse una mujer, haciendo emerger la figura del monstruo, a partir de la cual estos montajes intentan desarticular nuestras preconcepciones acerca de los comportamientos -y las formas- que se consideran "propias" de lo femenino. En relación a este punto, cabe subrayar que el arte feminista se ha valido de *lo abyecto* para redefinir el paradigma de la "femme fatale", convirtiéndola en un símbolo de poder y emancipación, lo que, como se ha señalado previamente, también se puede apreciar dentro del Teatro feminista chileno, a través de la figura de la "puta", a partir de la cual se ha reivindicado el legado de Eva, quien, al haber sido convertida en un símbolo de la seducción y la prohibición, se ha presentado históricamente como un verdadero monstruo.

A través del vínculo que se produce entre *lo abyecto* y *lo monstruoso*, la puesta en escena se nos presenta al modo de un carnaval, que permite la entrada de una serie de personajes extraños, a partir de los cuales la representación nos propone una inversión del orden construido por el pensamiento falogocéntrico. En relación a nuestro tema, la relevancia del monstruo consiste en que estas figuras híbridas -indefinidas o fronterizas- se van abriendo paso entre las formas tradicionales de lo femenino, presentándose como una metáfora del rechazo de las mujeres -y algunos hombres- a una cultura que solo permite la existencia de ciertas identidades, poniéndolas en tensión.

Remitiéndonos a la ambigüedad y la incerteza representadas por el monstruo, el teatro feminista chileno nos ofrece figuras que exponen ciertos rasgos del cuerpo y/o de la subjetividad que generalmente están excluidas del terreno de lo visible o de lo pensable, lo que les permite atentar contra los modelos de género tradicionales. Y, dado que estos personajes se enfrentan a las prohibiciones instaladas a partir de la triada orden-pureza-belleza-, su función consiste en perturbar el sistema de valores y creencias impuestos por el sistema heteropatriarcal. En *Puta Madre,* por ejemplo, el personaje de Nora se presenta como una exteriorización visual del deseo y la violencia, lo que le da el carácter de un monstruo; imagen que se dibuja a partir de una mujer gruesa y voluptuosa, completamente vestida de rojo, quien se mueve de manera obscena y subversiva sobre el escenario. Poniendo a la vista casi por completo la desnudez de su cuerpo, Nora se ubica "más allá" de la pureza y la belleza, rechazando todos los límites que la moral le impone a las mujeres, pues, como señala Ernesto Orellana, este montaje buscaba que la corporalidad de las intérpretes se pudiese presentar como una posibilidad de exponer-se y transgredir-se.

Desde esta posición, el monstruo se presenta como un cuerpo que excede las formas socialmente aceptadas, representando el horror que se produce frente a una subjetividad que excede los límites de lo pensable, la cual se enfrenta descaradamente a las formas de represión que giran en torno al género. En relación a este punto, debemos destacar que, hacia el final de la obra, será Nora quien demonizará la figura de la mujer socialmente aceptada, concibiéndola como un ser extraño, a quien se le debe temer, lo que, dado el carácter "torcido" de este montaje, nos presenta a la mujer convencional como el verdadero monstruo. Esta operación permite que las y los espectadores puedan preguntarse si lo que usualmente se ve como "normal" puede resultar monstruoso para las personas que no habitan el mundo construido por la moral imperante, a partir de lo cual se pervierte la mirada con que usualmente nos aproximamos a lo femenino.

Algo similar ocurre en *Yo también quiero ser un hombre blanco heterosexual*, donde la figura del monstruo se relaciona con un cuerpo que escapa a la normalidad establecida por los modelos de lo femenino que son reconocidos socialmente, lo que se encarna en el cuerpo de una mujer negra, pobre y lesbiana. Esta mujer se espejeará con el personaje de Dolores, quien parece representar adecuadamente la imagen de una mujer convencional, hasta que, dados los giros que produce la representación, se revelará como un verdadero monstruo. Al igual que en *Puta madre*, este montaje nos ofrece una imagen del monstruo que hace referencia a aquello que se enfrenta a los principios de la "normalidad", trayendo consigo el peligro de subvertir todo el orden vigente. Este monstruo femenino se presenta desde el inicio de la puesta en escena, cuando el escenario se encuentra invadido por una intensa penumbra, la que solo hace posible vislumbrar el cuerpo de una mujer, que se encuentra tirada en el suelo, en una posición que se asemeja a la de un escarabajo dado vuelta. La imagen hace referencia a *La Metamorfosis*, de Franz Kafka, que se instala como un indicio de la larga travesía que deberá realizar la protagonista de la obra para convertirse en un hombre blanco heterosexual.

La metáfora que señala el proceso que vivirá este personaje a lo largo de la representación se configura cuando se inicia la obra, y la protagonista se encuentra ubicada en la parte más baja del escenario, de cara a la tierra, convertida en una especie de escarabajo gigante, lo que se presenta como una analogía del lugar que ocupan las personas de raza negra dentro de un mundo racista y clasista, que les concibe como si fueran verdaderos animales. Y, dado que la imagen del escarabajo ubica a la protagonista en el linde que separa al ser humano del animal, esta escena adquiere un tono abyecto, que recalca el modo en que este personaje contraría los ideales asociados a lo femenino, como la belleza, la pureza o la sumisión. De esta forma, la protagonista se plantea como un ser *impropio*, que debe permanecer marginado del terreno de lo visible, lo que se subraya a través de una escena que se desarrolla casi en total oscuridad.

Pero, de manera similar a lo que ocurre en *Puta madre*, el sentido de esta escena se revierte al final de la obra pues, dado el carácter circular de la puesta en escena, el monstruo traerá consigo la esperanza de un cambio dentro de la sociedad. Esto se materializa en un cuadro teñido de poesía, en que solo se puede percibir la silueta de Ernesto -el hombre en que se ha convertido la protagonista-, quien se ha despojado de gran parte de su ropa y se instala en el piso del escenario, realizando una serie de movimientos animalescos, como si volviera a convertirse en el escarabajo que dio inicio a la representación. De esta forma, este montaje nos invita a preguntarnos porqué algunos cuerpos ocupan un lugar privilegiado dentro de la sociedad, mientras que el patriarcado excluye y patologiza a otros cuerpos, abriendo la posibilidad de cuestionarnos porqué los hombres blancos cuentan con ese "excedente visual" que, como establece Natalia Vélez (2018), los ubica por sobre todos los otros seres.

En un estilo diferente, pero dentro de una problemática similar, *Al pacino* desarrolla una exploración que busca romper con las formas convencionales del cuerpo, desplegando corporalidades que logran liberarse de la prisión construida por el lenguaje, y sus categorías, lo que, a partir de la "animalidad" de estos seres, logra darles vida a nuestras peores pesadillas. Como establece Lehmann, en el teatro contemporáneo la materialidad abyecta abre la posibilidad de la disolución y la crisis, lo que se produce al integrar elementos impuros, o ajenos al sentido, que permiten reivindicar el valor de *lo otro;* entendiendo a eso *otro* como lo excepcional o lo monstruoso. Y, en relación a este punto, nos habla de la posibilidad que ha abierto la representación teatral para explorar hasta qué punto la realidad del cuerpo humano se encuentra emparentada con la del animal.

> El cuerpo, que casi se vuelve mudo, que suspira, grita y libera ruidos animales, es la encarnación de una realidad mítica que va más allá del drama humano. A su vez, el cuerpo humano se aproxima en deformación y monstruosidad, autismo y alteración del lenguaje, al reino animal. (Lehmann, 364)

Esta premisa se hace presente en varios de los cuadros de *Al pacino*, entre los cuales se puede destacar uno que surge en el momento en que la mujer que guía la acción se ubica de frente a un espejo, confrontándose con su propia imagen, lo que se produce al mismo tiempo en que una serie de figuras de negro descienden al piso y se despliegan por el escenario. En el mismo instante en que un coro de voces inunda todo el espacio, la mujer observa detenidamente a las figuras que la rodean, lanzándoles una pregunta inquisidora: *"¿Cuál es tu nombre? ¿Quién está ahí?"*. Cuando estos seres se exponen al reflejo que les ofrece el espejo, la mujer comienza a retorcerse sobre el piso, realizando extraños gestos y movimientos, hasta desaparecer completamente, en medio de una total oscuridad. Luego, esta mujer reaparece en el centro del escenario, ofreciéndonos una imagen que se fragmenta y multiplica por efecto de los espejos, los que le dan la forma de una araña. En este mismo momento se comienza a escuchar una voz en off, que declara: *"monstruo... aquel ser que desnaturaliza a su referente. Aquel ser que no se parece a sus padres. Una falla, falta o exceso. Que se origine hembra y no macho, es el comienzo de esta desviación"*.

Según Ana Luz Ormazábal, la inclusión del monstruo en *Al pacino* nace a partir del cine, que es el lugar en el cual la gente vio por primera vez sus sueños y pesadillas, pero también tiene una dimensión de género, considerando que la mujer ha sido tildada de monstruo a lo largo de toda la historia de Occidente. Al respecto, nos comenta que la presencia de lo femenino dentro de esta puesta en escena se expresó a través de

> mujeres que son monstruos, que están todo el tiempo dando cuenta de cómo son trozadas, y ellas misma se recortan, (...)

que es como apropiarse de estos recortes y hacerlos propios, más que negarlos. Nos reapropiamos de todo esto, de toda esa violencia, porque ya está inscrita sobre nuestros cuerpos, y no podemos negar la historia que está inscrita en nuestros cuerpos. (…) Las mujeres en la historia somos las pesadillas, y debemos ser controladas… somos las brujas, somos millones de cosas monstruosas para el patriarcado… ese monstruo que te saca de lugar -desde el punto de vista masculino, sino no, no diríamos monstruoso-. (Ana Luz Ormazábal)

Al pacino. Foto cortesía de Paula Aldunate

En relación a este punto, podemos considerar las palabras de Alejandra Castillo, cuando establece que el cuerpo de las mujeres se ha organizado en relación a la definición de lo femenino, un significante rígido que, dentro de la imaginación occidental, es concebido como la encarnación del mal, la mentira y la debilidad, todo lo cual ha convertido a la representación de lo femenino en el recipiente de todo tipo de monstruosidades, dentro de la cual lo femenino/monstruoso tomará la forma ambigua y doble de mujer/ animal. (Castillo, 111)

c. Espejo, fantasma e identidad

Cruzando la presencia de un conjunto de espejos con la imagen de una mujer-animal, *Al pacino* intenta poner en escena nuestros pensamientos inconscientes, ofreciéndonos algunos destellos de esos mundos ocultos, oscuros y misteriosos, que nos confrontan con nuestra animalidad. De esta forma, la figura del monstruo desequilibra los sistemas identitarios reconocibles dentro de nuestra cultura, lo que se produce escénicamente por efecto de los múltiples espejos que, de manera constante, se introducen dentro de la representación. En relación a este elemento, podemos indicar que otra de las imágenes que destacan dentro de los montajes analizados es el espejo, el cual posee una fuerte carga simbólica, si consideramos que este ícono suele estar asociado al tema de la identidad, representando la forma en que el *Yo* se constituye como un reflejo de las expectativas sociales, lo que, desde nuestra perspectiva, resulta central dentro de un teatro feminista.

La relación entre el espejo y la identidad se puede reconocer de manera paradigmática en la teoría psicoanalítica de Jacques Lacan, y su concepto del estadio del espejo, a partir del cual este estadio se presenta como un proceso de identificación, fundamental para el desarrollo de la subjetividad. Esta identificación se produciría cuando el niño/a asume su imagen a nivel imaginario, lo que repercutirá decisivamente en la formación del *Yo*, el cual se proyecta en la forma de un *yo-ideal*, configurado a partir de las expectativas que el niño/a recibe desde su entorno psicosocial más directo. Según Lacan (2009), la imagen especular es previa al momento en que el sujeto logra objetivarse en la dialéctica de la identificación con el otro, y se produce antes de que el lenguaje determine su función de sujeto, pero será la base de las identificaciones futuras. Por lo tanto, el funcionamiento del *Yo* solo podrá entenderse en relación al deseo del otro, el cual, a través de la imagen del espejo, hace su aparición en la figura del doble.

En *Espéculo de la otra mujer*, Luce Irigaray nos habla del modo en que el deseo femenino se mantuvo excluido de la reflexión psicoanalítica, en la medida que este campo estuvo sometido a los imperativos patriarcales del falogocentrismo. Frente a esto, la pensadora francesa se replantea el lugar del espejo dentro del discurso lacaniano, señalando la forma en que la Mujer se ha convertido en un reflejo invertido de la imagen masculina, lo que Irigaray concibe como un redoblamiento especular. En este marco, ella se refiere a la mirada masculina "como" un espejo, apuntando a la imposición de una economía de la re-producción, en que la identidad de las mujeres se sustenta fundamentalmente en un deseo de convertirse en el ideal proyectado desde una mirada masculina, a partir de lo cual la imagen del doble asume un nuevo sentido.

Al pacino señala la relación entre el espejo y la identidad de diferentes maneras, considerando que la presencia del espejo asume un papel determinante dentro de este montaje, en el cual varios espejos son manipulados al interior del espacio, lo que se produce al cambiarlos de dirección, variar sus reflexiones lumínicas o al ampliar sus posibilidades plásticas. Por lo tanto, la imagen del doble se puede visualizar de diferentes formas a lo largo de la representación, ya sea cuando los diversos cuerpos que se desplazan en escena se enfrentan al reflejo que les ofrece el espejo, o bien, cuando los espejos deforman o distorsionan la imagen de estas figuras, momento en el cual ellas escapan de cualquier forma de identidad pre-establecida. Por otro lado, la posibilidad de diluir las formas de identidad aceptadas socialmente asume cierta poesía cuando el reflejo de los espejos se dirige directamente hacia el público, momento en el cual las y los espectadores deben reconocerse-desconocerse a partir del reflejo distorsionado que producen los espejos.

Una de las escenas que más llama la atención en relación a este punto se desarrolla en un cuadro en que dos cuerpos femeninos interactúan, ofreciéndonos una serie de imágenes, las cuales surgen a medida que una de las figuras se ubica en el piso, acostada de espalda y boca arriba, mientras la otra se instala sobre ella, dándole vida al contrapeso que se produce en un cuerpo que se ubica sobre otro. Y, mientras ambas mujeres mueven sus brazos, en distintas direcciones y velocidades, la puesta en escena genera una especie de reflejo, donde una se presenta como el reverso de la otra. Este reflejo se puede interpretar como un reencuentro especular entre un sujeto y su doble, lo que, en alguna medida, nos remite a los planteamientos desarrollados por Lacan, en relación al espejo y la identidad. Pero, por otro lado, esta imagen también produce la idea de un des-encuentro, el que se genera en la medida que estos cuerpos tensionan los parámetros sociales que definen nuestra noción de la identidad, entendida como algo idéntico a otra cosa, permitiendo emerger dos mundos completamente distintos.

Al pacino se vale de los espejos para confrontar y alterar la realidad visible, permitiéndonos descubrir nuevas perspectivas de las cosas, lo que se produce a partir del juego que se genera a través de las imágenes, las cuales alteran completamente nuestra percepción de la realidad. En este sentido, podemos considerar que este montaje nos propone una búsqueda en aquellos ámbitos de nuestra identidad que se han tenido que abyectar en función de las normas e ideales sociales, lo que abre una potente reflexión sobre el modo en que la sociedad -el espejo- ha modelado nuestra experiencia vital y, conjuntamente, la figura de lo femenino. Como señala Ana Luz Ormazábal, el espejo no es un objeto cualquiera, porque nos devuelve imágenes, las que nos confrontan con nuestras propias definiciones, lo que, desde nuestra perspectiva, resulta patente en la medida que estos cuerpos cobran una presencia que tensiona el poder del lenguaje.

Teresa de Lauretis establece que la Mujer es, ante todo, una producción textual, ante lo cual nos habla de la urgencia de alterar la carne que ha sido modelada por estos discursos, exhortándonos para intentar "atravesar el espejo", señalando:

> El efecto del espejo no es una precondición para la comprensión de imágenes, sino el resultado de un determinado modo de discurso. (De Lauretis, 1992, 128)

En su libro *Alicia ya no*, la pensadora italiana plantea que lo que Alicia estaba buscando en el país de las maravillas era evitar quedar apresada en la imagen que le ofrecía el espejo, lo que no nos remite a una imagen invertida del mundo, sino que al poder que posee el mundo del discurso, dentro del cual se han generado las reglas que moldean a las mujeres. Estos elementos también se pueden vislumbrar en el montaje de *Al Pacino*, en la medida que los cuerpos que se reflejan en el espejo rehúyen las formas de representación impuestas a través del lenguaje, abriendo una serie de interrogantes entre las y los espectadores.

> Los espejos no son solo un objeto, sino también un paradigma dentro de la historia… Verse a través del espejo, esa devuelta a mí misma, ese encuentro conmigo, es super misterioso. Y, si me percibo a través de los objetos, un espejo es un objeto que está vivo, que anima y que genera preguntas. (Ana Luz Ormazábal)

La idea de que las mujeres somos creaciones moldeadas por el influjo de la mirada masculina cruza gran parte de la teoría feminista contemporánea, lo que se puede apreciar claramente en *Yo también quiero ser un hombre blanco heterosexual*, donde el espejo también ocupa un lugar privilegiado dentro de la puesta en escena. A nivel de la escenografía, es interesante comentar que esta representación despliega la acción en dos niveles de altura, los que, a su vez, permiten remarcar simbólicamente el afán de ascenso social de la protanoista de la obra. En el centro del espacio superior del escenario se ubica un espejo redondo, que se inscribe al interior del hogar de la familia que protagoniza la obra, mientras que, por una cuestión técnica, en los otros cuadros este espejo asumirá la forma de una ventana, la que se ubicará justo en el centro del escenario. Este cruce permitirá que, al final de la obra, el simbolismo del espejo y de la ventana también se crucen, generando una metáfora visual sumamente relevante: la esperanza de un cambio social, que permita transformar las exclusiones raciales, sexuales, de clase y de género, potenciando la integración de las distintas partes o dimensiones de lo que somos, en un todo único y singular.

Yo también quiero ser un hombre blanco heterosexual.
Foto cortesía de Manuel Morgado

Como señaló Manuel Morgado, en la entrevista realizada el día 3 de abril del año 2021, la forma circular del espejo se relaciona tanto con la circularidad del dispositivo escenográfico como con el carácter épico del relato, dándole un papel simbólico dentro de la representación. Pero estos significados del espejo también se cruzan con la presencia de los espejismos y fantasmas que, por algunos instantes, se configuran en escena, lo que, como veremos en el último apartado, presenta al fantasma como otra de las imágenes que se destacan dentro de las obras analizadas. Al igual que un espejo, este signo se relaciona con la forma en que la cultura patriarcal proyecta sobre las mujeres los modelos ideales que surgen desde una mirada masculina, por lo que no nos sorprende que, en *Espéculo de la otra mujer,* Luce Irigaray incluyera este elemento dentro del análisis de los procesos de conformación de la identidad femenina, donde el fantasma se presenta como el reflejo, pero también como la sombra, es decir, como aquella incertidumbre que gira en torno a lo que se es realmente.

Al final de *Yo también quiero ser un hombre blanco heterosexual*, el haz de luz que se proyecta a través de la ventana ilumina un escenario que se mantenía en penumbras, presentándose como un signo que le da forma a la esperanza en un nuevo orden social. Este instante se produce justo cuando el/la protagonista, que se había mantenido prisionero/a en un mundo de engaños, nos da a conocer que su hija ha permanecido oculta durante años detrás del espejo. Luego de esta revelación, la decisión de Ernesto de enfrentarse a la incertidumbre de su propia identidad lo/la impulsa a enfrentar la realidad con una nueva mirada, lo que, desde nuestra perspectiva, se relaciona directamente con la invitación de Teresa de Lauretis a que las mujeres nos atrevamos a atravesar el espejo. Esta premisa también se puede atisbar en *Xuárez*, montaje que interpela nuestra mirada acerca del personaje histórico de Inés de Suárez, a partir de la relación que se produce entre el original y la copia, problemática que Manuela Infante ya había abordado magistralmente en so obra Cristo (2008).

En *Xuárez*, la convivencia del original y la copia se configura escénicamente a través de una relación especular entre las dos Inés que se presentan sobre el escenario -una interpretada por Patricia Rivadeneira y otra por Claudia Celedón-, lo que se plantea a través de un abigarrado juego de espejos, lleno de indicaciones e insinuaciones. Y, durante algunos instantes, esta relación especular también se produce entre Inés de Suárez y Pedro de Valdivia -personajes representados por Patricia Rivadeneira y Claudia Celedón, respectivamente-, lo que, dado el género de las intérpretes, potencia la capacidad de este montaje para desbaratar el mundo articulado a partir de las identidades de género dominantes. De esta forma, *Xuárez* confronta las imágenes de lo femenino construidas por el patriarcado, a partir de lo cual la protagonista se libera de la pesada carga representada por su armadura, la que, entre otras cosas, puede ser interpretada como la máscara que Inés debió portar para configurar un lugar dentro de un mundo donde las mujeres no tenían Lugar.

5. *La máscara como posibilidad de desenmascarar el sentido de lo femenino*

a. *La máscara y el velo*

La proliferación de personajes que alteran las formas con que cotidianamente concebimos la realidad se puede interpretar como una herencia del *extrañamiento* brechtiano -y posteriormente, del surrealismo y el neodadaismo-, en su afán por conquistar un lenguaje que permita que las cosas que nos parecen familiares se nos revelen como extrañas, lo que, dentro de un Teatro feminista, se relaciona directamente con la posibilidad de distorsionar el contenido de las representaciones asociadas al género, permitiendo instalar un planteamiento crítico sobre la noción tradicional de lo femenino. Dentro de la historia del teatro, este tipo de personajes nos remite hasta el teatro popular del medioevo y la comedia del arte del siglo XVI y XVII, donde los personajes y acontecimientos se presentaban de un modo un tanto irreal, lo que permitía cuestionar a los poderes imperantes, a partir de un desplazamiento a nivel interpretativo y visual. Este tipo de teatralidad tiene la particularidad de integrar formas expresivas muy corporales, todo lo cual le dio un tono muy característico a su lenguaje, el que, en directa relación al tipo de corporalidades que se ponen en escena, se nutre del juego con las máscaras y los gestos, a partir de los cuales abre la posibilidad de desarticular las formas convencionales, y los contenidos asociados a ellas.

Estos elementos resultaron sustanciales para la instalación de *lo grotesco* dentro del arte moderno y, a partir de este impulso, para el desarrollo del Teatro épico de Bertol Brecht, el que, como se ya ha señalado, también ha marcado el lenguaje del Teatro feminista chileno. Como establece José Sánchez (2002), la recuperación de la comedia del arte en el teatro moderno y contemporáneo se relaciona con la incorporación de elementos reteatralizantes, como la estética de lo grotesco y el teatro de máscaras, que actúan en función de una voluntad de producir un efecto directo sobre el público. De esta forma, la puesta en escena teatral logra provocar distintos tipos de desestructuración, permitiendo que lo irreal y lo real, o lo cómico y lo trágico, se encuentren de una forma sumamente eficiente.

> Con semejante excentricidad del lenguaje y también del estilo de movimiento, el mundo parece distanciado en una forma sospechosa y ese hecho nos mueve a una sonrisa nada despreocupada. (Kayser, 52)

Patrice Pavis (1998) aborda la relación entre la máscara y las estrategias de distanciamiento brechtiano, señalando la forma en que se desrealiza el personaje y el modo en que los contenidos representados en escena se vuelven extraños, lo que, como hemos señalado previamente, permite que los espectadores puedan mirar la realidad desde una perspectiva crítica. Como señala Pavis, al esconder el rostro del actor se renuncia a la expresión psicológica, que les proporciona a los espectadores gran cantidad de información, lo que obliga a las y los intérpretes a compensar esta pérdida de sentido, y esta falta de identificación, con un esfuerzo corporal considerable. De tal forma, el cuerpo traduce al personaje de una manera amplificada, pues tanto los movimientos como los gestos se deben exagerar, lo que, finalmente, nos ofrecerá una caricatura del personaje, es decir, una acentuación de los rasgos que este personaje representa, lo que, a partir de varios ejemplos, se presenta como un elemento medular del Teatro feminista chileno.

Cuando Pavis aborda el empleo de la máscara dentro de la historia del teatro, señala las motivaciones antropológicas que giran en torno a la imitación de los elementos de la naturaleza y la creencia en una transubstanciación entre las comunidades premodernas, pero se detiene especialmente en la idea del disfraz, a través del cual estas colectividades liberaban las identidades y las prohibiciones sexuales o de clase. Lehmann (2013), por su parte, concibe al placer de los niños por disfrazarse y esconderse detrás de una máscara como un elemento medular de la representación teatral y, desde esta perspectiva, nos advierte que aquel que utiliza una máscara transforma su mirada en la de un animal, o en una cámara, convirtiéndose en un desconocido -para sí mismo y para el mundo-, lo que se agudiza si consideramos que, cuando se habla tras una máscara, queda la impresión de que la voz está separada de la persona que habla. Dentro de nuestro enfoque, esta premisa nos permite subrayar la posibilidad de que este recurso escénico sirva para desenmascarar el carácter ideológico de la construcción cultural de lo femenino, constituyéndose como una estrategia de distanciamiento, propia del teatro feminista.

Lehmann señala la capacidad que posee el teatro de deconstruir, a través de los medios artísticos, un determinado tipo de discurso, lo que consiste en poner de relieve la condición autoritaria que éste posee, produciendo un desmontaje de su certeza discursiva, todo lo cual se plantea como una forma de desenmascaramiento. Si interpretamos esta premisa desde una perspectiva feminista, podemos conectarla con la forma en que la puesta en escena teatral logra exponer el carácter ideológico de las construcciones de género dominantes, develando su carácter autoritario y arbitrario, lo que abre la posibilidad de abordar a lo femenino desde una mirada diferente de aquella que ha producido la cultura heteropatriarcal e, incluso, de proponer una negación absoluta de esta categoría.

En relación a este punto, debemos recordar que la presencia del velo es otra de las imágenes que cobra especial relevancia dentro de las obras analizadas, la cual se puede interpretar en relación al afán de la cultura patriarcal por ofrecer una imagen velada de lo femenino y, a partir de ella, ubicar a las mujeres -la subjetividad y el cuerpo femenino- fuera de los marcos del pensamiento falogocéntrico. Efectivamente, el velo es una de las principales metáforas con que el patriarcado ha definido el sentido de lo femenino, pues el horror que surge ante esa opacidad representada por las mujeres se ha articulado poéticamente como un sentido que se desvía constantemente, volviéndose inaccesible. Pero, dentro de un Teatro feminista, la intención de develar el sentido de lo femenino, exponiendo que esta imagen nace como una proyección que los hombres se han hecho de las mujeres, le da al velo un nuevo carácter, convirtiéndolo en una estrategia crítica.

Por ejemplo, *Dark* se vale de diversas operaciones para ir velando la figura de la protagonista, al mismo tiempo en que se develan los deseos y temores de los cuatro personajes que la rodean, a partir de los cuales este montaje pone en escena los ideales que la cultura patriarcal proyecta sobre lo femenino. En Matria, el velo es unos de los elementos que se introduce en escena para configurar el cuadro denominado "Parir", los que serán utilizados para cubrir el cuerpo de la mujer que se prepara para ser madre y para exponerlo violentamente cuando pierde su valor social. De tal forma, al final de este cuadro estos elementos participaran simbólicamente de la acción de desocultar el valor negativo que nuestra cultura le atribuye al cuerpo femenino. En *Al pacino,* por su parte, la presencia material del velo también se puede interpretar metafóricamente, pues este elemento se pone a disposición de la intención expuesta por Antimétodo de revelar lo que normalmente se oculta ante nuestra vista, situando a lo no visible como una interrogante, marcada por un sello feminista.

Efectivamente, aunque la fuerza de *Al pacino* radica en la presencia del significante, y no del significado, a nivel simbólico podemos identificar algunas imágenes cargadas de un significado cultural y artístico, como es la presencia del velo, el que cobra especial fuerza en un momento en que la oscuridad, que caracteriza a esta puesta en escena, cede ante la presencia de un grupo de linternas, las que se dirigen hacia los velos que conforman la capa de la protagonista, todo lo cual permite exhibir una serie de símbolos que se ocultaban entre las telas, los que, como se ha señalado previamente, están asociados con el mundo de la brujería. Algo similar se produce en *Matria,* cuando los velos que ocultan el cuerpo del personaje que protagoniza el cuadro recién citado permiten revelar las partes bajas de su cuerpo, dejando a la vista de los espectadores la presencia de su vagina, órgano que históricamente ha sido ocultado y "silenciado" por la cultura patriarcal.

Pero, si nos valemos de otra clave de lectura, podemos interpretar la presencia del velo en relación a la máscara que la cultura le impone a las mujeres, a través de la presión que ejercen las representaciones de lo femenino sobre ellas, lo que nos permite subrayar la capacidad que posee la representación teatral para develar el poder de las definiciones culturales que se inscriben sobre los cuerpos. Esta premisa se encuentra en total sintonía con un enfoque centrado en la forma en que la *dramaturgia de lo femenino* se instala en la escena social, en función de lo cual el develamiento está íntimamente vinculado con la posibilidad de exponer los distintos disfraces que han debido portar las mujeres para inscribirse al interior de un mundo construido por los hombres, abriendo la posibilidad de *desenmascarar* el carácter ideológico de la noción cultural de lo femenino. Esto, porque el hecho de develar los condicionamientos que se encuentran a la base de nuestras ideas, comportamientos y actitudes, se convierte en una estrategia fundamental para desarrollar una crítica a los prejuicios y estereotipos que giran en torno a las mujeres.

b. Develar y desenmascarar

Como se establece en la primera parte del libro, la estrategia de la *mascarada* ha asumido un papel sumamente relevante dentro de las artes visuales contemporáneas, lo que resulta sugerente dentro de este enfoque, si consideramos que la máscara es un elemento característico de la práctica teatral. Recordemos que el concepto lacaniano de *mascarada* fue rearticulado por Luce Irigaray, para presentarlo como una estrategia de defensa del sujeto femenino, respecto de las definiciones impuestas por la cultura patriarcal. A través de Irigaray, la *mascarada* permitió exponer la fuerza subversiva de la mimesis, abriendo la posibilidad de que la imitación misma cause una parodia del discurso falogocéntrico, lo que resultó sumamente significativo para Judith Butler, quien se valió de este concepto para analizar las actuaciones relativas al género, planteando la idea de que el género en sí es esta *mascarada*.

La teórica norteamericana estableció que a través de la imitación se puede crear un lugar para la Mujer donde antes no lo había, considerando que la *mascarada* permite movilizar la ausencia de lo femenino, abriendo un espacio dentro de la representación que antes no existía. Desde nuestra perspectiva, esto se puede apreciar claramente en el marco de la representación teatral, donde la puesta en evidencia de la máscara social deja al descubierto algunas de las dimensiones que se han debido excluir para que la figura de lo femenino funcione en coherencia al sentido que la cultura heteropatriarcal les ha atribuido a las mujeres. Esta posibilidad se relaciona directamente con las estrategias de desmascaramiento que se despliegan al interior de la puesta en escena feminista, si pensamos que, de distintas formas, todas las obras analizadas se valen de la máscara social -como estrategia escénica- para develar el modo en que nuestra cultura tiende a estabilizar los atributos vinculados al género, produciendo una imagen muy limitada respecto del mundo de las mujeres.

Como señala Lola Proaño, en relación al teatro argentino de fines del siglo XX, el escenario teatral problematiza el esencialismo y la naturalización de los roles, tanto femeninos como masculinos, pudiendo denunciar la construcción de aquellas máscaras que han posicionado al género dentro de la cultura, a partir de lo cual la representación teatral permite descubrir una red de relaciones sociales que no son naturales ni esenciales.

> El resultado es que ante la sorpresa del espectador, queda en evidencia que los cuerpos asignados a los hombres y las mujeres son una máscara fácil de reproducir o desconstruir. Así el teatro desafía órdenes de sentido y órdenes de representación e invita a repensar e imaginar un mundo diferente al que conocemos y que nos ha sido entregado. Ha aparecido en la escena el cuerpo del género, territorio escénico donde se escriben versiones alternativas a las del discurso imperante y la escena ha des-cubierto los procedimientos políticos que

la historia ha tomado como naturales sin juzgarlos para desarticularlos. (Proaño, 27-28)

Desde nuestra perspectiva, esta posibilidad se abre en la medida en que la representación teatral incorpora -exacerba y desestabiliza- aquellos signos impuestos en función de los roles y las expectativas sociales, lo que cumple una función muy similar a la que ha asumido la estrategia de la *mascarada* dentro de las artes visuales. Como ejemplo, la última escena de la obra *Dark* asume un estilo que se asemeja mucho más a la performance propia de las artes visuales, que a las formas tradicionales de la representación teatral, desarrollando un cuadro que genera la presencia de las múltiples "máscaras" que han articulado nuestra noción de lo femenino, lo que se instala como un planteamiento crítico, donde la imagen vale más que mil palabras. En este cuadro, Juana Dark se ubica pasivamente en un lugar estratégico del escenario, mientras tres de los personajes masculinos se encargan de desvestirla, modificando su silueta con distintos atavíos: un uniforme azul, guantes de aseo y una escoba; tacones, falda corta y una peluca rubia; jumper escolar y una capucha; una túnica blanca, armadura y espada -haciendo referencia directa a Juana de Arco-; o un manto azul sobre el cabello y un rosario en la mano -para referir a la virgen-.

Todas estas máscaras nos remiten a los principales relatos que configuran la definición social de lo femenino, ofreciéndonos un listado de los tipos de mujeres que tradicionalmente han conformado este ámbito, como, por ejemplo: la empleada, la prostituta y la santa. Pero, por otro lado, el flujo constante de las imágenes hace estallar la definición unívoca que se suele tener de lo femenino, al mismo tiempo en que se reconoce que esta figura es solo una representación, lo que, como contraparte, nos permite cuestionar el sentido de esta representación y amplificar sustancialmente nuestra noción de lo femenino. De esta forma, la Mujer se nos presenta como la posibilidad de decir varias cosas a la vez, lo que resulta impensable dentro de la lógica reductora que es propia del pensamiento binario, donde la Mujer solo se concibe como el opuesto complementario del Hombre.

Si analizamos el modo en que se han naturalizado las figuras tradicionales de lo femenino, debemos reconocer que históricamente la representación teatral, y el arte en general, ha tendido a consolidar las determinaciones del género, construyendo a los personajes femeninos en base a aquello que hemos concebido como una *actuación* del género. Al imitar el conjunto de signos, gestos y atributos, que se asocian a las mujeres, la *dramaturgia de lo femenino* se presenta como aquella máscara que se activa para reproducir las expectativas sociales que giran en torno a los personajes. En cambio, cuando la máscara asume un planteamiento crítico, la puesta en escena se encarga de tensionar el carácter imitativo del género, para reordenar las determinaciones a partir de las cuales se configura la noción de lo femenino, pervirtiéndolas u obligándolas a ceder, lo que, desde nuestra perspectiva, resulta central para la articulación de un teatro feminista.

Este desplazamiento produce un efecto de *extrañamiento*, que lleva a que nuestras percepciones habituales fallen, lo que sucede cuando se desarrolla una representación paródica de los contenidos asociados a lo femenino -o lo masculino-, pero también, cuando no logramos interpretar con certeza el género de un personaje. Esto se expresa de manera eficaz cuando la representación teatral se encarga de poner en evidencia el disfraz que portan las o los intérpretes, dificultando la posibilidad de que las/los espectadores puedan desarrollar una interpretación "adecuada" en relación al sentido articulado por los personajes, lo que, en el caso de un teatro feminista, se enfoca en el cuestionamiento de las determinaciones asociadas al género. Esto se puede apreciar claramente en *Yo también quiero ser un hombre blanco heterosexual,* montaje que articula un estratégico juego con los recursos representacionales, a partir de los cuales se instala el tema de la mentira como un elemento central del relato. La idea del engaño se expresa a través de las múltiples máscaras que deberá portar una joven haitiana y lesbiana para convertirse en un hombre blanco heterosexual, lo que nos permite reconocer el peso de los valores y los prejuicios impuestos a través de las clasificaciones asociadas al género, la clase y la raza.

Explorando en las diversas posibilidades que ofrece el artificio escénico, este montaje nos muestra las formas en que se actúan los roles de género, clase y raza, en el marco de la interacción social, valiéndose de los elementos que son propios de la representación teatral, lo que resulta sumamente poético si consideramos que los personajes de esta obra se caracterizan por ser lo que no son: disfrazarse y aparentar. Consistentemente, la puesta en escena se encarga de exponer el modo en que las mujeres asumen las identidades con las que los hombres las han marcado, lo que se aprecia claramente en el personaje de Dolores, quien adopta las características ideales de lo femenino al modo de un disfraz. De esta forma, este montaje logra exponer los criterios culturales que rigen las identidades de género, clase y raza, paralelamente a que se pone en obra la plasticidad, pluralidad y relatividad del género.

En relación a este punto, podemos concluir que algunos personajes femeninos que están ingresando en la escena teatral chilena eluden ese centro fijado por los discursos tradicionales, pudiendo desplazarse libremente dentro del mundo del artificio, a partir del cual se propone una redefinición subversiva de las formas de ser/estar Mujer en el mundo. Desde nuestra perspectiva, la posibilidad de rearticular la representación de lo femenino tiene una relación directa con el modo en que el artificio teatral logra escenificar el *artificio de lo femenino*, a partir del cual se pueden develar los condicionamientos que las definiciones culturales del género han impuesto sobre las mujeres. La noción de "artificio de lo femenino" fue abordada por Judith Butler en *El género en disputa,* cuando presentó al género como una ilusión o falsedad, y retomada posteriormente en *Cuerpos que importan,* cuando la pensadora norteamericana nos habló de los efectos que se consiguen a través del artificio para que el cuerpo sea indistinguible del ideal que se debe representar.

Como parte fundamental de este enfoque, debemos subrayar que el artificio de lo femenino resulta central dentro de la representación teatral feminista, entendiendo que éste es un ámbito sustentado fundamentalmente en el artificio, en cuyo marco este elemento adquiere la capacidad de darle una forma estética a los usos que se desarrollan dentro de la sociedad, pero también, de rearticular el valor de los signos que se despliegan dentro de nuestra cultura, en este caso, los signos asociados a lo femenino. Con esta mirada, hemos analizado la posibilidad que abre el Teatro feminista chileno de jugar libremente con los signos y las imágenes asociadas a lo femenino, a partir de lo cual la performance teatral logra poner en evidencia el carácter performativo del género y/o sacar a la luz los ideales y prejuicios que la cultura heteropatriarcal construye en relación a las mujeres. Desde ahí, el teatro feminista chileno nos ha impulsado a pensar al género como una serie de máscaras, lo que, desde nuestra perspectiva, convierte a la máscara -en conjunto a la repetición paródica de los estereotipos asociados a lo femenino- en una de las principales estrategias escénicas que permiten desarticular las figuras tradicionales de lo femenino.

Si estamos de acuerdo con Valeria Flores (2014), cuando cuestiona que la feminidad se haya tratado como si el género femenino fuera el único que utiliza el artificio y la performance, podemos considerar que la representación teatral feminista se vale de esta creencia para exacerbar la presencia del artificio asociado a lo femenino y subrayar la performance que realizan cotidianamente las mujeres, lo que, entre otras cosas, permite poner en escena la dimensión performativa del género. El teatro feminista chileno se encarga de dejar expuestas las determinaciones sociales que pesan sobre las mujeres, lo que ocurre al mismo tiempo en que se abre la posibilidad para imaginar nuevas y diversas formas de identidad, lo que se pueden apreciar paradigmáticamente en la estética que caracterizó a las obras de la compañía La niña horrible, principalmente cuando eran hombres quienes interpretaban a las mujeres que protagonizan las historias.

A través de una estrategia que podríamos definir como *travestismo escénico*, los cuerpos de los actores jugaban a extremar los gestos y conductas asociadas a lo femenino, enfatizando el movimiento ondulante de los cuerpos y los agudos chillidos de la voz, lo que se complementaba con un maquillaje excesivo, pelucas exuberantes, tacones ruidosos y emociones desmedidas, todo lo cual se puede apreciar claramente en montajes como *La trágica Agonía de un pájaro Azul* o *Historias de Amputación a la hora del té*. De esta forma, el cuerpo travestido de los intérpretes logra tensionar los roles de género, demostrando que la dualidad asociada a lo femenino y lo masculino no es más que una representación, lo que, dentro de un teatro feminista, asume un carácter político.

Como se señala en la primera parte del libro, Judith Butler se apoyó de los planteamientos de Monique Wittig para aclarar que el término "Mujer" no supone necesariamente a un cuerpo femenino, pues los términos "masculino" y "femenino", "hombre" y "mujer", son construcciones imaginarias, que solo existen en función los requerimientos de la matriz heterosexual. En relación a este punto, debemos destacar la posibilidad que abrió la La niña horrible dentro del teatro chileno para cuestionarnos el hecho de que lo femenino solo se deba relacionar con cuerpos de mujeres. Permitiendo que lo femenino se asocie tanto a un cuerpo de mujer como al de un hombre, sus obras lograron rearticular la relación que los cuerpos construyen con la performance teatral, lo que, a su vez, abrió la posibilidad de exponer el carácter performativo del género, todo lo cual asume un papel determinante dentro de una puesta en escena activista o reivindicativa.

c. Travestismo escénico

Es ineludible reconocer el potencial crítico que han significado operaciones como el travestismo dentro de la escena artística chilena, la que, entre otras cosas, ha producido un profundo cuestionamiento al régimen heterosexista que sustenta a nuestra cultura, el cual se ha arrogado el poder de imponer una determinada verdad acerca del género, lo que asume un carácter paradigmático con Las yeguas del apocalipsis (Francisco Casas y Pedro Lemebel) y, en un contexto aun más underground, con la Hija de perra (Víctor Hugo Wally Pérez). Pero, si nos circunscribimos a la puesta en escena teatral, este enfoque nos dirige hacia la posibilidad que abre el travestismo como estrategia escénica, reconociendo que ésta cuenta con la capacidad de absorber y pervertir los operadores que clasifican y distribuyen los universos culturales asociados a lo femenino, resquebrajando las imágenes de la Mujer que hemos heredado históricamente.

Revisando la forma en que son interpretados los roles en escena, hemos podido descubrir el modo en que una interpretación paródica logra exponer los principales lineamientos asociados a lo femenino, lo que también se puede apreciar a través del travestismo escénico que, como se acaba de señalar, logra perturbar la imagen de la Mujer heredada culturalmente, planteándose, ambas, como estrategias críticas respecto de las construcciones de género dominantes. A través de este enfoque, las obras analizadas permiten señalar cómo una actuación disonante a las clasificaciones de género tradicionales construye inmediatamente una mirada crítica sobre el tema, partiendo de la base de que, dado que las significaciones asociadas al género están fuertemente dicotomizadas, resulta fácil detectar aquellos gestos que ponen en crisis la frontera que divide al mundo en una esfera masculina y otra femenina.

La frontera cultural entre hombres y mujeres se puede apreciar claramente en *Dark*, que nos muestra el afán de cuatro personajes masculinos por apropiarse del mundo representado por la protagonista, lo que, entre otros modos, se manifiesta a través de la forma en que cada uno de ellos ha comenzado a feminizarse. Por ejemplo, el personaje de Salvatierra portará una falda, aros y una larga peluca negra, se pinta las uñas y se besa efusivamente con uno de sus compañeros e, incluso, asegura haber intentado cortarse el pene, para poder asimilarse en algo con ella. Como si se ironizara sobre el hecho de que Juana de Arco hubiese tenido que "masculinizarse" para poder inscribirse en la Historia escrita por los hombres, la feminización de estos personajes permite exponer la voracidad con que ellos se apropiaron de Juana y, en este sentido, permite denunciar la ansiedad con que los hombres proyectan sus deseos y temores en la imagen que se hacen de las mujeres. Y, dado que esta puesta en escena busca alterar los estereotipos que giran en torno a Juana de Arco, quien suele ser representada como un jovencito, Juana Dark remarcará la dimensión femenina de su personalidad, lo que se hace evidente a través de sus constantes alusiones al mundo de las mujeres -como la menstruación y la sangre- o en los momentos en que ella adorna su frente con una corona de flores blancas, lo que le da a este montaje un marcado sello femenino.

En relación al personaje de Juana de Arco, cuya imagen se inscribe dentro del relato oficial a través de varios rasgos asociados a lo masculino, esta investigación nos permitió detectar que uno de los elementos escénicos más recurrentes para perturbar las determinaciones de género imperantes es el procedimiento de masculinizar a los personajes femeninos, lo que se ubica en el polo menos explorado de la estrategia que hemos definido como "travestismo escénico". Por ejemplo, en *Puta madre,* la protagonista se presenta como una mujer de pelo corto y rojo, portando unas botas que le llegan hasta las rodillas y un body que deja al descubierto gran parte de su cuerpo, lo que, en una imagen cercana a la de una *dominatrix*, transgrede la forma en que debe "ser" y "verse" una mujer. En la misma línea, sus gestos y su voz son firmes, crudos y rudos, lo que denota cierta masculinización, todo lo cual se conjuga con su rol de prostituta, para que este personaje se presente como una transgresión radical de la imagen tradicional de lo femenino.

Para reforzar este elemento, uno de los cuadros de la obra nos remite al pasado de este personaje, momento en el cual Nora recrea con su cuerpo la acción que se narra en el primer plano del escenario, cuando se revela que ella había asesinado a su esposo hace algunos años. En este cuadro Nora se encuentra barriendo el piso de la casa, mientras porta un delantal de cocina y una larga peluca rubia, lo que, a nivel simbólico, connota la situación de sumisión que ella padecía previamente y, a su vez, permite subrayar la masculinización que tuvo que experimentar para asumir el dominio de su hogar. Al igual que sucede en *Yo también quiero ser un hombre blanco heterosexual*, este elemento se puede leer como una forma de mutación, lo que, de distintas maneras, instala la idea de que una mujer debe travestirse de hombre para adquirir autoridad, la que se plantea escénicamente a través de una máscara de masculinidad. La presencia de esta máscara permite exponer cómo los personajes femeninos han podido acceder a un entorno de Poder y privilegios, que suele estar reservado para los hombres, lo que también se aprecia en la obra *Sentimientos*, a través del personaje de la profesora Francisca, sobre la cual ya nos hemos referido previamente.

Hasta hace algún tiempo, el hecho de que una mujer se vistiera o actuara como un hombre podía explicarse considerando que el Poder estaba profundamente asociado a la masculinidad, lo que se presentaba como un reflejo ideológico del sistema de privilegios dispuestos por el orden heteropatriarcal. Desde esta perspectiva, la "masculinización de la mujer" se entendía como una posibilidad para criticar los modelos establecidos, muy vinculada con un feminismo de la igualdad, lo que, en *Xuárez*, se plasma a través de una mujer que, en cierta forma, se vio presionada por las circunstancias para asumir un rol que solía estar destinado para un hombre. Con una postura abiertamente feminista, este montaje aborda críticamente las diferencias asociadas al género, señalando que los roles que la sociedad distribuye entre hombres y mujeres pueden realizarse por cualquiera, independiente de su sexo. Y, desde esta posición, abre un cuestionamiento respecto de las reales posibilidades de igualdad social presentes en nuestra cultura, lo que se puede apreciar claramente en el décimo round de la obra, cuando la voz de la conciencia se presenta ante Inés para intentar remecerla: "*¿Qué dices, Inés? Burra ilusa, recuerda que creíste que porque te dejaron sentarte a su mesa lo harían después con las demás mujeres, y hoy día te ocupan como excusa y ejemplo, excusa para vanagloriarse de que nada es imposible y tú eres ejemplo de que una mujer puede ser igual a un hombre, y se limpian la mesa con ese argumento de servilleta porque tú sabes en secreto que nunca serán iguales, como no* *lo serán estos hombres y mujeres a los que ustedes todavía llaman indios a pesar que equivocaron en miles de kilómetros el destino".*

La protagonista de esta obra posee muchos rasgos denominados "masculinos" -como la decisión, la tenacidad, el orgullo, la estrategia y la fuerza-, todo lo cual le permite rearticular la noción tradicional de lo femenino, lo que también se puede apreciar en *Juana* (2004), montaje en que Manuela Infante ya se había valido de un personaje histórico -Juana de Arco- para representar una valentía y una astucia muy "masculinas". Ambos personajes logran contradecir los supuestos de cómo debe pensar y cómo debe verse una mujer, lo que se encuentra en total sintonía con los planteamientos de Simone de Beauvoir (2020), cuando establece que la mujer ambiciosa y la heroína son extraños monstruos en la historia de Occidente. La relectura que hizo Manuela Infante de estos personajes abrió la posibilidad de instalar la idea de que el género no es más que una construcción cultural, ante lo cual la estrategia del travestismo escénico sirvió como un medio para exponer el mecanismo en que se sustenta esta construcción, lo que, entre otras cosas, permite poner en escena la dimensión performativa del género. Como señala la reconocida directora, en la entrevista que le concedió a Magdalena Andrade, el 28 de agosto del año 2015:

> Quisimos hacer una obra bien travesti en tanto que las mujeres hacen de hombres; los roles masculinos se comportan como mujeres, y los roles femeninos adquieren voces de poder, más masculinas. En la obra veremos a un Pedro de Valdivia con falda, a una Inés de Suárez con armadura: la figura de esta mujer que se tomó el lugar de un hombre. Lo que estamos tratando de decir es que el género es una performance: lo femenino y masculino son representaciones culturales, sociales. (Manuela Infante).

En relación a la performatividad del género, analizada en la primera parte del libro, recordemos que la propuesta de Judith Butler (2007) se sustenta en la idea de que la anticipación de una supuesta esencia del género es lo que origina eso que se plantea como exterior, es decir, que es el ritual de repetición de los contenidos definidos por el género el que consigue el efecto esperado. En este sentido, se señala que la repetición de los patrones culturales es lo que conduce a modelar cierta estilización corporal, la que, en el caso de las mujeres, se asumirá como si fuera propia del cuerpo femenino. En *Xuárez*, en cambio, se puede apreciar cierta tensión en el proceso de naturalización de algunas conductas y gestos definidos como femeninos, lo que, a simple vista, parece remitirnos a cierta ambigüedad del género en Inés. Sin embargo, esta "ambigüedad" se plantea como una forma de deconstrucción paródica de la ley de coherencia heterosexual, lo que permite poner en discusión el mecanismo cultural en que se sustenta la construcción del género y, de esta forma, nos permite pensar al travestismo escénico como una forma de deconstrucción.

> La noción de parodia del género que aquí se expone no presupone que haya un original imitado por dichas identidades paródicas. En realidad, la parodia es de la noción misma de un original; así como la noción psicoanalítica de identificación de género se elabora por la fantasía de una fantasía –la transfiguración de un Otro que siempre es ya una «figura» en ese doble sentido–, la parodia de género volvía a considerar que la identidad original sobre la que se articula el género es una imitación sin un origen (Butler, 2007, 269).

En la entrevista que acabamos de citar, Manuela Infante señaló que la cuestión del género se instaló dentro del montaje cuando Patricia Rivadeneira le comentó que Claudia Celedón había pedido asumir el rol de Pedro Valdivia, lo que fue abriendo la posibilidad de abordar esta problemática de un modo mucho más explícito. Que Valdivia fuera encarnado por una actriz es una de las principales estrategias escénicas de las que se vale este montaje para proponer una deconstrucción paródica del género, lo que, en complemento a la relación que asume Inés de Suárez con el conquistador, cobra la forma de dos géneros que se cruzan entre sí: un hombre en el cuerpo de una mujer (Valdivia) y una mujer sumamente masculinizada (Inés). Pero, si consideramos que la masculinización de Inés también se marca a través de la pesada armadura que el personaje porta al inicio de la representación, no resulta casual que ella se despoje de este objeto justo cuando el montaje está a punto de finalizar, pues este gesto introduce otro recurso escénico que resulta crucial dentro de nuestro análisis. Este gesto se puede enunciar a partir de una de las preguntas que abre Helene Cixous, en *La risa de la medusa*, cuando establece:

> La armadura me molesta, esa falsa piel de hombre. Pero, ¿cómo librarse de esos disfraces? (Cixous, 194)

Desde nuestra perspectiva, la oportunidad de liberarse de los "disfraces" que las mujeres han tenido que portar históricamente se desarrolla cuando la puesta en escena se encarga de que la *dramaturgia de lo femenino* se tuerza, lo que, como acabamos de señalar, se puede apreciar claramente en *Xuárez*, en que la armadura que porta Inés en algunos momentos de la representación logra pervertir la lógica con que esta gramática opera habitualmente, tensionando el sentido de esta dramaturgia. Pero, este efecto también se puede conseguir a través de una estrategia de *desmascaramiento*, que opera cuando los signos que se despliegan en escena logran exponer las presiones a partir de las cuales la máscara social se ha inscrito sobre el cuerpo de los personajes femeninos. De esta forma, la evidencia de la máscara se presenta como la posibilidad de dejar a la vista de las y los espectadores las ideologías que se imponen culturalmente sobre las mujeres, presionándonos para acomodarnos a los ideales que giran en torno a lo femenino. Así, la incorporación de la estrategia de la máscara (o el disfraz) le da cuerpo a un juego subversivo con los signos que la sociedad nos transmite, tensionando la imagen heredada culturalmente. Y, a partir de este desplazamiento, la representación teatral crea el escenario propicio para que se pueda redefinir el sentido de las imágenes que se producen a partir de los signos que componen la gramática que hemos definido como *dramaturgia de lo femenino*.

Representación de lo femenino en el teatro chileno

Más allá de la "contradicción" que puede estar implícita en la masculinización de las mujeres, el hecho que la puesta en escena teatral nos presente al género como un disfraz, destinado a cumplir con las expectativas sociales, nos permite entender a lo femenino como una máscara. Por lo tanto, en la medida que la representación teatral abre la posibilidad de que las y los espectadores puedan apreciar el modo en que la máscara social determina los comportamientos y actitudes de las mujeres, se instala una crítica a la omnipotencia de los significados culturales asociados a lo femenino, lo que resulta evidente a nivel escénico cuando esta máscara se cae. En este sentido, se puede concluir que la representación teatral se vale estratégicamente del artificio escénico para darle cuerpo a la serie de "disfraces" a partir de los cuales las mujeres han podido/debido acomodarse a los lineamientos de la cultura patriarcal. Y, de esta forma, el teatro feminista nos lleva a reflexionar sobre el sentido mismo de lo femenino, cuestionándonos, por ejemplo: ¿porqué una mujer debe masculinizarse para poder integrarse a ciertos ámbitos de la vida social?

d. La caída de la máscara

Este tipo de interrogantes se abren en uno de los cuadros que componen el motaje de *Cuerpos que hablan,* donde vemos emerger la presencia de una mujer que asume un "disfraz masculino" que, como ella misma establece, le ha dado la posibilidad de acceder al prestigio y los privilegios que la sociedad patriarcal solo le otorga a cierto tipo de sujetos, lo que se expresa claramente a través de su vestuario: ella viste un traje, compuesto por una chaqueta negra, una blusa blanca y un pantalón beige, donde el único elemento asociado a lo femenino son unos tacones negros. Además del vestuario, este cuadro nos permite apreciar claramente el modo en que esta "máscara" cobra cuerpo, lo que se configura a partir de la forma en que esta mujer se desplaza sobre el escenario: ella camina muy erguida, desplazándose de forma altanera, y marcando con un paso firme el peso que asumen sus palabras.

"La poderosa", como la llaman las integrantes del elenco, asume la forma de una empresaria, cuya presencia se apropia completamente del escenario, logrando plantear sus ideas con una voz firme y determinada, lo que, en conjunto a la planta de movimientos, y a su forma de desplazarse por el espacio, logra desplegar todo su Poder en escena. Ella es enfática en señalar que los privilegios que ha obtenido se apoyan en una serie de máximas, como esconder la fragilidad, ocultar cualquier rasgo de debilidad y, por supuesto, no llorar en público. A través de la forma en que las y los espectadores reconocen el modo en que esta máscara se ha inscrito sobre su cuerpo, el personaje logra exponer los condicionamientos que orientan a las mujeres hacia la sumisión, la obediencia, la ingenuidad y la suavidad. Y, al mismo tiempo, su forma de interpretación deja entrever el carácter performativo del género, lo que se produce dado que su actuación hace evidente que ella está imitando los rasgos que se definen como propios del género masculino, los que se presentan al modo de un disfraz.

En relación a la relevancia que asume la máscara al momento de darle forma a los contenidos que serán representados por los personajes, la entrevista realizada el 5 de agosto del año 2020 nos permitió conversar con la actriz que representó a esta empresaria, quien nos comentó:

> En el caso de la poderosa, algo que yo identifiqué -que me armó el personaje- fue encontrar la máscara, el rostro de ese personaje. Cuando encontré eso, me fue mucho más fácil entender todo lo demás (Madeleine Flühmann)

El sentido paródico que trae consigo este personaje nos hace preguntarnos si esta mujer se vio obligada a portar un disfraz de masculinidad, a pesar de su propio deseo, lo que, desde nuestra perspectiva, permite ampliar el carácter de la crítica que instala la obra, respecto de los límites y las presiones que reciben las mujeres dentro de la sociedad patriarcal, cuestionándonos acerca del sentido que nosotras mismas le damos a lo femenino. Al respecto, resulta relevante detenerse en el planteamiento que instala Helene Cixous (1995), cuando establece que, aunque las mujeres no sean conscientes de ello, para ser aceptadas por una cultura patriarcal se les exige anular su feminidad, convirtiéndose en una especie de Hombre (una mujer que habla como un hombre y piensa como tal). Luce Irigaray, por su parte, plantea que sería necesario discutir si esto ocurre por decisión de las mujeres o por la propia necesidad que el mundo de los hombres nos impone, señalando:

> En vez de hacerse mujeres, se hacen hombres. Es lo que les exige el mundo masculino, a falta del reconocimiento de la identidad femenina (Irigaray, 1992, 75)

Para entender la profundidad de este punto, podemos remontarnos hasta *El segundo sexo*, cuando Simone de Beauvoir hacía referencia a la situación representada por las mujeres que durante su época estaban incursionando en terrenos limitados tradicionalmente para los hombres, estableciendo:

> lo más frecuente es que aparezca como una «verdadera mujer» disfrazada de hombre, y se sienta incómoda tanto en su carne de mujer como en su hábito de hombre" (De Beauvoir, 719)

Virginie Despentes (2012) sentenció el hecho de que para tener éxito las mujeres hayan tenido que estar dispuestas a sacrificar su feminidad, lo que, según ella, es uno de los tantos efectos que produce una cultura que nos exige hacer alarde de la potencia de luchar y triunfar. Frente a esta situación, sostiene que, en vez de existir un reconocimiento de que en las mujeres también existen recursos viriles, éstas deben olvidarse de ser dulces y agradables, para permitirse dominar al otro públicamente. Este punto resulta sustancial dentro de este enfoque, pues nos permite subrayar la forma en que se está rearticulando el sentido de lo femenino dentro del teatro feminista, lo que, entre otras formas, se hace visible en todas las obras que aplican la estrategia de masculinizar a los personajes femeninos.

Esta estrategia del travestismo escénico permite que los personajes femeninos adquieran destrezas y capacidades que tradicionalmente han estado asociadas a los hombres, poniendo en entredicho las diferencias que la sociedad le atribuye a cada género. Esta crítica se puede aclarar a través de las palabras de Helene Cixous, cuando establece:

> Utilizo con sumo cuidado los *calificativos* de la diferencia sexual a fin de evitar la confusión hombre/masculino, mujer/femenino: pues hay hombres que no reprimen su feminidad, mujeres que inscriben más o menos fuertemente su masculinidad. La diferencia no se distribuye, por supuesto, a partir de los «sexos» determinados socialmente. (Cixous, 38)

A un nivel sociocultural, esta estrategia deja resonando el carácter limitante de las figuras tradicionales de lo femenino, y señala la intención de muchas mujeres por amplificar el sentido de esta categoría, incluyendo rasgos que tradicionalmente se han asociado a lo masculino. Pero, dentro de este enfoque también resulta relevante pensar que entre los múltiples códigos que organizan ese fenómeno que se concibe como "el mundo femenino", el modo en que las mujeres operamos para resolver las situaciones a las que nos enfrentamos cotidianamente no suele relevarse en el plano de la representación, justamente porque eso "pequeño" que se despliega en el ámbito de lo privado y emocional no parece resultar suficientemente relevante como para ser representado. Este punto permite entender, por ejemplo, porqué se suele asumir que la única posibilidad de que las mujeres alcancen espacios que amplíen su mundo depende de su capacidad de "masculinizarse", lo que nos dirige hacia otras posibilidades de rearticular la representación social de lo femenino abiertas por la representación teatral.

Como se ha intentado exponer en este apartado, la estrategia escénica de la máscara permite denunciar los estereotipos y prejuicios asociados a las identidades de género dominantes, poniendo en evidencia el artificio de lo femenino -y lo masculino-, todo lo cual relativiza las determinaciones impuestas por el lenguaje y sus representaciones. Pero, esto efecto se refuerza cuando la puesta en escena produce el *desmascaramiento* de los personajes, estrategia que, desde nuestra perspectiva, permite generar una reflexión mucho más profunda sobre el significado social de lo femenino. Por ejemplo, podemos volver a analizar la forma en que opera la estrategia de masculinizar a los personajes femeninos en *Cuerpos que hablan*, pero centrándonos en el modo en que la figura de la poderosa deja entrever las presiones que se esconden detrás de su "disfraz", lo que acontece cuando el público es testigo de la forma en que esta máscara se cae.

En este cuadro, la estructura móvil que organiza el escenario sirve de plataforma para que este personaje instale las ideas centrales de su discurso, lo que, dada su altura, permite subrayar simbólicamente su jerarquía dentro del espacio escénico y, desde ahí, logra connotar el poder que asume "lo masculino" dentro del escenario social. Pero, hacia el final de su intenso discurso, este personaje se enfrenta directamente al público, y le pregunta: *"¿cómo estuve?"*. En este instante, se produce una "caída" del velo de la representación, paralelamente a que las y los espectadores pueden apreciar la forma en que su máscara se cae, lo que, finalmente, terminará por reformular el sentido que hasta ese momento asumía el "disfraz" que ella porta.

En *Puta madre,* por su parte, sobresale una escena en que la prostituta colombiana, que comparte el hogar de las protagonistas, se saca, literalmente, el disfraz, transformándose en un nuevo personaje: una feminista abolicionista. Al inicio de la representación, el personaje de Angelita se presenta como una mujer negra, de cabello rizado -una evidente peluca- y un trasero prominente -con un evidente relleno-, todo lo cual enfatiza el estereotipo caribeño del personaje, el cual asume la forma de un disfraz. Esto se complementa con un vestuario con estampado de pantera, que parece evocar la "animalidad" asociada a las mujeres negras, y que se exacerba con el hecho de que el personaje siempre parece estar bailando, todo lo cual se encarga de subrayar su carácter de "extranjera", en tanto extraña. Como se puede apreciar, los movimientos y el atuendo de este personaje se asemejan más a un disfraz que a un vestuario real, lo que asume un nuevo sentido cuando la prostituta colombiana se desprende de éste, para transformarse en otra mujer: Angela Davis.

A partir de este *desmascaramiento*, la intérprete adopta características mucho más severas, pues viste un traje blanco, de dos piezas, lo que crea la figura de una burócrata; imagen que se subraya a través de la formalidad con que el personaje estructura su discurso. En este momento, este personaje se presenta como una feminista abolicionista, que se había infiltrado en el hogar de las protagonistas, en pos de promover la "liberación" de estas mujeres respecto del ejercicio de la prostitución. Este elemento le da curso a un proceso dialéctico que, según el director de la obra, permite sacar a la luz el problema de la mujer migrante y, paralelamente, oponerlo al discurso del feminismo abolicionista. Con esta nueva máscara, este personaje abre una serie de cuestionamientos en torno a la legitimidad de los feminismos extremos, lo que se enfatiza al ver que Angela Davis pronuncia su discurso con una pistola en la mano.

La evidencia del disfraz le da forma a los prejuicios que giran en torno a la raza y/o la etnia, al mismo tiempo en que se señala la relevancia que asume la oposición normal/anormal dentro de este montaje, tensión que se subraya escénicamente cuando los personajes pronuncian la palabra "normal" y la atmósfera se desestabiliza completamente. Algo similar ocurre en *Sentimientos*, donde la tensión entre lo normal y lo anormal se cruza con la oposición entre lo permitido y lo prohibido, que se puede apreciar de manera hilarante en las dificultades que enfrentan las mujeres adultas al intentar verbalizar alguna idea que haga referencia al sexo. A través de estos gestos, la tensión entre lo que es normal y lo que se concibe como anormal se presenta como un cuestionamiento constante, tanto para los/las espectadores como para los personajes, lo que no solo instala el tema de la norma en un lugar central de estas representaciones, sino que crea las condiciones adecuadas para que se produzca el *desmascaramiento* de los personajes.

En el caso de *Sentimientos*, el director de la obra reconoce la relevancia de las estrategias de *desmascaramiento*, valiéndose del personaje de

Joana para señalar un elemento estilístico que, desde su perspectiva, asume un sello particular dentro del lenguaje de La niña horrible.

> Con ella quise trabajar el grotesco emocional, la exacerbación de la emoción, la modificación del cuerpo. ¿Cuál es su máscara? y cómo, después, esa máscara cae. (Javier Casanga)

A partir de este personaje podemos resaltar la fuerza que adquieren las estrategias de *desmascaramiento* dentro del teatro feminista cuando éstas se cruzan con la contrafigura del monstruo, la que, desde nuestra perspectiva, abre posibilidades que operan más allá de la mera masculinización de los personajes femeninos. Sin desconocer que esta operación abre la oportunidad de cuestionar los límites que la cultura históricamente les ha impuestos a las mujeres, podemos sostener que cuando las estrategias de *desmascaramiento* hacen emerger cuerpos que son concebidos como falsos, impropios o ininteligibles, se abre la posibilidad de corroer de manera más radical la definición social de lo femenino, lo que se produce cuando los personajes adquieren el carácter de un monstruo, el que, como ya se ha establecido, tiene la capacidad de exceder los límites impuestos por el lenguaje y sus representaciones.

Como sostiene Diana Fuss (1999), para establecerse como tal, toda transgresión debe reafirmar aquello de lo que se intenta escapar, razón por la cual la transgresión no logra minar totalmente la posición autorizada, dado que no puede evitar confirmar su centralidad, lo que, dentro de este análisis, se puede apreciar cuando las formas y conductas de un personaje femenino transgreden los límites que la separan de lo masculino, pues este gesto también recalca la valoración que la masculinidad asume dentro de nuestra cultura. En cambio, si analizamos el papel que juega la contrafigura del monstruo dentro de un teatro feminista nos dirigimos hacia aquellos gestos que intentan hacer estallar las representaciones a partir de las cuales se sustenta nuestra comprensión de lo femenino, lo que produce un descentramiento de los criterios de identidad impuestos socialmente.

En este sentido, el personaje de Joana asume un carácter monstruoso, dado que se presenta como una mujer exageradamente "Mujer", llevando al límite el artificio de lo femenino, lo que, desde nuestra perspectiva, permite que su imagen cobre una potencia inusitada. Algo más claro se puede formular a través de *Yo también quiero ser un hombre blanco heterosexual*, considerando que, aunque este montaje instala una contundente crítica a la lógica de la identidad impuesta por la cultura patriarcal, la protagonista de la obra solo logra liberarse del peso que ejercen las construcciones culturales sobre ella cuando su cuerpo asume la forma de un monstruo, lo que, desde nuestra perspectiva, permite dislocar completamente nuestra noción de lo femenino. Al respecto, podemos concluir que la reflexión sobre el significado social de lo femenino se amplifica cuando las estrategias de *desmascaramiento* se cruzan con la imagen del monstruo, la que, por su exceso, logra trastocar radicalmente los ideales impuestos por la cultura patriarcal, llevando a otro plano nuestra reflexión sobre los límites que nos imponen las definiciones de género dominantes. Y, aunque no es parte central de este enfoque, resulta inevitable señalar la especial relevancia que ha asumido esta figura dentro del teatro chileno despúes del estallido social (después del año 2019), pues esta irreverente imagen ha permitido cuestionarnos profundamente las bases, valóricas e ideológicas, en la que se ha sustentado nuestra cultura históricamente.

e. Las operaciones de desmascaramiento en el Teatro feminista chileno

Volviendo a las operaciones de *desmascaramiento*, podemos concluir que estas estrategias escénicas representan una posibilidad de pervertir los significados culturales que han configurado nuestra comprensión de lo femenino, produciendo una proliferación subversiva de los significados asociados al género, lo que, como se acaba de establecer, no solo se produce a partir de la estrategia de masculinizar a los personajes femeninos, sino también, en la medida que los personajes devienen monstruos. Por ejemplo, *Puta madre* y *Yo también quiero ser un hombre blanco heterosexual* les dan protagonismo a aquellas identidades excluidas por la cultura, para poner en obra la emergencia de una serie de "sujetos imprevistos" o "identidades aberrantes", lo que, como se señaló en la primera parte del libro, significa que sus cuerpos y discursos no se logran acoplar al marco establecido por la norma. De este modo, la representación teatral puede mostrar la forma en que las proyecciones sociales se retuercen frente a aquellos cuerpos que no responden a los modelos imperantes, lo que, en la medida en que se exacerba su carácter monstruoso, causa que, por exceso, la máscara de estos personajes termine por caerse.

En *Puta madre*, se produce un fuerte enfrentamiento entre la madre -Nora- y la hija -Cleopatra-, el cual se mantiene a lo largo de toda la representación: Cleopatra convoca constantemente los ideales transmitidos por la cultura heteropatriarcal, mientras que su madre se presenta como la transgresión de todo el sistema normativo. Dado el carácter "retorcido" de este montaje, esta tensión logra develar el poder que estos ideales ejercen sobre las mujeres, para luego desencadenar un cortocircuito en los sistemas de clasificación promovidos por el pensamiento binario, lo que se produce tanto a nivel de la oposición buena-mala como de la oposición femenino-masculino, todo lo cual propone una desarticulación del sentido que culturalmente asume lo femenino. Algo similar ocurre en *Yo también quiero ser un hombre blanco heterosexual*, lo que se expresa a partir del carácter especular que asume la relación entre Dolores -como representación de los ideales asociados a lo femenino- y la protagonista de la obra, quien, al igual que Cleopatra, se ve fuertemente presionada por las exigencias del orden heteropatriarcal, por lo que decide asimilarse a las formas socialmente aceptadas, sometiéndose a constantes transformaciones físicas, que buscan alterar radicalmente su condición de mujer negra.

Con una mirada crítica, esta puesta en escena despliega una serie de operaciones de *desmascaramiento*, a partir de las cuales se busca demostrar el carácter ficcional y artificioso de las diferencias de género -clase y raza-, ante lo cual las protagonistas también se revelarán como monstruos. Esto se produce en una escena hilarante, pero profundamente dramática, en que la protagonista de la obra le revelará a Damián -el hijo- que él/ella no es su padre, sino que es una mujer haitiana -pobre, negra y lesbiana-, que se ha transformado en un hombre blanco y heterosexual. En ese momento, Damián también tendrá que enterarse que proviene de una familia marginal -lo que nos permite entender porqué este chico tiene el pelo teñido de rubio y es presionado fuertemente por su madre para respetar ideales que no se relacionan en nada con sus verdaderas tendencias-. A su vez, tendrá que asumir que su abuela en realidad es un actor porno, contratado para hacerse pasar por la madre de Ernesto, durante varios años, lo que, como establece el performer en el momento en que se despoja de su disfraz, lo llevó a encariñarse profundamente con este personaje.

En el caso de Dolores, esta escena nos revelará que la madre de familia acomodada es una mujer de origen proletario, que se ha escondido durante muchos años bajo un disfraz, a partir del cual ha renegado de quién es ella realmente, lo que se podría haber anticipado en algunos momentos de la representación, cuando su voz, aguda y bien articulada, cede ante su acento proletario, lo que resulta sumamente gracioso. El desmascaramiento de Dolores también adquiere un tono tragicómico, lo que ocurre cuando el personaje se quita su larga peluca rubia y se desprende de la bata rosada que cubría todo su cuerpo, momento en el cual se pone en evidencia el relleno que ocultaba bajo su sostén y el abultado corpóreo con que simulaba un avanzado embarazo. La caída de la máscara invita a que las y los espectadores puedan captar que todos los elementos que componían el disfraz de este personaje no son más -ni menos- que el artificio del que se valen las mujeres para acomodarse a las expectativas culturales que pesan sobre ellas, entendiendo que

> hombres y mujeres son parte de una estructura social que les impone roles, cuerpos y gestos acordes con el lugar que la estructura hegemónica les ha asignado. (Proaño, 27)

Lola Proaño reconoce la capacidad del teatro feminista de "vestir" y "des-vestir" a los cuerpos construidos por el género, permitiendo que se pongan en duda los atributos que la sociedad le asigna a las mujeres y los hombres, todo lo cual ha causado que la representación teatral haya puesto en evidencia "la máscara del género". Desde su perspectiva, esta máscara se presenta como el artificio a partir del cual se impone la gestualidad y el vestido que la cultura nos obliga a llevar, lo que, en relación a nuestro enfoque, se encuentra en total sintonía con la forma en que se desarticula el uso convencional de la *dramaturgia de lo femenino* dentro del Teatro feminista chileno, lo que queda totalmente expuesto a partir de los procesos de *desmascaramiento* que experimentan los personajes.

Como se puede apreciar en *Yo también quiero ser un hombre blanco heterosexual*, el artificio teatral permite poner en obra el carácter performativo del género, dejando instalada la premisa de que la identidad se organiza como respuesta a la imitación de los modelos que se nos imponen socialmente, lo que se expresa escénicamente a medida que la protagonista se afana por imitar la imagen y los comportamientos que le exigen las distintas identidades en las que ella se instala a lo largo de la representación. Paralelamente, las actuaciones del género se ponen en evidencia a partir de la forma en que la intérprete ejecuta cada uno de los roles que debe encarnar, todo lo cual asume un sentido paródico en la medida en que la obra introduce un cuestionamiento a la idea de que existe una identidad más legítima que otras, el que se materializa a través de la estrategia del travestismo o de las operaciones de *desmascaramiento*, que hemos analizado en este capítulo.

En base a este enfoque, podemos concluir que el *travestismo escénico* permite mostrar las dificultades que encuentran los cuerpos femeninos -o masculinos- para habitar por entero en los ideales de género al que deberían semejarse, abriendo la oportunidad de atentar contra la ficción de dos posiciones claramente diferenciadas, establecidas y perpetuadas por el pensamiento binario y la cultura heteropatriarcal. Las estrategias de *desmascaramiento*, por su parte, se apoyan en la posibilidad que posee la representación teatral para presentar al género *como* una máscara (o un disfraz), la que se construye sobre la superficie del cuerpo de los personajes, lo que, para poder exponérselo claramente al público, se subraya escénicamente modificando el estilo de la interpretación o el vestuario de los personajes, dejándolo en evidencia.

En el caso de *Yo también quiero ser un hombre blanco heterosexual,* la interpretación se volverá más realista a medida que se caen las máscaras de los personajes, lo que permite marcar la distancia entre una dimensión que se puede concebir como real respecto de otra que se debe asumir como ideal. Este gesto también se puede apreciar a través de los efectos producidos por la iluminación, la que permite dejar el escenario en penumbras, para convertir a los personajes en figuras espectrales, que asumen un carácter un tanto abstracto. De esta forma, las figuras que se disponen en escena se presentan como la sombra de una idea que las trasciende, todo lo cual nos remite al mundo de las ideas trascendentes que, si nos remontamos a la alegoría de la caverna, desarrollada por Platón en el libro VII de La República, se proyectan completamente deformadas al interior de la caverna, como efecto del fuego que genera la fogata construida por los hombres que se encuentran prisioneros en su interior.

El sentido de esta alegoría será torcido a través de algunos montajes del Teatro feminista chileno, para mostrar que lo femenino no involucra una verdad, esencial ni eterna, sino que es solo una representación, como cualquier otra de las creencias a partir de las cuales se han sustentado -y eternizado- las diferencias sociales. Paralelamente, el carácter fantasmal que asumen los personajes y el ambiente tenebroso que se genera a partir de la iluminación nos introducen en el territorio de las sombras, lo que puede ser interpretado en relación a los diversos rasgos de la personalidad que deben ser abyectados -excluidos- para que las mujeres se acomoden al ideal femenino impuesto culturalmente. Y, en este sentido, podemos hipotetizar que el Teatro feminista chileno nos pone de frente a nuestras sombras, para reconocernos como seres que están más allá -o más acá- de las construcciones ideales proyectadas por la cultura heteropatriarcal, validando algunas pulsiones que han sido reprimidas históricamente por nuestra sociedad.

Representación de lo femenino en el teatro chileno

Cuerpos que hablan. Foto cortesía de Loreto Rosales

En *Cuerpos que hablan*, por ejemplo, opera una iluminación que provoca una espacialidad lúgubre, que se complementa de una luz más localizada, que se enfoca en los personajes, la que solo dibuja sus siluetas, ante lo cual las mujeres que se presentan en escena asumen el carácter de figuras, recortadas desde el inconciente colectivo. Este elemento nos remite directamente a la alegoría de la caverna, lo que se evidencia claramente a través de la maquinaria móvil con que se organiza el espacio escénico. Esta estructura está compuesta por cuatro plataformas independientes, que se configuran a partir de unos paneles que incluyen un sistema de malla, tejida con unos hilos elásticos, que pueden crear distintas tramas, lo que, como señala el director de la obra, se presenta simbólicamente como una forma de des-velamiento.

Escénicamente, a medida que el escenario queda en penumbras, las sombras asumen más protagonismo, de modo que los personajes adquieren una cualidad espectral, que saca a la luz la fuerza que ejercen los ideales asociados a lo femenino sobre las mujeres, los cuales, a través de las estrategias de *desmascaramiento*, se nos revelan como una mera imitación...

> una copia inevitablemente fallida, un ideal que nadie puede personificar. (Butler, 2007, 270)

Esto también se puede apreciar en *Dark*, donde la imagen de la protagonista asume un carácter fantasmal, dado que se construye fundamentalmente a partir de los ideales que sus compañeros proyectan sobre ella. Este tópico también nos remite a la alegoría de la caverna, cuya presencia se introduce en escena para reflejar la violencia que ejercen las representaciones que los hombres se hacen de las mujeres, en la medida que estas construcciones se presentan como verdades incuestionables. Pero, la referencia a la alegoría de la caverna se puede apreciar desde el inicio de la obra, pues justo después del primer video de Juana que se proyecta sobre la pared del fonde del escenario, uno de los personajes se encargará de exponer al público el carácter artificial de la estructura en que se sustentará toda la acción, señalando que ésta solo involucra una réplica de una habitación real.

Al igual que ocurre en *Xuárez*, en que se conjugan diversas representaciones del personaje de Inés, este montaje plantea una mirada crítica respecto de la relación que tradicionalmente se ha construido entre el original y la copia, señalando la dificultad de acceder a un supuesto "origen" que, en en el texto de Platón, asume el carácter de Verdad. Al establecer que todo lo que se apreciará sobre el escenario son solo representaciones, este personaje le da un marco propicio a la crítica que este montaje instala en relación a lo femenino, la cual se plasma de manera sumamente poética en el último cuadro de la obra, cuendo el escenario se tiñe de una luz roja y la pared del fondo del escenario se levanta, permitiéndonos apreciar un espacio que se ubica detrás de bambalinas, a partir del cual la puesta en escena nos instala en un plano que permanecía ajeno a la representación. En este momento, Juana se ubica pasivamente en el fondo del escenario, mientras tres de los personajes masculinos se encargan de desvestirla, modificando su silueta con distintos atavíos: un uniforme azul, guantes de aseo y una escoba, para representar a una empleada; tacones, falda corta y una peluca rubia, para configurar la presencia de una prostituta; un jumper escolar y una capucha, para traer a escena a una estudiante secundaria; un manto azul sobre el cabello y un rosario en la mano, para referir a la virgen; o una armadura y una espada, para eludir directamente a Juana de Arco.

Al aludir a la alegoría de la caverna, las obras analizadas subrayan el valor que la cultura occidental le ha atribuido al plano de las ideas, y al poder que históricamente han asumido los modelos ideales asociados a lo femenino, cuestionando su valor de Verdad. Y, dada la relación que *Dark* construye con el dispositivo cinematográfico, estos ideales se presentan en escena como las proyecciones que se hacen los hombres acerca de las mujeres, a partir de lo cual se produce un cruce entre esta alegoría, la figura del fantasma y la imagen del espejo, todas las cuales ponen en cuestionamiento en el sentido limitante que ha adquirido la definición de lo femenino históricamente.

> Las mujeres hemos servido todos estos siglos de espejos, con el poder, mágico y delicioso, de reflejar la figura del hombre al doble de su tamaño natural. (Woolf, 28)

6. *Lo femenino como lo irrepresentable*

a. *El carácter irrepresentable de lo femenino*

Como se ha establecido previamente, el modo en que Luce Irigaray (2007) abordó la imagen del espejo, para referir a la forma en que la cultura heteropatriarcal idealiza a las mujeres, buscaba señalar la imposición de una economía de la re-producción, a partir de la cual se induce que las mujeres deseen convertirse en ese ideal. Según Irigaray, para que esta economía pueda operar se requiere de un espejo, que debe introyectarse -interiorizarse- en cada mujer, convirtiendo a la feminidad en una idealidad. Y, asumiendo que no habría imagen si no hubiera espejo, establece que la Mujer carece del espejo apropiado para apreciar su propio deseo, por lo que se mantiene dominada por los fantasmas que habitan en su inconsciente. Entre estos fantasmas se cuenta el ideal de claridad, unidad y simplicidad, que ubica a la definición de lo femenino en un plano transcendente, donde dominan las ideas fijas, a la que las mujeres nunca pueden acomodarse de manera absoluta.

Es la caída del hombre, exiliado del Paraiso o prisionero en la oscura caverna del mito de Platon, alejado de la plenitud del cuerpo, la vision y el significado, lo que separa obligatoriamente al hombre de la naturaleza, al yo del mundo. Despues de la Caída, y en el esfuerzo por volver a alcanzar la perdida totalidad del ser, la unidad y la felicidad, se han fijado las oposiciones dialécticas que caracterizan nuestra cultura: (…) hombre/mujer. (De Lauretis, 1992, 118-119)

En relación a las obras analizadas, vemos personajes que entran a escena para refutar el ideal de unidad, coherencia y/o permanencia, de nuestros sistemas de representación, perturbando las bases que sostienen al pensamiento dualista y/o cuestionando el valor de aquellos ideales que se presentan como verdades absolutas, todo lo cual permite poner en entredicho la creencia que define a lo femenino como si solo fuera lo opuesto a lo masculino. Con este tipo de imágenes, se oscurecen y difuminan los contenidos representados por lo femenino, lo que, cuando se plantea como una operación especular, permite develar algunos de los mecanismos a partir de los cuales la cultura heteropatriarcal ha presentado a la Mujer como un significado irrepresentable. En alguna medida, esta operación logra darle forma a la resistencia de las mujeres de quedar atrapadas dentro de los límites que impone este concepto, manteniéndose prisioneras de un territorio dominado históricamente por los hombres: el lenguaje.

Por ejemplo, en *Dark,* el modo en que los personajes masculinos se relacionan con la imagen que Juana representa para ellos nos permite apreciar la ansiedad con que el pensamiento falogocéntrico se propuso controlar el mundo que nos rodea, lo que se expresa en la voracidad con que estos cuatro personajes se aproximan a ella. De esta forma, este montaje nos hace recordar la crítica que la teoría feminista plantea en relación a la necesidad del pensamiento falogocéntrico por controlar el sentido de lo femenino, lo que se expresa a través de estos cuatro personajes, quienes, exaltados por la ambigüedad de Juana, se obsesionan por entenderla y, aterrados por su singularidad, se empecinan en controlarla. Esto se puede interpretar como una metáfora del afán que ha manifestado la cultura moderna occidental por nombrar y, así, definir y predecir, cada ámbito de la realidad, lo que no resulta menor si recordamos que en la medida que "algo" adquiere un nombre, también asume un lugar dentro de la cultura.

Intentando eludir el lugar en que la Mujer ha sido instalada dentro de la cultura heteropatriarcal, varias de las obras analizadas nos presentan a lo femenino como una figura espectral, excluida del lenguaje y la representación, lo que, como se acaba de señalar, nos permite vislumbrar un procedimiento crítico que excede el ámbito tradicional de un Teatro político, centrado en representar el carácter ideológico de las representaciones sociales. Desde otra posición, la *presencia* que se produce a través de un cuerpo -en este caso, un cuerpo femenino- que elude la necesidad de inscribir su Lugar a partir de las estrategias del lenguaje discursivo también asume un sentido crítico, aunque el camino a partir del cual se instala esta crítica siga un hilo conductor diferente, pues esta operación abre la posibilidad de instalar un planteamiento silencioso, que reformula radicalmente nuestra noción de lo femenino, la que, como se ha establecido previamente, opera fundamentalmente a nivel del lenguaje.

En *Dark*, por ejemplo, la sensación de ausencia que rodea a la protagonista de la obra le otorga un carácter fantasmal, proponiéndonos una figura que nunca termina de delinearse ante nuestros ojos, pero que, aun así, instala una crítica a la representación tradicional de lo femenino, lo que, desde nuestra perspectiva, surge de la tensión que se produce entre el halo de ausencia que la rodea y la excesiva *presencia* que ella produce en escena. Este montaje construye la imagen de la protagonista a partir de una estrategia intertextual, en función de la cual la figura de lo femenino que surge en escena cobra cuerpo a partir de múltiples imágenes, lo que, entre otras cosas, amplifica sustancialmente la limitada noción de lo femenino construida por el pensamiento falogocéntrico.

En escena, Juana se encuentra en todas partes: es la chica revolucionaria que protagoniza los videos, pero también es el ojo que guía el enfoque que asumirá la cámara; está en la imagen de Juana de Arco que se dispone sobre la pared, al mismo tiempo en que se presenta como una cita de Santa Juana de los mataderos, extraída del texto de Bertol Brecht; es la mujer que tiene una muñeca descuartizada en un horno de juguete y también es el referente a partir del cual esa muñeca se proyecta en el fondo del escenario. De esta forma, esta puesta en escena hace converger múltiples imágenes de lo femenino, las que se mezclan y contaminan de tal forma, que este tejido se abre en múltiples direcciones, todo lo cual reformula críticamente la ausencia asociada a lo femenino.

> Ella se encuentra ahora en el espacio vacío que media entre los signos, en un vacío de significado, donde no es posible ninguna reclamación, ni accesible ningún código. (De Lauretis, 1992, 60)

Dark. Foto cortesía de María Paz Gonzalez

Como se ha señalado al inicio del libro, la representación artística tendió a desmaterializar la figura de lo femenino -su cuerpo y su deseo-, configurando un juego erótico que permitía esconder la imagen de la mujer entre diversas capas de sentido, lo que, entre otras cosas, puede explicar la persistente presencia de velos dentro de la estética de las obras analizadas. Frente a la estrategia patriarcal de presentar a la Mujer a partir de un juego de velos, encerrándola en una dinámica de descubrimiento-encubrimiento, podemos considerar que el solo hecho de revertir la dirección de esta relación -encubrir para descubrir- involucra una estrategia crítica -una estrategia de develamiento-, a partir de la cual se des-cubre la forma en que la mujer ha sido representada tradicionalmente. Pero, si además tenemos en consideración que el carácter irrepresentable que asumió lo femenino con este tipo de operaciones artísticas y narrativas ha impedido que la figura de la Mujer se pueda instalar "plenamente" dentro del marco de la representación, podemos hipotetizar que lo que nos propone esta operación es una vuelta de tuerca de la imagen del *irrepresentable femenino*, lo que guarda total coherencia con el enfoque de esta investigación, centrada en la crítica que desarrolla el Teatro feminista chileno a las formas de representación tradicionales de lo femenino.

Si consideramos el alcance que asumió esta metáfora dentro de la representación artística, debemos tener presente que una de las grandes pérdidas que se produjo al asumir a lo femenino como una realidad irrepresentable fue la sublimación de la dimensión material del cuerpo. En relación a este punto, hemos obtenido varias pistas para entender el carácter que asume dentro del Teatro feminista chileno la presencia de los cuerpos femeninos y/o feminizados, en relación a la relevancia que adquieren todos los aspectos materiales de la puesta en escena dentro de un Teatro político. Pero también podemos pensar la relevancia que asumen los cuerpos a través del argumento que instala Alejandra Castillo cuando aborda la forma en que las artes visuales exhiben la realidad del cuerpo de la mujer, poniendo especial atención en el modo en que la materialidad de la carne se oculta a través de su propia exhibición, lo que apunta directamente a la sublimación del cuerpo femenino.

> El cuerpo de las mujeres debe ser expuesto según lo impone la misoginia moderna; sin embargo, esta exposición parece a cada paso olvidar su materialidad. El cuerpo parece volverse transparente en la lógica de circulación vertiginosa

de significantes en la que de signo en signo el cuerpo, su carne, desaparece. (Castillo, 110)

Reconociendo la importancia que posee la sublimación del cuerpo femenino para sostener la mirada impuesta por el patriarcado, esta investigación ha puesto un especial énfasis en la forma en que, en las obras analizadas, el cuerpo se impone sobre el discurso, lo que resulta coherente dentro de un tipo de representación en que el cuerpo de las/los intérpretes tiene un papel crucial. Pero, al escudriñar en la forma en que se plantea la sublimación de lo femenino dentro del arte feminista también nos permitirá establecer algunas hipótesis en relación a la forma en que se está rearticulando el *irrepresentable femenino* dentro de la representación teatral, analizando algunas operaciones que están comenzando a cobrar cuerpo dentro del teatro chileno. Con esto en la mira, en este capítulo abordaremos algunas estrategias a partir de las cuales la materialidad del cuerpo femenino, y su potencial de *presencia*, pervierten la forma en que las mujeres han asumido un lugar dentro del lenguaje. Y, paralelamente, analizaremos la forma en que los instantes de silencio dejan resonando en escena ese mundo invisibilizado que se suele asociar a lo femenino.

Al respecto, partamos por establecer que ese tipo de operaciones también asumen un sello feminista, considerando que es el feminismo el que denunció el carácter irrepresentable que asume lo femenino dentro del pensamiento falogocéntrico.

> "¿Quién o qué es una mujer? ¿Quién o qué soy yo?". Al plantearse estas preguntas el feminismo -un movimiento social de las mujeres para las mujeres- descubrió la inexistencia de la mujer, o, mejor dicho, la paradoja de un ser que está ausente y a la vez prisionero del discurso, sobre quien se discute constantemente, pero permanece, de por sí, inexpresable: un ser espectacularmente exhibido, pero a la vez no representado o irrepresentable, invisible… (De Lauretis, 2000, 111)

En relación a esta premisa, en los ultimos apartados analizaremos las estrategias, presentes en el Teatro feminista chileno, a partir de las cuales se intenta torcer el sentido tradicional del *irrepresentable femenino* y, desde ahí, articular una crítica a la imagen de lo femenino impuesta por la cultura heteropatriarcal. Para ello, nos valdremos del argumento de Teresa De Lauretis, cuando establece que la tensión entre la Mujer -como objeto de representación- y las mujeres -como seres históricos- es una contradicción propia e irreconciliable de nuestra cultura. Esta contradicción radica en que la Mujer es un objeto de representación, pero al mismo tiempo carece de ella, lo que, entre otras cosas, dificulta profundamente la posibilidad de que las mujeres podamos construir un lugar para y desde nosotras, tanto a nivel simbólico como social.

> se nos advierte, esta feminidad es una mera representación, un posicionamiento dentro del modelo fálico del deseo y del significado, y no una cualidad o propiedad de las mujeres. Lo que equivale a decir que la mujer en cuanto sujeto del deseo o del significado es irrepresentable; o, mejor aún, en el orden fálico de la cultura patriarcal y en sus teorías, la mujer es representable tan sólo como representación. (De Lauretis, 2000, 56)

b. Una propuesta que busca transgredir los velos de la representación

Si estamos de acuerdo en que solo con exponer que lo femenino es una representación cultural, podemos establecer que el teatro feminista asume una posición crítica al inscribir esta premisa dentro de la representación, lo que se puede apreciar claramente en *Otras*, que en el año 2014 ya instalaba explícitamente este planteamiento en escena. En relación al teatro argentino, Lola Proaño (2016) plantea que este gesto se relaciona con los primeros tópicos que abordó el teatro feminista, interesado en exponer el Poder que subyace a las grandes estructuras, y la situación de la(s) mujer(es) dentro de esa(s) estructura(s), denunciando al género como una construcción cultural paralelamente a que se puso en evidencia que el cuerpo femenino ha sido confiscado por la cultura patriarcal, todo lo cual se encuentra en sintonía con los planteamientos de los feminismos de los años 60 y 80, incluyendo el análisis que desarrolló Simone de Beauvoir en *El segundo sexo*.

Dentro de un teatro de corte brechtiano, este tipo de planteamientos involucra la posibilidad de develar las ideologías a través de las cuales la cultura heteropatriarcal nos ha hecho creer que existe un único sentido a partir del cual concebir el significado de lo femenino, poniendo en evidencia el Poder de nuestros sistemas representacionales, lo que se constituye como un elemento central de nuestro análisis. Al respecto, podemos remitirnos a la escena final de *Otras*, cuando una voz femenina manifiesta: *"La Mujer es una invención construida y moldeada frente a los ojos de Otros… Nos han enseñado y repetido que somos mujeres, un contrato invisible impuesto desde que nacemos, en cláusulas y sentencias que vuelven natural la opresión y la dominación. Sin embargo, nosotras somos seis mujeres… No se trata ni de teoría ni de estadísticas… Somos seis cuerpos descritos como mujeres. Todas nos hemos sentido violentadas gran parte de nuestras vidas solo por este hecho…".*

Pero, si nos detenemos en el último punto de este texto, también podemos vislumbrar un desplazamiento hacia otra dimensión de la crítica feminista en esta obra, lo que se puede apreciar en el momento en que las intérpretes se unifican, como si fueran un solo cuerpo, estableciendo: *"somos mujeres"*. En este instante, la ficción se cruza con la realidad, lo que se refuerza a partir del testimonio que da cada una de las intérpretes en relación a sus vivencias personales, donde las cifras permitirán que efectivamente cada una se encuentre con la otra. De esta forma, la puesta en escena nos ofrece una figura de lo femenino que tensiona la noción del *ser* Mujer, con un *estar* Mujer en el mundo, lo cual es encarnado por cada una de las intérpretes que se encuentra en escena, de frente al público, transgrediendo el marco de la representación. Desde nuestra perspectiva, este gesto permite ir más allá de la sentencia que se había establecido poco antes a nivel del discurso, cuando se denuncia que *"lo femenino sólo existe como representación"*, pues, en este instante, el planteamiento se libera del marco discursivo, que dialogaba perfectamente con el carácter descriptivo de este montaje, y se instala en la superficie misma de los cuerpos, generando un susurro que nos deja entrever una realidad que escapa al dominio de la representación.

Esta imagen no solo nos permite reforzar la idea de que el cuerpo asume un papel importantísimo dentro del Teatro político, sino que también nos permite analizar la intención del Teatro feminista de hacer visible lo que las palabras no pueden explicitar. Este afán de ir más allá del plano discursivo ya se pudo apreciar a través de uno de los elementos estilísticos que se han comentado previamente -*lo abyecto*-, lo que, dentro de un teatro feminista, se manifiesta en la forma en que la puesta en escena se vale de los cuerpos para intentar acceder a nuevas dimensiones de ese mundo indecible representado por las mujeres. Por un lado, *lo abyecto* se caracteriza por desarrollar una representación sin ilusionismo y sin velos, poniendo en crisis la forma en que la Mujer se ha instalado dentro del orden simbólico, lo que, entre otras posibilidades, permite exhibir la forma en que los velos de la representación han en-cubierto el cuerpo y el deseo femenino, poniendo en evidencia el poder simbólico del velo. Por otro lado, *lo abyecto* tiene la capacidad de producir una especie de vacío en el lenguaje, lo que, desde nuestra perspectiva, logra dar testimonio de la "oscura" relación que lo femenino mantiene con el lenguaje y la representación, renovando el tono crítico de nuestro teatro.

Según Julia Kristeva (2010), *lo abyecto* se nos presenta como el derrumbamiento de un mundo que ha borrado sus límites, lo que, como hemos expuesto hasta ahora, resulta fundamental dentro de una representación que busca transgredir el límite que la cultura patriarcal ha producido entre lo femenino y lo masculino, o bien, diluir el sentido que históricamente los hombres han proyectado sobre las mujeres. Como establece Hal Foster (2001), *lo abyecto* produce un campo de interconexiones que borra todas las diferenciaciones, permitiendo que la representación artística explore ese espacio en que los símbolos dejan de ser estables y los conceptos se vuelven intercambiables, lo que, como se acaba de señalar, resulta fundamental para intentar corroer la oposición entre los géneros y explorar el vacío que surge con el derrumbe de los sistemas clasificatorios.

Estas operaciones cobran un lugar destacable en la obra *Al pacino*, ejercicio escénico que nos presenta diversos cuerpos, a partir de los cuales se logra alterar radicalmente el orden de las identidades socialmente aceptadas, lo que también puede interpretarse como el derrumbamiento de un mundo que ha borrado sus límites. Dado que su lenguaje emerge fundamentalmente desde los cuerpos, esta puesta en escena está casi totalmente desprovista de palabras, lo que, por un lado, permite liberar a los cuerpos de los condicionamientos que les imponen los discursos producidos por la cultura heteropatriarcal y, por otra parte, le da mayor presencia a la materialidad del signo. Desde ahí, este montaje le da una especial relevancia a la materialidad del cuerpo, lo que resulta sumamente significativo si pensamos que las formas de representación tradicionales tendieron a desmaterializar la figura de la mujer. Por otro lado, podemos señalar que *Al pacino* realiza una particular aplicación del principio *collage*, explorando la introducción de palabras sueltas y de textos en distintos idiomas, lo que produce una especie de coro vocal, que permite que el significante de la palabra se libere de su significado, ampliando las posibilidades comunicativas del lenguaje. De una y otra forma, esta propuesta logra rebasar los límites que el orden simbólico les impone a los signos, reconstruyendo la relación entre el cuerpo y el lenguaje y, desde ahí, la relación entre lo femenino y el cuerpo, lo que resulta significativo si recordamos el profundo vínculo que la cultura patriarcal ha construido entre la Mujer y su cuerpo.

Aunque en este montaje la presencia del significado no desaparece completamente, los cuerpos se liberan de su función simbólica, en cuyo marco el cuerpo se ha presentado como el contenedor de los significados que la cultura le designa a cada género. Paralelamente, la puesta en escena se encarga de que las palabras estallen en múltiples direcciones, lo que se conjuga con ese exceso producido por la materialidad de los cuerpos, todo lo cual altera completamente las formas de representación tradicionales.

Y, aunque no resulte evidente, estas operaciones instalan un planteamiento de corte feminista, centrado menos en los discursos que en las formas y las materialidades que se ponen en escena, pues, como señala la directora de la obra

> Es más interesante pensar en qué prácticas y qué estrategias se pueden abordar desde una perspectiva feminista, más que hacer una obra que trata de las mujeres... eso es algo que me interesa un poco más a mí. (Ana Luz Ormazábal)

Al pacino nos adentra en una atmósfera invadida por ruidos -risas sombrías, jadeos, susurros, gritos y sonidos guturales-, los que se mezclan entre sí para impregnar el espacio escénico de una extraña sensación de animalidad. De esta forma, la puesta en escena deja entrever esos animales internos que han sido proscritos por la cultura, silenciándose al interior de nuestros cuerpos, lo que, desde nuestra perspectiva, busca atentar contra los límites de lo pensable -y decible- bajo los parámetros del pensamiento falogocéntrico. En este sentido, la presencia de *lo abyecto* convoca una experiencia que hace rozar *lo imposible*, lo que se relaciona menos con la intención de representar el mundo como algo abyecto, que de explorar en la ambigüedad que su presencia trae consigo, a partir de lo cual los cuerpos -y particularmente el cuerpo femenino- se presentan como un destello de esa imposibilidad: la imposibilidad de ser circunscrito por un sentido determinado.

Ubicándose descaradamente en el "entre" -entre el cine y el teatro, entre la realidad y la ficción, entre la presencia y la ausencia, entre el humano y el animal, entre la mujer y el monstruo-, este montaje nos demuestra que la representación de lo femenino se convirtió en el recipiente de todo tipo de monstruosidades, lo que, desde nuestra perspectiva, permite introducir la dimensión irrepresentable de lo femenino y, al mismo tiempo, rechazar la posibilidad de una identidad específica para las mujeres, desafiando todas las formas de representación tradicionales. Según Julia Kristeva (2010), *lo abyecto* se relaciona con ese resto que excede los límites de lo pensable y de lo vivible, lo que resulta coextensivo a la arquitectura de un pensamiento no totalizador, en que nada es exhaustivo, por lo que desafía los universos mono-teístas y mono-lógicos que clausuran la representación en un único plano y en un sentido único. Al igual que ocurre en *Al pacino*, la presencia de *lo abyecto* logra amplificar considerablemente nuestra aproximación a los cuerpos y, con ello, a la dimensión corporal asociada a lo femenino, reformulando radicalmente la imagen del cuerpo femenino y, a través de ella, su definición.

c. El fantasma y la impureza como amplificación de lo femenino

De una forma muy diferente, *Dark* también nos ofrece una figura de lo femenino que hace estallar los límites establecidos por las formas de representación tradicionales, puesto que, como ya se ha señalado, se caracteriza por su gran complejidad y opacidad. La figura de la protagonista se nos revela como una realidad ausente, pero excesivamente presente, lo que logra exceder el marco tradicional de la representación, dislocando el sentido del *irrepresentable femenino*. A raíz de que la representación se centra en los relatos de los personajes masculinos, la figura de la protagonista se desliza hasta el plano de la ausencia. Pero, la constante propagación de representaciones asociadas a lo femenino lleva a que esa ausencia se imponga a tal punto que, por exceso, logra alterar el carácter irrepresentable de su figura, haciéndola incompatible con la tradición representacional gestada por el falogocentrismo.

De distintas formas, *Dark* pone en obra el carácter fantasmagórico que asume lo femenino dentro de nuestra cultura, lo que, dado que también está presente en otros de los montajes que hemos analizado, se constituye como una estrategia relevante para que el Teatro feminista chileno logra rearticular la representación tradicional de lo femenino. El director de *Dark* señala que el carácter espectral de la protagonista tiene que ver con la intención de leerla en distintos planos, temporales -pasado, presente y futuro- y espaciales -lo real y lo imaginario-, lo que abre la posibilidad de proyectarla en distintos lugares a la vez, convirtiéndose en una especie de invocación. Invocando su presencia, Juana se alza como el centro de todo el relato, lo cual acontece a pesar de que ella se sustrae constantemente del marco de la representación, lo que evita que la figura de lo femenino que nos ofrece este monatje se presente como un significado claro, estable y predecible.

La directora de *Al pacino*, por su parte, nos remite al reino de las sombras para abordar el carácter fantasmal de las figuras que irrumpen en escena, las que, desde su perspectiva, permiten señalar la forma en que nuestros temores y deseos inconscientes han sido proyectados en la pantalla cinematográfica. Y, en relación a este punto, recalca la relación que asume lo fantasmagórico con la fuerte identificación que se produce en las y los espectadores con aquello que vemos en una pantalla, las cuales, al igual que un espejo, actúan como un reflejo de lo que somos -o creemos ser-. De tal forma, la presencia insistente de un conjunto de espejos sirve como metáfora, para reforzar escénicamente la relación entre el espejo, el fantasma y la identidad.

En *Dark* y *Al pacino* la presencia de lo fantasmagórico se relaciona con las posibilidades que posee el cine para hacer convivir muchos pasados y presentes posibles, lo que, en el montaje de Colectivo Zoológico, cobra cuerpo a medida que la imagen de la protagonista se concretiza en base a recuerdos, citas y sombras, que se proyectan sobre la pantalla que se despliega al fondo del escenario. En *Al pacino*, lo fantasmagórico abre la pregunta sobre las condiciones de visibilidad que caracterizan a nuestra cultura, lo que constituye un objetivo determinante dentro de este montaje, considerando que uno de los motores del proceso de exploración fue situar la pregunta de lo no visible como un acto feminista. Y, dado que el juego con los elementos que se introducen en escena involucra un cuestionamiento constante de lo que se ve y lo que no se puede ver, esta puesta en escena nos dirige a un problema que resulta central para nuestro análisis: lo que se expone y lo que se oculta a partir de nuestro sistema representacional.

En *Yo también quiero ser un hombre blanco heterosexual,* es la identidad la que asume un carácter espectral, desplegándose como una presencia que deambula constantemente alrededor de la protagonista, lo que, desde nuestra perspectiva, se relaciona con la forma en que la cultura heteropatriarcal nos impone una identidad determinada, la cual nos persigue incesantemente. En consistencia a las múltiples transformaciones que experimenta este personaje a lo largo de la representación, en algunos momentos es posible observar la aparición de una realidad que la visita al modo de un fantasma, lo que se expresa con toda su poesía al inicio de la segunda escena, cuando vemos a Ernesto -el hombre en que se convertirá la protagonista- en las escaleras laterales de la escenografía, para luego desaparecer. Esto le da un carácter espectral a su presencia, dado que su aparición acontece paralelamente a la acción que se desarrolla en el centro del escenario, cuando la protagonista aún era una mujer negra, entregándonos algunos indicios de la identidad que ella asumirá posteriormente.

Algo similar ocurre en la quinta escena de la obra, donde la protagonista, que ya se había transformado en una mujer blanca y heterosexual, le pide a su pareja que le traiga un desmaquillante para remover el color blanco que le cubre la piel, momento en el cual este hombre se encontrará cara a cara con la mujer haitiana que le dio inicio a esta historia. A través de esta, y otras operaciones escénicas, la obra nos presenta al género como la ilusión de una identidad específica, es decir, como el afán por encarnar aquellas reglas que permiten inscribirnos adecuadamente al interior de la sociedad, pero que nunca pueden interiorizarse cabalmente dentro de nuestra personalidad, ante lo cual el idel de lo femenino -y lo masculino- nunca logra realizarse completamente. Y, en este sentido, la metáfora del fantasma le da curso a múltiples posibilidades a nivel identitario, las cuales, dadas las constantes transformaciones que experimenta la protagonista, parecen desbordar el terreno de la representación.

De diferentes formas, las figuras de lo femenino que exceden el marco de las representaciones tradicionales parecen actuar como un efecto de la implosión que está experimentando la representación de la

Mujer a medida que las distinciones asociadas al género han estallado en múltiples pedazos. Intentando escenificar este estallido, el Teatro feminista chileno está interrogando, rearticulando y/o amplificando, la definición tradicional de lo femenino, abriendo un cuestionamiento al ideal representado por una identidad unitaria, coherente y estable. Esto, porque la posibilidad de representar a lo femenino aparece como una interrogante, y no como algo dado, lo que, desde nuestra perspectiva, produce un desplazamiento desde las estrategias propias del denominado Teatro político, hacia un plano más conceptual de la representación.

Y, dado que la representación de lo femenino se ha instalado dentro de nuestra sociedad como un ideal de "pureza", las nuevas figuras de lo femenino se presentan como identidades impuras, basadas en la mezcla y la contaminación, lo que pone en tensión las creencias a partir de las cuales la cultura heteropatriarcal ha justificado la exclusión y la violencia que recae sobre ciertas mujeres, lo que nos permite destacar otra de las estrategias a través de la cual el Teatro feminista chileno está desarticulando las nociones de género tradicionales. Dentro del Teatro feminista, la presencia de lo mixto, ambiguo y diverso, se plantea como un rechazo a las imágenes estereotipadas que giran en torno a la Mujer, invitándonos a revisitar el amplio y diverso universo representado por lo femenino, lo que, entre otras cosas, busca poner en jaque la limitada visión que ofrece la cultura heteropatriarcal respecto de las mujeres.

Puta Madre y *Yo también quiero ser un hombre blanco heterosexual* se valen de la impureza representada por sus protagonistas para des-ocultar el Poder que ejercen las diferencias de género, clase, raza o etnia, al momento de pensar lo femenino. Por otro lado, la impureza de estos personajes también permite exponer las formas de exclusión que son propias de un sistema machista, racista y clasista, todo lo cual permite amplificar considerablemente el espectro que cubre la definición de lo femenino. *Paisajes para (no) colorear,* por su parte, se interesa en el silenciamiento de las necesidades y expectativas de las generaciones más jóvenes, ofreciéndonos una gama amplia y colorida de aproximaciones a lo femenino, lo que se relaciona directamente con los planteamientos que desarrolla Valeria Flores en *Chonguitas*, donde presenta a la infancia como un espacio político de intensa pugna de Poder. Y, enfrentándose lúdica y airadamente a la mirada que una cultura adultocéntrica y patriarcal impone en relación a las mujeres, éste y los otros montajes citados subrayan la relevancia política que están asumiendo aquellos personajes "impuros", como la puta, la negra o la lesbiana, dentro de la realidad chilena contemporánea.

d. Devenir Otra

Intentando traspasar las restricciones que le impone el orden simbólico a la representación de lo femenino, el arte feminista lleva varias décadas produciendo obras que pujan por superar los límites impuestos por las representaciones en que la cultura patriarcal encasilló a las mujeres. Pero, no podemos perder de vista las profundas dificultades que supone producir un sistema de representación alternativo al que ha elaborado el pensamiento falogocéntrico, considerando que los límites de la realidad tienden a coincidir con los límites del lenguaje. Y, por lo tanto, es importante reconocer que, cuando las nuestras formas de representación incluyen a eso *Otro* que define a lo femenino, lo hacen bajo el signo de lo mismo, porque eso *Otro* solo resulta inteligible dentro los términos de referencia dominantes, es decir, dentro de la reductora lógica binaria impuesta por el patriarcado.

Cuando Estela Valverde (2008) analiza la poesía femenina uruguaya nos ofrece una serie de imágenes, entre las que destaca aquella mujer que, intentándose asumir una posición más relevante que la que los hombres no han designado históricamente, decide elevarse hasta pedestal de Venus -y de los dioses del Olimpo-, para describirse a sí misma de un modo totalmente idealizado. Si lo abordamos con detención, este tipo de operaciones tiende a reproducir el modo en los artistas y escritores masculinos han tendido a representar a la Mujer, teniendo a Venus como referente ideal. En relación a este punto, cabe destacar el modo en que Simone de Beauvoir estableció una cuestión fundamental para analizar el influjo que ha tenido la representación cultural de lo femenino en las propias mujeres, cuando establece:

> En tanto que otro, ella es también otro que ella misma, otro que aquello que se espera de ella. Siendo todo, jamás es justamente esto que debería ser; es una perpetua decepción (De Beauvoir, 202)

Simone de Beauvoir plantea que la cultura occidental históricamente representó a la Mujer como la encarnación de *Lo Otro misterioso*, lo que, desde su perspectiva, se puede leer, contradictoriamente, como la más profunda inmanencia y, al mismo tiempo, como la más lejana trascendencia. Y, al respecto, señala:

> Tesoro, presa, juego y riesgo, musa, guía, juez, mediadora y espejo, la mujer es lo Otro en lo que el sujeto se supera sin limitarse y que se opone a él sin negarlo; ella es lo Otro que se deja anexionar sin cesar de ser lo Otro. De ahí que sea tan necesaria para la dicha del hombre y para su triunfo, que puede decirse que, si no existiese, los hombres la habrían inventado. (Simone de Beauvoir, 190)

Como continuadora de esta mirada, Luce Irigaray denunció que el orden lingüístico impuesto por la cultura patriarcal excluye -y niega- a las mujeres, declarando:

> El femenino en nuestras lenguas se ha convertido en un no-masculino, es decir, en una realidad abstracta sin existencia. Si la propia mujer se encuentra a menudo reducida a la esfera sexual en sentido estricto, el género gramatical femenino se diluye como expresión subjetiva, y el léxico que concierne a las mujeres con frecuencia está compuesto de términos escasamente valoradores, cuando no injuriosos, que la definen como objeto en relación con el sujeto masculino. De

ahí que a las mujeres les cueste tanto hablar o ser escuchadas en tanto que mujeres. (Irigaray, 1992: 18)

Desde nuestra perspectiva, cuando se libera a lo femenino de la gramática binaria que solo lo concibe por oposición a lo masculino, se puede activar ese resto rebelde que la cultura le ha endosado a la presencia de la Mujer en el lenguaje, instalando a lo femenino como una fuerza que no puede ser atrapada en un sentido determinado, lo que, en alguna medida, permite que las múltiples voces que constituyen a lo femenino logren aparecer. Por ejemplo, en *Paisajes para (no) colorear,* las definiciones de lo femenino se amplifican a tal punto que cada una de las integrantes del numeroso elenco involucran una posibilidad única e irrepetible de ser/estar Mujer en el mundo, pues, como señala su director, la obra deconstruye la imagen tradicional de lo femenino desde el lugar que cada una de las chicas construyó a partir de su particular singularidad. Conscientes de que la imagen de la Mujer tradicionalmente se ha visto limitada a unos pocos modelos, las chicas que conforman el elenco de esta obra se rebelan, cada una a su manera, de los mandatos del mundo adulto y patriarcal, que les exige encasillarse en las definiciones ya existentes. Y, de esta forma, este montaje se presenta como una oportunidad de desplazarnos entre las diversas posibilidades que involucra lo femenino: lo femenino expresado en múltiples paisajes.

Dark, por su parte, se adentra en la paradoja de la construcción/destrucción de la protagonista, reconstruyendo la figura de lo femenino de manera constante, lo que se puede apreciar claramente en el último cuadro de la obra, cuando Juana se viste de las distintas formas de ser Mujer configuradas por el pensamientohetero patriarcal. Esta operación nos plantea una construcción múltiple de la figura de lo femenino, la cual actúa en consistencia con los diversos fragmentos a partir de los cuales se conforma el personaje de Juana, lo que, desde nuestra perspectiva, se plantea a favor de la pluralidad y la diversidad. A través de múltiples fragmentos, *Dark* atenta contra la imagen de un sujeto centrado, coherente y predecible, lo que también ocurre en *Xuárez,* con una Inés que nos muestra distintas facetas de sí misma, lo que se puede apreciar a través del diálogo constante que ella mantiene con su mundo interior -escenificado a través de una voz en off- y en las disputas que la enfrentan con la otra Inés que se presenta en escena -personaje interpretado Claudia Celedón-.

A través de estos elementos, podemos señalar otra de las formas a partir de las cuales las obras analizadas se adentran en la dimensión irrepresentable que ha sido convocada culturalmente por lo femenino, amplificando el espectro que cubre esta definición: la posibilidad de devenir otra. A través de esta operación, los personajes femeninos se nos presentan desde diversas perspectivas, incluso contradictorias, articulando un sentido que se abre en múltiples direcciones. De esta forma, estas figuras actúan en contra de la visión universalista creada por el pensamiento heteropatriarcal, permitiendo que la presencia de una mujer convoque una poética de lo múltiple, a partir de la cual se resignifica el sentido peyorativo que asume el carácter ambivalente que la cultura le atribuye a lo femenino.

Este recurso se puede advertir en *Yo también quiero ser un hombre blanco heterosexual,* dadas las múltiples transformaciones físicas que experimenta la protagonista a lo largo de la representación, lo que simbólicamente se presenta como un desplazamiento incesante por los territorios de la identidad, a partir del cual el género se manifiesta como una realidad multifacética y variable. De esta forma, esta obra logra exponer la fragilidad de los conceptos totalizadores en que históricamente se ha sostenido la representación social de lo femenino, la que, por oposición, se instala en escena como una realidad móvil y compleja, abierta a una transformación constante.

e. *Reformular el irrepresentable femenino*

El carácter fragmentario y/o el halo fantasmal que las obras analizadas le dan a lo femenino nos deja con la sensación de que la puesta en escena feminista no quiere ofrecer una definición que se pueda pronunciar en términos generales, lo que tiene el valor de hacer ingresar las múltiples posibilidades de ser/estar Mujer dentro del plano de la representación. Por otro lado, cabe destacar que las definiciones de lo femenino que estos montajes no ofrecen suelen esquivar la posibilidad de proyectarse hacia el futuro, lo que, entre otras formas, se manifiesta en el silencio que guardan las obras hacia el final de la representación. Ya sea por el autoexilio de los personajes desde el plano de la representación oficial -como es el caso de *Xuárez* o *Matria*-, de una muerte asumida o inducida -como en el caso de *Sentimientos, Dark, Paisajes para (no) colorear* o *Yo también quiero ser un hombre blanco heterosexual-* o de un final inconcluso -como es el caso de *Cuerpos que hablan, Puta madre* o *Al Pacino-*, las representaciones analizadas esquivan la exigencia de ofrecer una imagen que clausure el significado de lo femenino. De esta forma, las obras rechazan los términos que caracterizan a nuestros sistemas representacionales, construyendo otro tipo de relación con lo irrepresentable: dejar abierto el significado de lo femenino.

En *Xuárez, Dark* y *Matria*, la imagen de la protagonista desaparece de escena hacia el final de la representación, lo que deja inconcluso el destino de los personajes, ante lo cual, la figura de lo femenino que ellas nos ofrecen se nos presenta como una incertidumbre. Este gesto se puede interpretar como una forma de mostrar la dificultad que estos personajes tuvieron para encontrar un lugar dentro de la historia oficial, lo que causó que su imagen se mantenga velada, aun hasta la actualidad. Pero también abre la oportunidad de develar el modo en que la cultura heteropatriarcal ha oscurecido el rol de la Mujer dentro de las representaciones oficiales, instalando la dificultad -y la necesidad- de revertir el sentido de las representaciones que el relato histórico ha transmitido respecto de aquellas mujeres que osaron irrumpir en un mundo construido por los hombres. Frente a esto, el silencio se presenta escénicamente como una forma sutil de transgredir la lógica discursiva del pensamiento falogocéntrico.

El modo en que la historia oficial ha velado la figura de lo femenino se muestra de un modo incomparable en *Xuárez*, gracias a la posibilidad que abre esta puesta en escena para ofrecer una relectura del famoso cuadro de Pedro Lira, "La fundación de Santiago", que es el único registro pictórico de este hecho histórico. Provista de una serie de argumentos, la académica Josefina de la Maza irrumpe en escena para proponer una nueva mirada en torno a este cuadro, en el que se pueden apreciar los personajes que fueron centrales en la conquista de Santiago: Pedro de Valdivia, Francisco de Villagra, Huelén Huala (quien sería el indígena dueño de la cima del cerro) y una figura agachada junto a Valdivia, la que, por portar una túnica blanca y larga, a primera vista asume la forma de un sacerdote. Valiéndose de *"esta figura contrahecha, confusa y semióticamente equívoca, (que) aparece como un error aberrante"*, la historiadora del arte analizará esta especie de *borradura* al interior del cuadro, postulando que Pedro Lira habría tratado de ocultar la presencia de Inés de Suárez de manera deliberada, lo que resultará sustancial para el desarrollo del relato, y también para nuestro análisis.

Gracias a las posibilidades abiertas por la estrategia collage-montaje, la autora de esta teoría tomará cuerpo a través de la interpretación de Claudia Celedón, rompiendo con el marco temporal construido previamente con la presencia de Inés de Suárez y Pedro de Valdivia, para enunciar un poderoso planteamiento acerca de la invisibilización de la Mujer dentro del relato oficial. Esta tesis se apoya en su estudio preliminar de esta pintura, a partir del cual la investigadora establece que inicialmente esta figura incierta estaba ubicada en un primer plano de la representación -portando rasgos claramente femeninos-, para luego quedar parcialmente escondida, relegada a un segundo plano del lienzo -y con el rostro totalmente cubierto-. Apoyada por el humor, la ironía y la parodia, el personaje nos pregunta: *"¿Puede un autor como Pedro Lira cometer un error de modo tan grosero? No, poh. Personalmente me rebelo a entenderlo así y mi análisis se inicia con una observación sencillita: en un género como la Pintura de Historia, donde la claridad en la representación del tema es esencial, una figura parcialmente escondida en el grupo central de la composición no puede sino significar algo. O alguien"*.

La revisión del cuadro de Pedro Lira literalmente nos hará ver "lo invisible", pues la presencia borrada de Inés de Suárez cobrará lugar en escena, a medida que la relectura de esta obra la hará aparecer dentro de la pintura. A partir de este gesto, la puesta en escena desarrolla un acto de desmitificación y, paralelamente, la reescritura de un mito, permitiéndose crear -y recrear- un personaje que, en realidad, casi no existía. Y, con este nuevo marco, la obra subraya el papel decisivo que Inés de Suárez cumplió en la fundación de Santiago, lo que también sirve de excusa para problematizar el papel que han tenido las mujeres dentro de la historia nacional y mundial. Al respecto, resulta significativo rescatar la afirmación que hizo la directora de la obra al momento de recibir el Premio José Nuez Martín 2016, que entrega la fundación homónima y la Facultad de Letras de la Universidad Católica de Chile, por la creatividad del lenguaje escénico de este montaje.

> En la historia de las mujeres -o la de cualquier otro obliterado-, no se pueden seguir las huellas sin inventarlas. Comprendimos entonces que *Xuárez*, la obra, debía ser la fabricación en retrospectiva de un mito fundacional hasta ahora ausente. Una ficción surgida como respuesta a un vacío histórico, como reacción a un borrón colosal que estaba desplegado a plena vista en medio de nuestra historia. (…) Creo ciertamente que la creación está a nuestra disposición como fuerza capaz de reformar esos signos antiguos, cada vez que estimemos necesario reinventar el futuro. (Manuela Infante)

En relación a este punto, también resulta relevante destacar la figura del *palimpsesto*, a partir de la cual podemos comprender de manera más clara la forma en que *lo irrepresentable femenino* se reconfigura en este montaje, valiéndonos de las palabras que profiere el personaje de Josefina de la Maza dentro de su argumentación: "(el palimpsesto consiste en) *borrar el mensaje ya inscrito e inscribir uno nuevo en su lugar. (…) En palabras simples, en un sentido profundo y metafórico, podría entenderse como una relación esotérica entre lo consciente y lo reprimido, en una superposición y entrelazamiento agolpado de imágenes devenidas de distintas capas de la realidad*" (round 13). Si consideramos que la borradura que experimenta la imagen de Inés de Suárez en la pintura de Pedro Lira involucra una intención de velar su presencia, el papel del *palimpsesto* se podría interpretar en relación a la dificultad que históricamente han enfrentado las mujeres para inscribirse dentro del plano de la representación. Pero, si como lo sugiere este montaje, esta borradura es un gesto producido deliberadamente por la propia Inés, por lo que no resulta casual que ocurra justo al final de la representación, podemos interpretar su ausencia como la escritura de una historia silenciosa que, en contra de cualquier tipo de usurpación, asume la forma de un secreto. Al respecto, cabe destacar lo que establece la Inés de Suárez representada por Claudia Celedón en el octavo round de esta obra, cuando establece: *"Quizá lo importante no es lo inventado, sino lo borrado. No lo que vemos, sino lo que no vemos..."*.

En la escena final de *Matria* también somos testigos del modo en que Javiera Carrera se diluye del marco de la representación, lo que acontece después de que José Miguel Carrera -su hermano- recibe un pequeño marco dorado entre sus manos. Carrera parece sentir el riesgo de quedar atrapado dentro de la representación, ante lo cual apela a su hermana mayor para que lo rescate de esta aterradora situación, lo que, en alguna medida, abre la posibilidad de cederle el marco a ella, permitiendo que Javiera sea la protagonista del retrato. Si consideramos que la presencia de un marco dorado ha articulado el desarrollo de toda la representación, instalándose en escena como el símbolo del paradigma construido por la cultura heteropatriarcal, el gesto de José Miguel Carrera nos permite considerar que el paradigma vigente -representado por el héroe nacional- está obligado a ceder, depositando en Javiera Carrera la necesidad de proponer una nueva forma de entender la Historia, lo que, desde nuestra perspectiva, abre la posibilidad de reescribir el pasado, reconstruir el presente y redefinir el futuro. Pero, lejos de asumir el protagonismo cedido por su hermano, podemos observar que cuando Javiera se apropia del marco, la iluminación desciende y asume un tono rojizo, dejando el escenario en penumbras, lo que instala en un primer plano la forma en que esta figura se diluye de la representación. Desde nuestra perspectiva, este gesto se presenta como una reformulación crítica de *lo irrepresentable femenino*, pues nos deja con la sensación de que la representación trae consigo una urgencia que escapa a las posibilidades del lenguaje discursivo, articulado bajo una lógica fundamentalmente masculina.

e. ¿Restarse del plano de la representación?

De distintas formas, las protagonistas de estas obras deciden restarse del plano de la representación, manteniendo en suspenso el destino de los personajes, lo que nos deja con una extraña sensación de vacío. Desde nuestra perspectiva, esta sensación de vacío involucra una crítica al carácter limitado -y limitante- que ha manifestado la cultura heteropatriarcal al momento de representar a las mujeres y, desde ahí, una reflexión respecto de la pertinencia de las definiciones construidas por estas representaciones. Y, por lo tanto, el aspecto irrepresentable que asume lo femenino en escena puede ser interpretado como un ejercicio de no reconocimiento, a partir del cual las obras se están cuestionando los sistemas representacionales gestados al amparo del pensamiento falogocéntrico y, por lo tanto, como una invitación para sustraernos de esa lógica.

Teresa de Lauretis (2000) establece que una des-identificación de la feminidad puede derivar en una estrategia en que la subjetividad femenina se plantea como una realidad que excede su definición, lo que no consiste meramente en una identificación fallida, sino más bien, en una resistencia a la identificación. Desde nuestra perspectiva, el hecho de que la representación artística produzca un vacío en relación a la definición de lo femenino, o que la figura de Mujer quede reducida solo a algunos trazos, huellas o rastros, puede leerse como un ejercicio deconstructivo, en que lo femenino deja de acomodarse a los sistemas representacionales existentes. Y, en este sentido, el hecho de que la creación teatral aborde el carácter inacabado que históricamente se ha asociado a lo femenino desde una perspectiva crítica, puede interpretarse como un ejercicio autoconsciente, que expone políticamente la *imposibilidad* de dicha definición.

Esto se puede apreciar en *Al pacino*, que confronta las determinaciones impuestas por el lenguaje, incluyendo los códigos propios de la representación teatral, para explorar en las múltiples formas que puede asumir un cuerpo. Y, dado que las figuras que ingresan a escena actúan en contra de las lógicas representacionales imperantes, incluyendo la idea misma de personaje, este ejercicio escénico deja entrever la inestabilidad de las fijaciones discursivas que hasta ahora han definido nuestro mundo. Y, considerando que este montaje está compuesto fundamentalmente por mujeres, los gestos que ellas instalan en escena pueden interpretarse como una metáfora del carácter irrepresentable de lo femenino, cuya presencia se mueve entre lo visible y lo invisible. Como señala Ana Luz Ormazábal, el hecho de producir una puesta en escena que se mueve entre lo visible y lo invisible puede/debe interpretarse como un acto feminista, lo que resulta totalmente coherente con este enfoque, que parte por asumir que aquello que se introduce en el terreno de la representación -haciéndose visible- depende en gran medida de la capacidad de control que ejerce el lenguaje dentro de la cultura patriarcal, determinando qué aspectos de la realidad pueden ser representados y cuáles no.

Con esta mirada, nos preguntamos si el silencio a través del cual un teatro feminista se confronta a la prohibición de cierto tipo de representaciones posee más fuerza que los grandes discursos contemporáneos en torno a lo femenino. Desde nuestra perspectiva, cuando la representación artística asume el hecho de que la Mujer se ha presentado como aquello que ha sido excluido de los sistemas de representación desde una perspectiva crítica, *lo irrepresentable* irrumpe como una im/posibilidad para introducirnos en ese *Otro* mundo, concebido como femenino, señalando que esta es una realidad, tan amplia y compleja, que su sentido escapa al dominio del lenguaje discursivo. De esta forma, se reconoce el Poder de nuestro sistema de representación, pero también, se instala una crítica a los límites que nos impone el lenguaje.

> Como si nuestras voces a lo largo del devenir histórico iluminaran aquello oscuro que quieren esconder, o mancharan aquella pureza hegemónica que han querido crear. (Figueroa, 56)

Al respecto, podemos aludir al trabajo de la artista norteamericana Nancy Spero, particularmente su obra *Codex Artaud*, la cual abre un vértice para que la voz autoral femenina se inscriba, simultáneamente, en dos tradiciones diferentes: una masculina, que actúa como corriente principal, y otra zona subterránea, más salvaje, en la que se despliegan múltiples voces. Como señala Helena Cabello (2012), esta obra permite imaginar la voz de un sujeto silenciado, pero que, sin embargo, logra hablar, estableciendo:

> La voz apropicionista de Spero es una voz dialógica, una doble voz que, a través de Artaud, perversamente reconoce y subvierte el sonido y los contenidos de los dominantes. (Cabello, 21)

Soledad Figueroa señala un elemento que resulta fundamental para pensar la forma en que se nos ha exiliado del territorio del lenguaje, cuando establece que un rasgo característico de la estructura patriarcal ha sido el "callar" de las mujeres, a partir de lo cual la voz pasó a ser una propiedad del hombre -una propiedad más, junto a todas sus otras propiedades-. Y, en ese sentido, estamos de acuerdo en que este tipo de condicionamientos son los que han impulsado al teatro feminista para hacer emerger la imagen de una "vozcuerpo", prohibida y minimizada, que redefine la voz femenina en escena. En su análisis de *lo griego* en la dramaturgia chilena, Castillo plantea que el papel que cumple esta voz dentro del teatro feminista no necesariamente permite darle otro final al relato, sino, más bien, permite hablar de aquello que aparentemente ha sido borrado. Y, desde ahí, nos propone entender estas historias como modos de colaboración y reconocimiento, a partir del cual las mujeres se disponen a "decir". Esto, considerando que esta voz-cuerpo no impone -ni busca- una sola voz, una única mirada o una sola forma de relato, pues actúa en contra de la perspectiva que construye el relato oficial y, por lo tanto, no quiere convertirse en una verdad. Por lo tanto, esta voz-cuerpo solo se nos presenta en la forma de un susurro.

Aunque el análisis de Castillo nos remite al plano de la dramaturgia, y no de la puesta en escena, este enfoque se encuentra con sus planteamientos a través de esta "vozcuerpo" que, a nivel escénico, nos remite a las distintas figuras a partir de las cuales cobran cuerpo las múltiples voces que lo femenino puede producir. En este sentido, queremos subrayar la forma en que el Teatro feminista chileno introduce esa zona subterránea y degradada que la cultura patriarcal asocia a lo corporal, la que, a pesar de su silencio, se convierte en una fuerza a partir de la cual la presencia de lo femenino logra marcar su Lugar en escena. Por ejemplo, podemos remitirnos a la oportunidad que abre *Al Pacino* para pensar a lo femenino como la irrupción del cuerpo en escena, reconociendo el carácter amenazador que ambas realidades involucran para el sistema patriarcal de representación.

En relación al punto anterior, podemos concluir que cuando lo femenino se inscribe al modo de una huella, una pausa, un gesto, un susurro o un instante de silencio, ese lugar sin Lugar se activa en escena, lo que permite que el "vacío" que supone la presencia de lo femenino pueda transformarse en "ruido". Como ejemplo, podemos destacar uno de los cuadros finales de *Paisajes para (no) colorear*, en el cual se escucha *Born free*, de la cantante británica -de ascendencia tamil cingalesa- M.I.A, momento en el cual las intérpretes se mueven enérgica y vivazmente, transformando totalmente el tono que se había producido en el cuadro anterior, con la irrupción de las ideas conservadoras representadas por un grupo de mujeres mayores, con un lenguaje más cercano al de un Teatro político. En este cuadro, las chicas bailan, gritan y rallan el espacio, como si quisieran expresar un sentimiento que se encuentra profundamente atrapado en su interior, intentando plasmar en escena algo que resulta incomprensible, e indecible, incluso para ellas.

Dada la honestidad y expresividad que alcanza este momento, este cuadro confirma el Poder que posee el cuerpo, constituyéndose como un medio para producir un encuentro con los/las espectadores, quienes en este instante logran absorber algo de esa fuerza irrepresentable que podríamos definir como "femenina", lo que nos permite entender porqué este montaje ha cautivado a espectadores que hablan diferentes idiomas. El hecho de que *Paisajes para (no) colorear* se centre en una generación para quienes la necesidad de apropiarse de su cuerpo se ha desarrollado mucho más que las generaciones precedentes, le sirve de base para producir un dispositivo escénico fundamentalmente corporal, lo que, a partir de las diversas estrategias escénicas que se conjugan en su interior, se nos presenta como una pista imprescindible para continuar reflexionando sobre el estilo y el temperamento de un teatro feminista.

Por un lado, podemos concluir que, cuando el problema de lo femenino se presenta como una práctica, son las estrategias escénicas las que se encargan de subvertir la definición social de lo femenino, entre las cuales debemos destacar aquellas que se encargan de producir un "vacío" en nuestros sistemas representacionales, dado que este gesto no resulta tan evidente como aquellos que son característicos del Teatro político. Desde nuestra perspectiva, el silencio que guardan las obras, durante o al final de la representación, puede pensarse como un rechazo al ideal descriptivo que caracteriza al lenguaje discursivo, entregándonos algunos destellos de aquello que las representaciones no pueden contener, en cuyo marco *lo irrepresentable* abre la posibilidad de que irradien nuevas dimensiones de lo femenino, llevando la crítica más allá del plano de los estereotipos y las máscaras que las mujeres deben portar.

En *Al pacino*, por ejemplo, el ingreso de un conjunto de espejos dentro de un escenario sumamente oscuro distorsiona el modo en que un cuerpo refleja las formas socialmente aceptadas, como también, produce zonas de vacío y silencios, a partir de las cuales emergen elementos que nos ubican más allá -o más acá- del ámbito de la representación. De esta forma, el montaje adquiere el poder de *lo imprevisto*, logrando dialogar con el inconsciente de las y los espectadores, para hacer emerger nuevas posibilidades de concebir al ser humano, y desde ahí, a las mujeres. En relación a este punto, Ana Luz nos remitió al libro de Jacques Derrida, *Espectros de Marx*, para referir a la posibilidad que ofrece el imprevisto para que se abran más posibilidades que las que están concebidas en el ámbito de la representación, considerando al fantasma como aquello que se nos devuelve como un reflejo misterioso de aquello que ofrece el espejo, el espejo de la representación.

Como se señaló al inicio de este libro, frente al peligro de que el sentido de lo femenino proliferara incesantemente, el pensamiento conceptual ha intentado delimitar lo más precisamente posible lo que se entiende con este concepto, generando una visión limitada del mundo representado por las mujeres. En este sentido, podemos pensar que la forma fantasmática, incomprensible o inconclusa, que asume lo femenino dentro de las obras analizadas, nos remite, directa o indirectamente, al carácter engañoso, fallido y frustrante, de nuestros sistemas de representación, lo que, al mismo tiempo, incrementa la posibilidad de que lo imprevisto ingrese dentro de esta definición, abriendo y/o amplificando su sentido. Y, si consideramos que las representaciones tradicionales le han puesto constantes restricciones a ese *exceso* que la cultura heteropatriarcal asocia al cuerpo femenino, debemos reconocer que su presencia actúa como una amenaza para el orden de sentido construido bajo su alero, lo que, incluso en el silencio, abre la posibilidad de desarticular las estrategias representaciones que hasta ahora han detentado la definición de lo femenino.

En este sentido, tenemos que volver a destacar el hecho de que varias de las obras analizadas dejen inconcluso el destino de los personajes, evitando la tentación de convertir en un discurso el devenir de las acciones que ellas desarrollan sobre el escenario, bajo la consideración que esta operación produce una figura de lo femenino que se dispone en escena como una experiencia en construcción. Por lo tanto, el carácter inconcluso de los personajes se puede relacionar con el carácter indefinido, infinito e irrepresentable, que asume lo femenino cuando quedan al descubierto -y se resquebrajan- las bases de nuestro sistema representacional. Y, como señala Teresa de Lauretis (2000), la des-identificación de la feminidad no tiene porqué derivar necesariamente en su opuesto, es decir, no tiene porqué convertirse en una identificación con la masculinidad, pues no tenemos porqué seguir sometiéndonos a los límites que imponen las formas de identidad vigentes.

Desde nuestra perspectiva, la necesidad de "transformarnos" en hombres representa una herencia de las generaciones precedentes, para quienes tener que masculinizarse involucraba un imperativo cultural para, en un momento determinado, poder asumir posiciones y conductas que excedían las posibilidades de las mujeres. Por esta razón, el hecho de que los montajes instalen a los personajes en el "entre" que se produce entre lo femenino y lo masculino se nos presenta como un desplazamiento más contundente, coherente con el contexto del pensamiento feminista contemporáneo. Y, a su vez, el hecho de eludir el sistema representacional imperante se presenta como un gesto aún más radical, que abre la posibilidad para repensar de manera profunda el sentido de lo femenino, lo que también se puede apreciar en la performance y las intervenciones callejeras feministas, donde el cuerpo femenino ocupa un papel determinante.

A partir de los materiales analizados en esta investigación, hemos podido apreciar que la posibilidad de rearticular las definiciones que giran en torno al género, y construyen el sentido tradicional de lo femenino, se amplifican cuando los personajes parecen acercarse demasiado a zonas desconocidas o inexploradas del yo-corporal, causando una "caída" de las estructuras de representación y significación tradicionales, pues nos empujan más lejos que la mera tematización de lo femenino. Al respecto, quedémonos con las palabras de Ana Luz Ormazábal, cuando establece:

> Veo mucha tematización del feminismo, pero utilizando estrategias que no son tan feministas... porque para mí una obra que tiene puras mujeres no es una obra feminista, perse. (...) No porque ahora las mujeres sean protagonistas, estás haciendo un acto feminista con eso. Porque... ¿Qué mujeres elijes? ¿Qué tipo de cuerpos tienen? ¿Qué clases hay?... ¿Siguen siendo las villanas? ¿Siguen siendo las locas? ¿Sigue habiendo histeria en los recursos que ocupas? ¡Entonces no es

tan feminista! (…) Si es importante contar, visibilizar historias de mujeres, pero para mí es muy fundamental la pregunta por el cómo, ese cómo es más interesante que el qué. (…) A mí lo que me preocupa es que se queden solo ahí… Más encima el feminismo es algo que vende mucho ahora. (…) Pero igual siento que tenemos que agarrar esa potencia y ocuparla, ocupar todo lo que hay (Ana Luz Ormazábal).

A MODO DE CONCLUSIÓN...

En base al análisis desarrollado previamente, podemos concluir que uno de los rasgos característicos del lenguaje propuesto por las obras analizadas consiste en conjugar la fuerte presencia de los cuerpos, y los gestos, con un estilo satírico -un tanto caricaturesco, físico y visual- de representación, lo que posiciona a *lo grotesco* como una categoría estética relevante para esta investigación. Estos elementos se complementan de manera estratégica con la aplicación del principio *collage*, a nivel escénico, a partir del cual los montajes nos muestran distintas facetas a través de las cuales abordar el problema de lo femenino, lo que, en el marco de un teatro feminista, asume un papel crucial, pues abre la posibilidad de distanciar la imagen de la Mujer, para mirarla desde una perspectiva crítica.

Para organizar el juego espacio-temporal producido por el *collage*, que se organiza a partir de una serie de fragmentos articulados entre sí, las obras se caracterizan por un estilizado y pertinente gesto de despojamiento espacial, el que ofrece la posibilidad de introducir elementos que permiten rearticular constantemente el carácter de la representación, como también, por una planta de movimientos que marca diversos recorridos a nivel escénico. De esta forma, la puesta en escena logra dinamizar el espacio y enfatizar el *Lugar* que asume lo femenino dentro de la representación, el que, dado el formato fragmentario y heterogéneo que produce el *collage*, se amplifica a partir de los diversos puntos de vista que nos ofrece su representación.

Por otro lado, pudimos descubrir que los tonos rosas y rojos atraviesan gran parte de las obras analizadas, los cuales se introducen en escena -a nivel del vestuario, la escenografía y la iluminación- como referencia directa a los estereotipos que giran en torno a lo femenino, pero, al mismo tiempo, logran torcer su sentido tradicional, para enunciar otras dimensiones de lo femenino -como la fuerza, la audacia y la picardía-. En la misma línea, hemos identificado que la incorporación de diversos tipos de faldas es un rasgo característico de estos montajes, donde este signo no solo se presenta como una forma de configurar la presencia femenina en escena, sino también, como un elemento que condiciona y limita la acción de las mujeres, lo que permite denunciar los múltiples controles sociales que, históricamente, han pesado sobre los cuerpos femeninos.

Estos signos se presentan como elementos propios de la gramática articulada por el género, a la cual hemos denominado *dramaturgia de lo femenino,* concepto que nos ha permitido enunciar la forma en que la puesta en escena teatral se vale de las principales figuras de lo femenino para representar las formas, ideas y comportamientos, que suelen estar asociados con aquello que, dentro de nuestra cultura, se designa como "el mundo de las mujeres". Esto, dado que esta dramaturgia, a nivel sociocultural, se relaciona con la forma en que ciertos signos marcan una pauta para que el cuerpo femenino pueda significar, siendo reconocible -y validado- por los miembros de una comunidad. A partir de estos elementos, la puesta en escena feminista tiene la posibilidad de presentar a la identidad de género como un complejo sistema de prácticas imitativas, organizado para que cada sujeto pueda parecerse a una forma específica de feminidad -o masculinidad-, lo que, a partir de una estrategia de distanciamiento brechtiano, permite señalar la forma en que los signos que portan las mujeres se encargan de darle cuerpo a la *actuación* definida por el género. De tal modo, estos signos se presentan como "marcas" de feminidad, otorgándole valor y sentido al comportamiento femenino, es decir, dotándolos del reconocimiento social que permite que el sujeto pueda insertarse adecuadamente en la estructura social.

El hecho de develar la forma en que opera la *dramaturgia de lo femenino* dentro de nuestra cultura, permite que la puesta en escena teatral logre mostrar el Poder que ejercen las normas y los modelos ideales sobre la conducta de las mujeres, señalando que la única posibilidad de resguardar la identidad que la sociedad nos designa depende de la correcta adecuación a las expectativas establecidas por el género, lo que se constituye como un poderoso método de control, dado que solo en la medida en que un sujeto ostente el significado y el valor que está reservado para cada uno de los géneros logrará insertarse adecuada y cómodamente dentro de una colectividad. Como hemos podido apreciar a través de las obras analizadas, esta posibilidad se activa cuando la puesta en escena perturba alguno de los códigos definidos por esta gramática, poniendo en evidencia el complejo entramado de signos que están tallados en nuestros cuerpos en función de la lógica binaria del género. Este gesto permite subrayar que, para volverse legibles, los cuerpos deben funcionar en coherencia a un determinado relato respecto de lo femenino -y lo masculino-, lo que, en un teatro es estilo ilusionista, suele pasar desapercibido.

Para comprender la base sociológica de esta operación, debemos tener presente que los ideales asociados al género se fundamentan en un sistema abstracto de valores, pero que estas pautas logran materializarse en los cuerpos individuales a causa del proceso de socialización encargado de que el sujeto incorpore en su inconsciente las creencias que resguardan el cumplimiento de las normas en que estos valores se sustentan. Este efecto se produce a través de un proceso, silencioso y constante, a partir del cual olvidamos el carácter coercitivo de dichas determinaciones, haciendo pasar por natural aquello que ha sido adquirido bajo la ley del ensayo y el error. Este argumento se puede desprender de la filosofía de la vida nietzscheana, y la interpretación que Michel Foucault hizo de ella, en función de las cuales los cuerpos se pueden concebir como una superficie en que se inscriben las expectativas sociales, lo que, para el caso de nuestro análisis, nos permite atender a la forma en que los cuerpos que se ponen en escena se encargan de personificar dichas normas, exponiendo el carácter performativo del género.

En el caso de un planteamiento crítico, que busca develar los condicionamientos que surgen a partir de los procesos socializadores relativos al género, la puesta en escena se encarga de señalar la forma en que el cuerpo sucumbe ante un ideal regulador que, como sostiene Foucault (2002), produce los cuerpos que gobierna. Esta premisa se pone a la vista de las y los espectadores a partir del estilo, irónico o sarcástico, de la representación, pues se nos hace testigos de los constantes desaciertos de algunos cuerpos que, al intentar representar los contenidos configurados a partir de los discursos relativos al género, se encargan de subrayar el carácter netamente cultural de sus gestos. En este sentido, podemos concluir que, en un teatro crítico a las representaciones de género dominantes, las figuras tradicionales de lo femenino se nos revelan como una gran puesta en escena, que se encarga de darle forma a las expectativas que giran en torno a lo femenino -y lo masculino-, ante lo cual el género puede llegar a ser concebido de una manera sumamente diferente.

Con miras a develar el carácter representacional de las *actuaciones* que giran en torno al género, la puesta en escena se vale de los cuerpos, los gestos y los vestuarios, para poner en evidencia la forma en que se configura lo femenino dentro del escenario social, lo que vuelve fundamental al estilo de la interpretación, como también, al modo en que el vestuario logra dislocar las formas y conductas que se han naturalizado dentro de nuestra cultura. En relación a este punto, podemos apreciar que los vestuario y accesorios no solo resultan cruciales para que el público pueda situarse en una época o en un contexto social determinado, sino también, para poner en evidencia el género de los personajes, lo que, a partir de las estrategias de distanciamiento, permite que estos signos puedan subrayar que el género también es una representación. De esta forma, la puesta en escena impulsa un cuestionamiento en torno al sentido de lo femenino, lo que, finalmente, permite que las y los espectadores puedan entender que este contenido se construye y reconstruye en función de las transformaciones que experimenta la sociedad y, por lo tanto, que estas representaciones exigen de un cuestionamiento constante.

Uno de los elementos más reconocibles a partir del cual el Teatro feminista chileno pone en tensión las representaciones que giran en torno al género es la presencia de los principales estereotipos que conforman nuestra imagen de lo femenino, lo que, en escena, cumple la función de poner en evidencia el modo en que las representaciones colectivas configuran nuestro mundo, dando luces de la forma en que estas nociones se han arraigado dentro de la cultura, hasta asumir el carácter de verdades "incuestionables". Y, cuestionándonos acerca del modo en que estas representaciones nos persuaden a creer que la realidad solo puede ser leída/vivida de una manera, la presencia de los estereotipos nos ofrece una perspectiva crítica para interpretar el sentido de lo femenino. Al respecto, cabe destacar la rearticulación crítica que muchas de las obras analizadas desarrollan en relación al estereotipo de la "puta", cuestionando las creencias y los prejuicios que la sociedad le atribuye a cierto tipo de mujeres. La contrafigura de la "puta" se presenta como una forma de contrarrestar el sentido peyorativo que la sociedad tradicionalmente les ha atribuido a las mujeres que transgreden los principios morales impuestos socialmente, particularmente a aquellas que pasan a llevar los límites que la cultura ha instalado en torno a la sexualidad femenina.

Estos elementos nos han permitido concluir que un aspecto central del Teatro feminista chileno consiste en revisitar los estereotipos, prejuicios y lugares comunes, que se despliegan en relación a lo femenino, paralelamente a la instalación de una crítica respecto de estas creencias, rearticulando el lugar y el sentido de las mujeres dentro de la representación. Muchas veces, los montajes analizados se encargan de hacer evidente la dimensión representacional de la puesta en escena, para exponer a los roles asociados al género como una forma más de representación, lo que se constituye como un elemento carcaterístico del denominado Teatro político. A nivel escénico, las imágenes actúan como una especie de lupa, que pone en evidencia las estrategias de dominación y control que subyacen a las relaciones humanas al interior de la vida social, lo que, entre otras cosas, redefine la relación que se construye entre los signos y el Poder. Y, en la misma línea, el Teatro feminista chileno configura un lenguaje enfocado en hacer visible la influencia que ejercen los discursos dominantes sobre las mujeres, a partir de lo cual el cuerpo se constituye como un elemento fundamental de su propuesta estética.

- Los cuerpos

Al inicio del libro se analiza la capacidad que posee el lenguaje para construir -y reconstruir- la realidad, estableciendo que el poder de nombrar -que es propio del sistema simbólico- está a la base de las grandes pugnas que caracterizan a nuestra sociedad, ante lo cual debemos tener presente la gran influencia que puede ejercer la representación artística -que tradicionalmente se utilizó para servir a los grandes poderes-, por el hecho de detentar un lugar privilegiado en la producción del mundo simbólico. A partir del momento en que los artistas de vanguardia comenzaron a cuestionarse acerca de los fundamentos de la producción artística, emergieron lenguajes que intentaban hacer visible lo invisible, exponiendo aspectos de la realidad que suelen pasar desapercibidos para el gran público. Este es el impulso que, desde principios del siglo XX, ha guiado al Teatro político, en busca de develar el modo en que las grandes ideologías se las arreglan para conducir el destino de las masas que componen la sociedad, lo que, dentro de un teatro feminista, se manifiesta en un afán por exponer el carácter ideológico de las definiciones de género dominantes, en cuyo marco el cuerpo logra asumir un carácter político.

Reconociendo que el cuerpo es la dimensión a partir de la cual se ha definido el lugar de la Mujer dentro de la sociedad, el Teatro feminista chileno busca revertir la condición de impropiedad que tradicionalmente ha pesado sobre el cuerpo femenino, encargándose de denunciar el cinismo de una cultura altamente represora, pero que constantemente nos bombardea con representaciones de alto contenido sexual. Lo interesante, es que este tipo de planteamientos no se presentan solo a nivel del contenido, sino también de la forma: la forma en que los cuerpos atentan contra el modo en que la cultura heteropatriarcal ha frenado el despliegue de los cuerpos femeninos -y también de los cuerpos de los hombres-, limitando el tipo de relaciones que éstos pueden construir. Y, dado que algunos personajes muestran dificultades para comunicar con palabras sus reales necesidades y deseos, el juego con los cuerpos se toma la escena, de modo que algunas expresiones, como el canto y/o el baile, abren la posibilidad de expresar lo que las mujeres que ocupan la escena sienten y piensan, todo lo cual permite recalcar la relación que la cultura ha construido entre lo femenino y el cuerpo y, al mismo tiempo, nos ofrece un lenguaje que asume un sello marcadamente femenino. A su vez, cuando analizamos las limitadas opciones que ofrece el sistema de representación dominante para concebir lo femenino (ocultándonos los cuerpos de las mujeres bajo una capa de innumerables velos o exhibiéndolos de una manera obscena), nos damos cuenta de que el cuerpo tiene la capacidad de producir un lugar *Otro* dentro de la representación, el cual nos da algunas pistas para seguir abordando esa dimensión vital e irrepresentable que ha resultado clave en nuestra comprensión de lo femenino.

Premisas como la reivindicación de una sexualidad libre, o la autodeterminación del cuerpo propio, no solo se expresan a través de enunciados explícitos, sino también, a partir del despliegue de los cuerpos en escena, lo que se expresa a través de movimientos, gestos, canciones y coreografías, todo lo cual hace necesario señalar la capacidad sintética que caracteriza a estos recursos estilísticos, que logran sintetizar todo un planteamiento en pocos gestos o imágenes. En relación a este punto, podemos destacar la forma en que se deconstruye la mirada prejuiciosa que gira en torno a la sexualidad femenina, en la medida que las corporalidades mezclan elementos aparentemente contradictorios, como el erotismo y la ingenuidad, lo que se produce a partir del modo en que las intérpretes se mueven y se desplazan sobre el escenario. Esto se puede apreciar en montajes como *Sentimientos* o *Paisajes para (no) colorear*, que dejan en evidencia que la sexualización no está en los cuerpos, sino que en los ojos de quienes miran, es decir, en el condicionamiento que la cultura patriarcal impone sobre la mirada, la que, en estas obras, recae principalmente sobre las mujeres más jóvenes de la sociedad. A nivel sociológico, este punto nos permite pensar que las nuevas generaciones traen consigo una visión renovada del mundo, que las hace enfatizar la necesidad de un cambio cultural radical dentro de la sociedad, convirtiendo al cuerpo en una bandera de lucha, lo que asume un carácter especial cuando se tocan temas como las relaciones afectivas y emocionales.

Como se señala en la primera parte del libro, nuestra cultura se encarga de encausarnos hacia cierto tipo de interacciones, al tiempo en que proscribe, patologiza y castiga otro tipo de relaciones. Varias de las obras analizadas discuten la posibilidad de buscar el placer y la expresividad fuera de los límites construidos por el orden heterosexual, intentando resignificar el sentido del amor y las relaciones afectivas. Y, en la medida que estos montajes dejan entrever nuevas posibilidades para la expresión sexual de las mujeres, las representaciones corroen las bases de todo un modelo acerca de lo femenino, lo que les concede un ánimo transgresor y provocador. Con este tono, la liberación de la sexualidad femenina se plantea como un eje fundamental para la transformación del orden imperante, exponiéndose en escena con una fuerza inusitada: rebelde, desenfadada, traviesa, descarada y aguerrida.

Como establece Ana Martínez-Collado, en la conferencia dictada en el ciclo *Genealogías del arte contemporáneo: 1968-2000*, aunque el descaro nunca ha sido una condición definida como propia de lo femenino, en la reivindicación artística feminista ya no se aprecia ningún tipo de tapujos, lo que, en relación a nuestro análisis, se encuentra directamente vinculado con la propuesta de hacer lo que se quiera con el propio cuerpo. Desde nuestra perspectiva, el carácter provocador del Teatro feminista chileno se relaciona con la presencia de cuerpos que se liberan de las restricciones morales impuestas por los modelos tradicionales, transgrediendo las normas y valores que históricamente han definido el sentido de lo femenino. Y, en base a este tipo de apreciaciones, podemos concluir que figuras como la mala madre, la revolucionaria y la transgresora, que son las tres principales formas en que el Teatro feminista chileno instala una crítica a las figuras tradicionales de lo femenino, proyectan nuevas formas de administración del cuerpo propio, es decir, nuevas posibilidades de encarnar, visibilizar y habitar lo femenino.

Cuando se confronta el efecto que producen las narrativas construidas por una cultura altamente represora y castradora, los cuerpos que entran a escena se muestran rebeldes a la manipulación de instituciones como la familia, el matrimonio y los medios de comunicación, aunque los personajes no siempre se encuentren libres de sucumbir ante su influencia. Y, en un extremo más radical, obras como *Al Pacino* se permiten renegar de los preceptos e ideales que pesan sobre los cuerpos, invitándonos a redescubrirnos como una realidad fundamentalmente corporal. De una u otra forma, las obras analizadas nos permiten apreciar el condicionamiento que se produce con la incesante circulación de representaciones ideales asociadas al género, a partir de las cuales se enaltece la imagen de una mujer ideal, todo lo cual es puesto en jaque a través de las nuevas figuras de lo femenino, o de algunas contrafiguras -como la puta, la bruja o el monstruo-. En este nuevo marco, una figura como la transgresora busca traspasar las fronteras que las grandes estructuras definen para las mujeres y/o pervertir las normas que establecen los límites para nuestro mundo, lo que parte por exponer la capacidad que poseen los relatos asociados al género para desnaturalizar las necesidades del cuerpo y naturalizar las exigencias que se imponen a través de los roles sociales.

- Las nuevas figuras de lo femenino

A través de las nuevas figuras de lo femenino, el Teatro feminista chileno pone en evidencia el modo en que el sistema de roles y estatus ha limitado las posibilidades de las mujeres, restringiéndonos fundamentalmente al ámbito de lo privado, todo lo cual históricamente ha reducido considerablemente el sentido -y el valor- que representa lo femenino. Como contraparte, las obras nos muestran la forma en que las mujeres están rearticulando las grandes estructuras sociales, adquiriendo nuevas posiciones o reivindicando las posiciones antes rechazadas, lo que asume un carácter distintivo a través de la figura de la revolucionaria. Una de las principales metáforas que ofrecen las obras analizadas para pensar la figura de la revolucionaria es la irrupción de las mujeres en el espacio público, incluyendo su capacidad de tomarse las calles para reivindicar sus derechos. Pero, al mismo tiempo, estos personajes buscan rearticular el sentido peyorativo que asume el mundo privado dentro de nuestra cultura, reconociendo la preeminencia de aquello que, como señala Virginie Despentes (2012), no deja huella, no lleva nombre, ni se inscribe entre los grandes discursos.

En relación a la figura de la revolucionaria, cabe destacar la resignificación del rol de la Mujer que se desarrolla a través de la revisión de algunos personajes históricos femeninos -como Inés de Suárez, Javiera Carrera o Juana de Arco-, a partir de las cuales se plantea un cuestionamiento a las representaciones históricas y los relatos oficiales, como también, se nos impulsa a pensar en la posibilidad de que las mujeres puedan reescribir la historia, repensar el pasado y proyectar el futuro, asumiendo un compromiso con una nueva realidad social. Este impulso de transformación asume la figura de una mujer decidida y aguerrida, que irrumpe en el mundo público, para tomarse las calles, momento en el cual las coloridas capuchas representan una rearticulación crítica de la *dramaturgia de lo femenino*, pues la capucha (generalmente roja) incorpora un nuevo signo dentro de esta gramática, connotando la rebeldía y la insurrección de la mujer contemporánea.

Por su parte, la fuerte presencia de la figura de la transgresora, que está presente en todos los montajes analizados, se alza como un rechazo a las normas y valores que han mantenido a las mujeres relegadas, invisibilizadas y reprimidas, mostrándose dispuestas a traspasar las fronteras que la cultura heteropatriarcal históricamente le ha impuesto a las mujeres. Esto se produce al hacer estallar las formas señaladas por los modelos de feminidad imperantes, lo que, a nivel visual, se nos presenta como un cuerpo que se libera de los límites que le imponen las distinciones de género dominantes. Esto se expresa en la vitalidad, osadía y exuberancia, de los personajes femeninos que protagonizan las obras, como también, en gestos y movimientos claros y decididos, de las intérpretes; a lo que se suma la fuerte marca que producen los tonos rojos para conformar sus imágenes, todo lo cual amplifica el sentido que hasta hace poco tiempo había asumido la definición social de lo femenino.

A diferencia de un teatro orientado a legitimar las prácticas y los ideales sociales, el Teatro feminista chileno propone una reformulación crítica de lo que se entiende como "femenino", lo cual involucra un replanteamiento de todo el entramado simbólico en que se sustenta la cultura heteropatriarcal. Este impulso se puede apreciar en la repetición paródica de los principales estereotipos asociados al género y en la irrupción de imágenes que contrarrestan el poder de las figuras ideales implantadas culturalmente, a partir de las cuales se pone en tensión nuestros sistemas clasificatorios, cuestionando el poder de nuestro sistema representacional. Por un lado, estas imágenes se encargan de exponer la forma en que nuestra cultura ha producido una determinada mirada sobre la mujer -y su cuerpo-, denunciando que algunos aspectos y dimensiones de lo femenino fueron excluidos del ámbito de la representación. Paralelamente, buscan visibilizar la fuerte influencia que ejercen los sistemas de creencias y las instituciones patriarcales, que nos han hecho creer que la identidad femenina solo puede ser pensada de una forma determinada. En este sentido, contrafiguras como la puta, la lesbiana, la bruja o el monstruo, se nos presentan como una oportunidad única para observarnos desde los ángulos muertos de la cultura patriarcal, reconociéndonos en ellas, hasta desestabilizar las formas de identificación tradicionales.

- La crítica a las definiciones de género dominantes

A partir de nuestro análisis, hemos podido comprobar que el Teatro feminista chileno se está cuestionando los principios de aquello que se define como "identidad de género", presentándonos personajes femeninos -y masculinos- que no responden a las formas establecidas culturalmente. En función del modo en que se disponen los elementos escénicos, las obras analizadas se encargan de que las identidades de género tradicionales sean rearticuladas, parodiadas, contaminadas o desbordadas, dándole un rendimiento crítico a las constantes metamorfosis que puede experimentar un cuerpo sobre el escenario. De esta forma, se produce algo así como un "cuerpo expandido", capaz de abarcar, dentro de sus movedizos límites, diversas representaciones identitarias. Al respecto, podemos concluir que la sola presencia de rasgos, actos o atributos, disonantes respecto de las reglamentaciones de género vigentes, pone en crisis la estabilización de las figuras que se corresponden con las definiciones tradicionales, ofreciendo la posibilidad de interrogar al régimen normativo que les sirve de fundamento. De este modo, la puesta en escena feminista se permite mezclar libremente los elementos que habitualmente oponen a hombres y mujeres, llegando, incluso, a hacer estallar el ideal de una identidad única, coherente y/o estable, todo lo cual nos presenta al género como una construcción incompleta, ambigua o contradictoria, proclive a constantes reformulaciones.

Ya sea a través de la deconstrucción paródica de las identidades de género dominantes o de operaciones como el travestismo escénico, que tensiona el Poder que ejercen los imperativos culturales sobre los miembros de una sociedad, el Teatro feminista chileno nos invita a cuestionarnos la definición y el lugar que la cultura le atribuye a hombres y mujeres, fundamentalmente si reparamos en que estas definiciones no solo asumen un carácter descriptivo, sino también, definitivo. En este sentido, podemos pensar a la estrategia de masculinizar a las mujeres, presente en varias de las obras analizadas, como un intento del teatro feminista por develar el procedimiento cultural a partir del cual el *ser* mujer pasa por un *construirse* como tal, lo que, entre otras cosas, permite reforzar la premisa de que el género es una construcción cultural, y no una realidad sustancial ni eterna. Como se puede apreciar a través de las obras analizadas, esto resulta factible en la medida que se logre pervertir este proceso, *re-construyendo* a un cuerpo femenino, es decir, presentando a una mujer que asume la figura de un hombre, lo que, como estrategia escénica, abre múltiples posibilidades para abordar las problemáticas del género.

Pero, como señala Teresa de Lauretis (2000), la des-identificación de la feminidad no tiene porqué derivar necesariamente en una identificación con la masculinidad, lo que nos ha hecho poner especial atención en la potencia de perversión que se activa a través de otra de las estrategias presente en las obras analizadas, el *desmascaramiento* de los personajes: de esta forma la puesta en escena puede develar las presiones que ejerce la cultura heteropatriarcal para que la máscara social se inscriba sobre el cuerpo de las mujeres y, desde ahí, puede amplificar la imagen de lo femenino construida socialmente. A su vez, se ha podido descubrir que esta potencia de perversión se activa considerablemente a través de la imagen del *monstruo femenino*, a través de la cual la puesta en escena feminista permite el ingreso de aquellas identidades prohibidas, marginadas o expulsadas, que nos invitan a mirar la realidad de una manera completamente diferente a la habitual.

- Imágenes que rearticulan nuestra noción de las identidades de género

En base al análisis desarrollado, se ha podido concluir que las contrafiguras de lo femenino expresan la intención del Teatro feminista chileno de *des-ocultar* el cuerpo de las mujeres y/o *des-enmascarar* los estereotipos y prejuicios que han reducido el significado de lo femenino, en la medida que ellas ingresan a escena para enfrentarse con una escenografía especular, que inscribe a lo femenino desde la mirada del patriarcado. Esto explica la fuerte presencia de algunas metáforas, como el espejo, el fantasma o el velo, y la constante referencia a la alegoría de la caverna, todas las cuales permiten exponer la relación que existe entre las representaciones que giran en torno a lo femenino y las proyecciones -temores e ideales- que la cultura heteropatriarcal imprime sobre las mujeres. En un tono nietzscheano, la reaticulación crítica de la alegoría de Platón se presenta como un impulso por rescatar el sentido de lo femenino del marco construido por el pensamiento metafísico, ubicándose más allá -o más acá- de las definiciones de género imperantes.

Este tipo de imágenes sirven de base para que la puesta en escena vaya mostrando elementos que parecen estar ocultos detrás de las representaciones que giran en torno a lo femenino, subrayando el hecho de que aún permanecemos cautivas de los ideales impuestos por una cultura machista, que nos obliga a observarnos a través de la mirada masculina. Pero, el teatro feminista no concibe al teatro solo como un espejo, donde los espectadores vienen para reconocerse, pues tiene una clara consciencia de que la representación teatral debe buscar el conocimiento, y no el mero reconocimiento, empujándonos a cuestionarnos el influjo que ejercen las ideologías dominantes y los sistemas identitarios vigentes, ante lo cual podemos considerar que la reelaboración crítica de los elementos escénicos asume un carácter político.

- Procedimientos que amplifican nuestra comprensión de lo femenino

A partir de esta investigación se ha podido identificar la forma en que el Teatro feminista chileno juega con las máscaras a partir de las cuales se les da forma a los personajes, provocando una rearticulación crítica de la representación social de lo femenino, lo que parte por evidenciar el poder de dicha representación. Y, dado que resulta crucial para el análisis, se ha puesto especial relevancia en el hecho de que, más allá del carácter del texto dramático, estas cuestiones se plantean a través de las operaciones que son propias de la representación teatral, como el artificio, el disfraz o la máscara; lo que opera en conjunto al juego con las corporalidades y las estrategias de distanciamiento. De esta forma, el teatro feminista chileno logra poner en escena el artificio de lo femenino, presentándonos al género como una *actuación,* una máscara y/o un disfraz, todo lo cual se cruza directamente con algunas premisas de la teoría de la performatividad del género, elaborada por Judith Butler.

Por otro lado, se ha podido concluir que la posibilidad de perturbar las imágenes que giran en torno a lo femenino se constituye como una parte determinante de su propuesta estética, ante lo cual se ha destacado la forma en que los personajes femeninos transitan entre los opuestos que sustentan las distinciones de género dominantes, como también, la forma en que los cuerpos corroen los principios que organizan estas representaciones. Y, señalando la capacidad desbaratadora que poseen los lugares que el régimen patriarcal ha mantenido marginados e invisibilizados, nos hemos interesado en la forma en que estas representaciones intentan mostrar algo de esos "bordes" que conforman ese amplio universo que se ha representado culturalmente a través de la noción de lo femenino. Al respecto, se puede establecer que, más que identificarse con una determinada imagen de lo femenino, las figuras y contrafiguras que se ponen en escena se presentan como eso *extraño,* que interpela al pensamiento binario y la cultura patriarcal; a veces desde la ira, otras veces desde la calma reflexiva.

En relación a este punto, hemos subrayado la capacidad de la performance teatral para transgredir los límites normativos y conceptuales, dándole un rendimiento crítico al exceso y la exuberancia presentes en las formas de representación artística, lo que, entre otras cosas, explica la relevancia que asume *lo grotesco* y *lo abyecto* dentro del Teatro feminista chileno. Por un lado, la presencia de *lo grotesco* y *lo abyecto* se encarga de darle cuerpo a la *anatomía del disgusto,* que se impuso dentro de la representación artística cuando comenzaron a disolverse las estructuras representacionales dominantes y, entre ellas, las representaciones relativas a lo femenino. Por otro lado, el ingreso de *la mascarada* y *lo irrepresentable femenino* asumen un carácter más conceptual, coherente con el afán del lenguaje artístico de vanguardia de hacer visible lo invisible, lo que permite debatir con el régimen representacional gestado por el patriarcado y el pensamiento falogocéntrico. Con esto en la mira, hemos analizado el modo en que el Teatro feminista chileno ha amplificado el espectro que se convoca a través de la apelación a lo femenino, lo que tiene como contexto sociocultural un rechazo a las descripciones que este concepto ha levantado históricamente, asumiendo que esta construcción se basa en la exclusión de un conjunto de otras posibilidades para las mujeres.

Por un lado, la figura de *la mascarada* nos remonta a la forma en que los cuerpos femeninos han sido condicionados por las normas y los valores de la cultura patriarcal, cuyas representaciones han limitado extremadamente el sentido de este concepto, lo que permite abordar críticamente las diversas imágenes y relatos que han organizado nuestra comprensión de lo femenino, combinándolas o entremezclándolas, en un constante devenir Mujer en escena. Por otro lado, el hecho de plasmar a lo femenino como algo *irrepresentable* también se puede leer como un rechazo a la exigencia cultural de construir una definición determinada y específica acerca de la Mujer, lo que, en gran medida, ha sido la línea que ha recorrido la representación artística más tradicional. Por lo tanto, se puede pensar que el hecho de explorar en el carácter impensable e inexpresable que nuestra cultura le ha adjudicado a la Mujer, generando espacios donde el silencio se toma la representación, también actúa a favor de una reivindicación feminista de la amplitud y diversidad que está latente en ese mundo que se define como "femenino".

- En busca de un lenguaje

En el contexto de un mundo anómico, como el nuestro, las propuestas estéticas que hemos revisado exhiben la crisis que están experimentando las representaciones tradicionales, en un marco que permite desafiar el reinado de las imágenes que históricamente han girado en torno a lo femenino. Y, manifestando un impulso por eludir la exigencia patriarcal de ofrecer una imagen clara, evidente y definitiva de la Mujer, estas estrategias artísticas nos ayudan a comprender que los ideales culturales asociados a lo femenino solo cobran cuerpo en función del Poder que ejercen los discursos y representaciones que la cultura ha producido en relación a las mujeres. En contra de este orden de sentido, la ausencia de un relato unificador pone en tensión el afán de clausura que es propio del discurso falogocéntrico y, en esta medida, parece convocar una nueva concepción de la representación, lo que, a pesar de los silencios que nos ofrecen las representaciones analizadas, no significa que las mujeres deban evitar hablar. Muy por el contrario, supone la necesidad de darle curso a un ejercicio a partir del cual enfrentar creativamente la paradoja implícita en el hecho de que la Mujer se presente como una figura ausente, relegada del ámbito de la representación, pero que aun así históricamente ha estado prisionera del discurso. En este sentido, consideramos que el silencio que guardan las obras al final de la representación, cuando la imagen de los personajes femeninos se desdibuja en escena, permite liberar a estas mujeres del plano del discurso, presentando a la ausencia, de forma o de sentido, en una declaración tácita de eso *Otro* concebido como "femenino".

No podemos terminar este libro sin darle valor al hecho de que las mujeres creadoras lleven décadas tratando de encontrar la forma para nombrar eso inefable representado por la Mujer, es decir, intentando tematizar y figurar lo femenino, pues podemos/debemos interpretar este esfuerzo como una propuesta constructiva, que ha estimulado el encuentro entre las mujeres y el lenguaje. Sin embargo, si asumimos que el lenguaje es un terreno configurado por los hombres, también podemos considerar que cualquier propuesta que pretenda revertir nuestra noción de lo femenino utilizando los mismos códigos con que se ha intentado conquistar el sentido de este concepto está destinada al fracaso, pues significaría mantenernos dentro de una lógica reductora y limitante, que no es la nuestra.

En base a los materiales analizados, hemos podido apreciar el afán por eludir las formas y los códigos de representación dominantes, pudiendo concluir que, cuando los gestos artísticos funcionan inapropiadamente al interior del sistema de representación potenciado por la cultura heteropatriarcal, la representación teatral logra trastocar las imágenes a partir de las cuales se reproduce el imaginario colectivo. Y, abriendo la posibilidad de rearticular las figuras asociadas a las definiciones de género dominantes, estos gestos redefinen el sentido de lo femenino, el que se puede amplificar en múltiples direcciones. Al respecto, podemos plantear que los personajes que nos ofrece el Teatro feminista chileno no están intentando codificar una identidad determinada, sino que erosionar las identidades tradicionales, frente a lo cual las figuras que se instalan en escena se presentan como un reconocimiento de que la definición y la posición de las mujeres no puede fijarse de manera determinante ni definitiva. De esta forma, estas nuevas figuras están rearticulando la lógica a partir de la cual se ha configurado la definición de lo femenino, ante lo cual esta noción se vuelve ambigua y resbaladiza, abierta a profundos cuestionamientos.

Ante todo, las nuevas figuras que ofrece el Teatro feminista chileno se presentan como un efecto de la implosión que está experimentando la representación social de lo femenino, lo que, desde nuestra perspectiva, está dando cuenta del desconcierto que se ha producido dentro de la cultura heteropatriarcal a medida que la imagen generalizante de la Mujer ha estallado en múltiples pedazos. El teatro chileno se vale libremente de esas piezas, intentando darle forma a la complejidad y variedad contenida en ese mundo que históricamente se ha concebido como "femenino", evitando el riesgo de volver idéntico lo que siempre ha sido único. Ya sea a través de la subversión paródica de las imágenes estereotipadas que se producen a partir de las distinciones de género dominantes, del despliegue de las múltiples máscaras que configuran nuestra visión de las mujeres o de una articulación crítica de la dimensión irrepresentable que ha asumido tradicionalmente la definición de lo femenino, las nuevas figuras que se despliegan dentro de la escena feminista chilena se presentan como una posibilidad para el ingreso de nuevos significados, particularmente, de aquellos que han sido excluidos por el pensamiento binario. De esta forma, la presencia de lo femenino se convierte en una amenaza para los criterios que sustentan una comprensión unívoca del mundo, lo que le otorga a esta figura una potencia crítica que no poseía previamente.

Por lo tanto, podemos concluir que el Teatro feminista chileno, más que sustituir una figura de lo femenino por otra, está intentando reconocer las múltiples diferencias -de clase, raza, etnia, edad, opción sexual, pertenencia cultural, etc.- que nos configuran como mujeres, lo que resulta decisivo, si consideramos que nuestros sistemas representacionales nos han impedido pensar la diferencia, lo que se constituye como una de las más poderosas formas de dominación y exclusión presentes en nuestra cultura. La posibilidad de poner en evidencia las exclusiones que las formas de identidad tradicionales llevan implícitas cobra cuerpo a través de personajes imperfectos o ambiguos, que no entran a escena para proponer un discurso identitario totalizador o generalizante, sino más bien, para mostrar la violencia que estas formas de exclusión traen consigo, como también, la violencia -física y simbólica- que surge frente a los lugares, tradicionales y nuevos, que ocupan las mujeres dentro de la sociedad.

A partir de una serie de ejemplos, hemos podido apreciar la fuerza inusitada que adquieren en escena los cuerpos y los gestos que han sido rechazados por la cultura, reconociendo que el retorno de lo reprimido-excluido puede resultar explosivo para las definiciones y clasificaciones tradicionales, atentando, aunque solo sea por algunos instantes, contra nuestra noción, limitada y limitante, de lo femenino. Y, frente a este panorama, podemos establecer que la mala madre, la revolucionaria y la transgresora, están dando cuenta de la expansión que está experimentando nuestra noción de lo femenino, mientras que la contrafigura de la puta, la bruja y el monstruo, nos indican que los criterios de identidad vigentes ya no satisfacen la percepción que las mujeres tienen de sí mismas. Estas imágenes se instalan en escena para trastocar el carácter servil e impotente que tradicionalmente se le ha atribuido a las mujeres, lo que ha puesto en escena a un conjunto de mujeres atrevidas, aguerridas, decididas, incisivas y directas, todo lo cual nos habla del modo en que se está transformando la visión que tenemos de la Mujer y, con ello, de la expansión que ha adquirido nuestra noción de lo femenino en la últimas décadas; cuya irradiación no solo involucra a la subjetividad de las mujeres, sino también, al amplio espectro de cuerpos feminizados que conforman el Chile de hoy.

Ante la expectativa estéril, de que es posible ofrecer una enumeración completa y final acerca de las realidades sociales, la meta de esta investigación nunca radicó en el afán de establecer una representación adecuada o definitiva de lo femenino, pues se volvería a caer en la trampa de abalar una forma de sujeción que tradicionalmente ha limitado las posibilidades de las mujeres, corriendo el riesgo de reemplazar un mito por otro. La intención de esta propuesta ha sido explorar en las diversas operaciones a partir de las cuales se inscribe lo femenino a nivel de la representación y, desde esta perspectiva, poner en evidencia el modo en que estas operaciones interrogan a los sistemas de representación tradicionales, reaticulando y/o amplificando el sentido que tradicionalmente ha asumido esta categoría social y lingüística.

> El hecho de aludir a una feminidad original o auténtica es un ideal nostálgico, que se opone a la necesidad actual de analizar el género como una construcción cultural compleja. Este ideal tiende no solo a servir para finalidades culturalmente conservadoras, sino también a ser una práctica excluyente dentro del feminismo, lo que provoca justamente el tipo de fragmentación que el ideal pretende evitar. (Butler, 2007, 103)

Nuestra conclusión es que el Teatro feminista chileno no está buscando representar una verdad acerca de las mujeres, pretendiendo descubrir alguna esencia que sea propia de lo femenino, sino más bien, alterar la imagen de la mujer que ha sido transmitida históricamente, redefiniendo y/o amplificando el sentido de lo femenino. El tipo de figuras, cuerpos e imágenes, que nos ofrece la representación teatral chilena, surgen de la crisis que están experimentando los ordenamientos tradicionales, a partir del desgaste de los criterios de valor y sentido impuestos por la cultura heteropatriarcal. En este nuevo marco, la serie de personajes, ambiguos o aberrantes, que se disponen en escena, cumplen la función de alterar las formas tradicionales de lo femenino, atacando, traspasando y/o diluyendo, los límites que han sustentado a las definiciones del género dominantes, lo que resulta posible porque dentro del espacio escénico los personajes cuentan con la capacidad de desdibujar la frontera que separa lo real de lo imaginario, aferrándose a la irreal realidad construida por la representación, lo que, finalmente, les permite producir su propia realidad. Y, en este sentido, muchas de estas figuras asumen un carácter utópico, que nos permite revisar en profundidad las bases en que históricamente se ha sustentado nuestra sociedad, renovando el valor -y el sentido- de la representación artística.

BIBLIOGRAFIA

Andrade, Magdalena. "Inés de Suárez llega al teatro convertida en heroína". *Revista Wiken de El Mercurio*, 2015, pp. 14-15.

Althusser, Louis. Sobre Marx y Brecht. *Escritos sobre el arte*. Tierradenadie, 2011.

Badinter, Elisabeth. *¿Existe el instinto maternal? Historia del amor maternal. Siglos XVII al XX*. Paidós, 1991.

Barthes, Roland. Las tareas de la crítica brechtiana. *Ensayos críticos*. Editorial Planeta, 2003.

Bajtin, Mijail. *La cultura popular en la Edad Media y en el Renacimiento. El contexto de Francois Rabelais*. Alianza, 2003.

Beteta, Yolanda. "La sexualidad de las brujas. La deconstrucción y subversión de las representaciones artísticas de la brujería, la perversidad y la castración femenina en el arte feminista de siglo XX". *Dossiers Feministes* Vol. 18, 2014, pp. 293-307.

Brecht, Bertol. *Escritos sobre teatro*. Alba Ediciones, 2004.

---. *Pequeño órganon para el teatro*. Universidad Autónoma de México (UNAM), 2019.

Butler, Judith. *Cuerpos que importan: sobre los límites materiales y discursivos del cuerpo*. Paidós, 2002.

---. *El género en disputa: El feminismo y la subversión de la identidad*. Paidós, 2007.

Cabello, Helena. "La voz de Artaud en Nancy Spero: Violencia lingüística y proto-apropicionismo". *Arte y Políticas de Identidad* Vol. 6, 2012, pp. 13–27.

Cardenal, Tatiana. "Ese cuerpo que no es de uno. La sexualidad femenina en Luce Irigaray". *Thémata. Revista de Filosofía* Vol. 46, 2012, pp. 353-360.

Castillo, Alejandra. *Ars disyecta: figuras para una corpo-política*. Editorial Palinodia, 2014.

Castronuovo, Estela. *Terrenal, de Mauricio Kartun: grotesco y metáfora política*. *Investigaciones y debates sobre la teatralidad contemporánea* (Ponencias del IV Congreso Internacional y VI Nacional de Teatro). Universidad Nacional de las Artes, 2015.

Cixous, Helene. *La risa de la Medusa. Ensayos sobre la escritura*. Anthropos, 1995.

Cruz, Pedro y Miguel Hernández-Navarro. Cartografías del cuerpo. *Cartografías del cuerpo: la dimensión corporal en el arte contemporáneo*. Centro de Documentación y Estudios Avanzados de Arte Contemporáneo (Cendeac), 2004.

De Barbieri, M. Teresita. Los ámbitos de acción de las mujeres. *Revista Mexicana de Sociología*, Vol. 1(53), 1991, pp. 203-224.

De Beauvoir, Simone. *El segundo sexo*. Penguin random House Grupo Editorial, 2020.

De Lauretis, Teresa. *Alicia ya no. Feminismo, semiótica, cine*. Cátedra, 1992.

---. *Diferencias. Etapas de un camino a través del feminismo*. horas y HORAS, 2000.

De Martino, Mónica. El cuerpo del olvido: trabajadoras en contextos de incertidumbre. *El cuerpo y sus espejos*. Planeta, 2008.

Despentes, Virginie. *Teoría King Kong*. Editorial El Asunto, 2012.

Figueroa, Soledad. "Una mujer arde sobre sí misma. Revisión feminista de lo griego en la dramaturgia chilena contemporánea: *Granada* e *Informe de una mujer que arde*". *Apuntes de Teatro* Vol. 146, 2021, pp. 47-63.

Foster, Hal. *El retorno de lo real*. Akal, 2001.

Foucault, Michel. *Microfísica del Poder*. Ed. de La Piqueta, 1979.

---. *Vigilar y castigar*. Siglo XXI, 2002.

---. *Historia de la sexualidad 1. La voluntad de saber*. Siglo veintiuno, 2007.

Flores, Valeria. *Desmontar la lengua del mandato, criar la lengua del desacato*. Edición del Colectivo Utópico de Disidencia Sexual (CUDS), 2014.

Fuss, Diana. Dentro/Fuera. *Feminismos literarios*. Arco Libros, 1999.

González, Juan Diego. La pervivencia de lo grotesco. De Jerónimo Bosco a Paul McCarthy. *Revista El artista* Vol. 10, 2013, pp. 118-130.

Infante, Manuela. "Manuela Infante obtiene el Premio José Nuez Martín 2016" https://www.uc.cl/noticias/manuela-infante-obtiene-el-premio-jose-nuez-martin-2016/

Irigaray, Luce. *Tu, yo, nosotras*. Cátedra, 1992.

---. *Espéculo de la otra mujer*. Akal, 2007.

Kayser, Wolfgan. *Lo grotesco. Su configuración en pintura y literatura*. Editorial Nova, 1964.

Kristeva, Julia. *Poderes de la perversión*. Siglo XXI, 2010.

Lacan, Jacques. "El estadio del espejo como formador de la función del yo [je] tal como se nos revela en la experiencia psicoanalítica". *Escritos 1*. Siglo XXI, 2009.

Lehmann, Hans-Thies. *Teatro posdramático*. Paso de gato, 2013.

Martínez-Collado, Ana. "Políticas de la visión. *Desterritorializaciones* del género, de la violencia y del poder". *Filosofía e(n) imágenes. Interpretaciones desde el arte y el pensamiento contemporáneo*, Vol. 3, 2012, pp. 71-83.

Mirizio, Annalisa. Del carnaval al drag: La extraña relación entre masculinidad y travestismo. *Nuevas masculinidades*. Icaria, 2000.

Mayobre, Purificación. Repensando la feminidad. *Igualmente diferentes*. Ed. Xunta de Galicia. Servicio Galego de Igualdade, 2002.

Morales, Alejandra. *El Collage: una clave de ingreso en la visualidad del siglo XX*. LOM Ediciones, 2005.

Pavis, Patrice. *Diccionario de teatro*. Paidós, 1998.

Platón. *La república*. Ediciones Ibéricas, 1959.

Pollock, Griselda. *Visión y diferencia, Feminismo, feminidad e historias del arte*. Fiordo, 2013.

Porzecanski, Teresa. El cuerpo de la vergüenza y el bochorno. *El cuerpo y sus espejos: estudios antropológico-culturales*. Planeta, 2008.

Posada, Luisa. "La diferencia como identidad. Génesis y postulados contemporáneos del pensamiento de la diferencia sexual". *Araucaria. Revista Iberoamericana de Filosofía, Política y Humanidades* Vol. 16, 2006, pp. 108-133.

---. "«Así pues, la mujer no habrá tenido todavía (un) lugar»: Butler lee a Irigaray". *Revista Clepsydra* Vol. 13, 2015, pp. 65-77.

Proaño, Lola. "La escena feminista argentina: una diacronía paralela al desarrollo de la filosofía feminista. *Y a otra cosa mariposa (1988)* y *Ya vas a ver (2015)*, de Susana Torres Molina". *Revista ArtEscena* Vol. 2, 2016, pp. 24-33.

Rancière, Jacques. Las desventuras del pensamiento crítico. *El espectador emancipado*. Manantial, 2010.
Sánchez, José. *La escena moderna*. Akal, 1999.
---. *Dramaturgias de la Imagen*. Ediciones de la Universidad de Castilla, 2002.
---. *Prácticas de lo real en la escena contemporánea*. Paso de gato, 2012.
Segura, Nora. Prostitución, género y violencia. *Género e identidad. Ensayos sobre lo femenino y lo masculino*. Ediciones Uniandes, 1995.
Segura, Cristina. Construcciones de la maternidad desde los feminismos. *Maternidades: representaciones y realidad social*. Almudayna, 2010. Torras, Meri. El delito del cuerpo. De la evidencia del cuerpo al cuerpo en evidencia. *Cuerpo e identidad I*. Ediciones UAB, 2007.
Valverde, Estela. Del Pedestal al altar: una genealogía del cuerpo femenino. *El cuerpo y sus espejos: ensayos antropológico-culturales*. Planeta, 2008.
Vélez, Natalia. "De la ontología del género femenino y las estrategias de la *mascara-de* en la obra de Marvel Moreno: conflictos de identidad y violencia de la representación en Colombia". *Amérika* [Online] Vol. 18. http://journals.openedition.org/amerika/8939
Wittig, Monique. *El pensamiento heterosexual*. Editorial Egales, 2006.
Wolf, Virginia. *Una habitación propia*. Seix Barral, 2008.

Publicaciones de Argus-*a* en su sello Erosbooks:

Gladys Ilarregui
El amarillo inaudito. Poemas a Ucrania

Gustavo Geirola
Dedicatorias
Sonetos y antisonetos

Gerardo González
Soave Libertate

Otras publicaciones de Argus-*a*:

Alicia Montes
Literatura erótica, pornografía y paradoja

Gustavo Geirola
Lacanian Discourses and the Dramaturgies

Gustavo Geirola
Introducción a la praxis teatral.
Creatividad y psicoanálisis

María Cristina Ares
Evita mirada
Modos de ver a Eva Perón:
las figuraciones literarias y visuales de su cuerpo
entre 1992 y 2019

Gustavo Geirola
Los discursos lacanianos y las dramaturgias

Eduardo R. Scarano (compilador)
Racionalidad política de las ciencias y de la tecnología.
Ensayos en homenaje a Ricardo J. Gómez

Virgen Gutiérrez
Con voz de mujer. Entrevistas

Alicia Montes y María Cristina Ares, compiladoras
*Régimen escópico y experiencia.
Figuraciones de la mirada y el cuerpo
en la literatura y las artes*

Adriana Libonatti y Alicia Serna
*De la calle al mundo
Recorridos, imágenes y sentidos en* Fuerza Bruta

Laura López Fernández y Luis Mora-Ballesteros (Coords.)
*Transgresiones en las letras iberoamericanas:
visiones del lenguaje poético*

María Natacha Koss
Mitos y territorios teatrales

Mary Anne Junqueira
*A toda vela
El viaje científico de los Estados Unidos:
U.S. Exploring Expedition (1838-1842)*

Lyu Xiaoxiao
*La fraseología de la alimentación y gastronomía en español.
Léxico y contenido metafórico*

Gustavo Geirola
*Grotowski soy yo.
Una lectura para la praxis teatral en tiempos de catástrofe*

Alicia Montes y María Cristina Ares, comps.
Cuerpo y violencia. De la inermidad a la heterotopía

Gustavo Geirola, comp.
Elocuencia del cuerpo.
Ensayos en homenaje a Isabel Sarli

Lola Proaño Gómez
Poética, Política y Ruptura.
La Revolución Argentina (1966-73): experimento frustrado
De imposición liberal y "normalización" de la economía

Marcelo Donato
El telón de Picasso

Víctor Díaz Esteves y Rodolfo Hlousek Astudillo
Semblanzas y discursos de agrupaciones culturales
con bases territoriales en La Araucanía

Sandra Gasparini
Las horas nocturnas.
Diez lecturas sobre terror, fantástico y ciencia

Mario A. Rojas, editor
Joaquín Murrieta de Brígido Caro.
Un drama inédito del legendario bandido

Alicia Poderti
Casiopea. Vivir en las redes. Ingeniería lingüística y ciber-espacio

Gustavo Geirola
Sueño Improvisación. Teatro.
Ensayos sobre la praxis teatral

Jorge Rosas Godoy y Edith Cerda Osses
Condición posthistórica o Manifestación poliexpresiva.
Una perturbación sensible

Alicia Montes y María Cristina Ares
*Política y estética de los cuerpos.
Distribución de lo sensible en la literatura y las artes visuales*

Karina Mauro (Compiladora)
*Artes y producción de conocimiento.
Experiencias de integración de las artes en la universidad*

Jorge Poveda
*La parergonalidad en el teatro.
Deconstrucción del arte de la escena
como coeficiente de sus múltiples encuadramientos*

Gustavo Geirola
El espacio regional del mundo de Hugo Foguet

Domingo Adame y Nicolás Núñez
Transteatro: Entre, a través y más allá del Teatro

Yaima Redonet Sánchez
Un día en el solar, expresión de la cubanidad de Alberto Alonso

Gustavo Geirola
*Dramaturgia de frontera/Dramaturgias del crimen.
A propósito de los teatristas del norte de México*

Virgen Gutiérrez
Mujeres de entre mares. Entrevistas

Ileana Baeza Lope
Sara García: ícono cinematográfico nacional mexicano, abuela y lesbiana

Gustavo Geirola
Teatralidad y experiencia política en América Latina (1957-1977)

Domingo Adame
Más allá de la gesticulación
Ensayos sobre teatro y cultura en México

Alicia Montes y María Cristina Ares (compiladoras)
Cuerpos presentes.
Figuraciones de la muerte, la enfermedad, la anomalía y el sacrificio.

Lola Proaño Gómez y Lorena Verzero / Compiladoras y editoras
Perspectivas políticas de la escena latinoamericana. Diálogos en tiempo presente

Gustavo Geirola
Praxis teatral. Saberes y enseñanza. Reflexiones a partir del teatro argentino reciente

Alicia Montes
De los cuerpos travestis a los cuerpos zombis. La carne como figura de la historia

Lola Proaño - Gustavo Geirola
¡Todo a Pulmón! Entrevistas a diez teatristas argentinos

Germán Pitta Bonilla
La nación y sus narrativas corporales. Fluctuaciones del cuerpo femenino en la novela sentimental uruguaya del siglo XIX (1880-1907)

Robert Simon
To A Nação, with Love: The Politics of Language through Angolan Poetry

Jorge Rosas Godoy
Poliexpresión o la des-integración de las formas en/desde
La nueva novela *de Juan Luis Martínez*

María Elena Elmiger
DUELO: Íntimo. Privado. Público

María Fernández-Lamarque
Espacios posmodernos en la literature latinoamericana contemporánea:
Distopías y heterotopíaa

Gabriela Abad
Escena y escenarios en la transferencia

Carlos María Alsina
De Stanislavski a Brecht: las acciones físicas. Teoría y práctica de procedimientos actorales de construcción teatral

Áqis Núcleo de Pesquisas Sobre Processos de Criação Artística
Florianópolis
Falas sobre o coletivo. Entrevistas sobre teatro de grupo

Áqis Núcleo de Pesquisas Sobre Processos de Criação Artística
Florianópolis
Teatro e experiências do real (Quatro Estudos)

Gustavo Geirola
El oriente deseado. Aproximación lacaniana a Rubén Darío.

Gustavo Geirola
Arte y oficio del director teatral en América Latina
Tomo I: México y Perú

Gustavo Geirola
Arte y oficio del director teatral en América Latina
Tomo II: Argentina, Chile, Paraguay y Uruguay

Gustavo Geirola
Arte y oficio del director teatral en América Latina
Tomo III: Colombia y Venezuela

Gustavo Geirola
Arte y oficio del director teatral en América Latina
Tomo IV: Bolivia, Brasil y Ecuador

Gustavo Geirola
Arte y oficio del director teatral en América Latina
Tomo V: Centroamérica y Estados Unidos

Gustavo Geirola
Arte y oficio del director teatral en América Latina
Tomo VI: Cuba, Puerto Rico y República Dominicana

Gustavo Geirola
Ensayo teatral, actuación y puesta en escena.
Notas introductorias sobre psicoanálisis y praxis teatral

Argus-*a*
Artes y Humanidades / Arts and Humanities
Los Ángeles – Buenos Aires
2023

www.ingramcontent.com/pod-product-compliance
Lightning Source LLC
Chambersburg PA
CBHW050336230426
43663CB00010B/1884